本书由江苏高校优势学科建设工程资助项目"雾霾监测预警与防控"、南京信息工程大学气候变化与公共政策研究院开放课题(14QHA007)资助出版

大气污染防治法律制度的变革与创新

——以我国《大气污染防治法》的修订为轴线

戈华清　唐　瑭　著

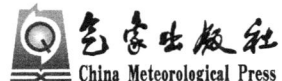

气象出版社

China Meteorological Press

图书在版编目(CIP)数据

大气污染防治法律制度的变革与创新：以我国《大气污染防治法》的修订为轴线 / 戈华清，唐瑭著. —北京：气象出版社，2017.12

ISBN 978-7-5029-6359-0

Ⅰ. ①大…　Ⅱ. ①戈…　②唐…　Ⅲ. ①空气污染-污染防治-环境保护法-研究-中国　Ⅳ. ①D922.683.4

中国版本图书馆 CIP 数据核字(2018)第 007997 号

Daqi Wuran Fangzhi Falü Zhidu de Biange yu Chuangxin——Yi Woguo《Daqi Wuran Fangzhi Fa》de Xiuding wei Zhouxian

大气污染防治法律制度的变革与创新——以我国《大气污染防治法》的修订为轴线

戈华清　唐　瑭　著

出版发行：气象出版社

地　　址：北京市海淀区中关村南大街 46 号　　　**邮政编码：**100081

电　　话：010-68407112(总编室)　010-68408042(发行部)

网　　址：http://www.qxcbs.com　　　　**E-mail：**qxcbs@cma.gov.cn

责任编辑：周　露　蔺学东　　　　　　　**终　审：**张　斌

责任校对：王丽梅　　　　　　　　　　　**责任技编：**赵相宁

封面设计：楠竹文化

印　　刷：北京中石油彩色印刷有限责任公司

开　　本：787 mm×1092 mm　1/16　　　　**印　张：**12.75

字　　数：333 千字

版　　次：2017 年 12 月第 1 版　　　　　**印　次：**2017 年 12 月第 1 次印刷

定　　价：45.00 元

本书如存在文字不清、漏印以及缺页、倒页、脱页等，请与本社发行部联系调换。

前　　言

　　大气污染是这些年最热门的环境议题之一，不仅社会关注度高且社会影响十分突出。我国《大气污染防治法》自 1988 年 6 月 1 日正式实施以来，相关制度内容的修订及具体措施或制度的实效性问题一直是社会探讨的热点，因此自实施以来一直是法律修订的热点。在这 29 年中，《大气污染防治法》经历了一次修正与两次修订，每次都是社会关注的焦点，这不仅是因为法律制度自身的缺陷或不足，更多反映出大气污染预防、治理、应对等过程中社会利益关联性与修订的复杂性。任何一次法律的修订都不可能一劳永逸地解决所有大气污染物的排放与监管问题，也不可能彻底根治大气污染防治过程中的矛盾冲突与利益纠葛。单就某类大气污染物的排放监管与控制，就法律的确认而言，总是存在以下三个程序。一是大气污染物的确认、理解与认知。这种确认、理解与认知既涉及科学上的确认与理解，也涉及一般公众的认知与理解。虽然从理论上谈论此问题很容易，但从科学确认与社会认知到公众认知与有效理解之间存在着巨大的差异，如何将科学认知转化成能被公众接纳的认知需要一个难以确定的转化过程，在这个转化过程中，风险与不确定是并存的。二是某类大气污染物对人类健康及生态环境的影响评估。这种影响评估由于价值理念认知的不统一，导致不同立场选择会有明显的差异。从"人类中心主义"到"生态中心主义"，大气污染对人、环境、生态影响的评估差异性是难以权衡与比较的，这使得评估标准确立过程中必然存在着明显的不一致与不同步的现象。三是从科学认知到制度确立阶段所涉及的社会利益、生态影响等问题必然会影响到具体制度的确立与制度背后利益问题，不同利益群体的选择很难在短期内为了环境质量目标而达成一致。这使得制度确立过程中存在各种各样的利益分化、权益取舍与权利分配。因而，从这个意义上讲，《大气污染防治法》及其制度的不断修订是必然的。虽然从总体趋势上看必须要修订，但修订频率应该多高、修订幅度应该多大等这些问题需要我们通过实践验证。

　　虽然我们采取了诸多措施来应对大气污染及其危害，但当前中国所面临的污染防治形势依然十分严峻。这些年来，媒体、公众、政府等均对城市空气质量更为关注，特别是自 2013 年以来，雾/霾天气的多发及带来的危害，使空气污染成为了街谈巷议的热门话题,也使 $PM_{2.5}$ 这一术语进入了公众视野。但就大气污染而言,并非只有 $PM_{2.5}$ 这一细微颗粒物。我们先看看我国 338 个地级及以上城市 2016 年和 2017 年第一季度的空气污染状况再来全面认识我国的大气污染问题。2016 年第一季度,全国 338 个地级及以上城市平均空气质量优良天数比例为 70.1%,轻度污染天数比例为 18.4%,中度污染天数比例为 6.4%,重度及以上污染天数比例为 5.1%。$PM_{2.5}$ 平均浓度为 61 微克/米³,PM_{10} 平均浓度为 105 微克/米³,SO_2 平均浓度为 31 微克/米³,NO_2 平均浓度为 34 微克/米³,CO 日均值第 95 百分位浓度平均为 2.0 毫克/米³,O_3 日最大 8 小时平均第 90 百分位浓度平均为 105 微克/米³。2017 年第一季度 338 个城市空气质量优良天数比例为 71%,轻度污染天数比例为 17.4%,中度污染天数比例为 5.7%,重度及以上污染天数比例为 5.9%。$PM_{2.5}$ 平均浓度为 63 微克/米³,PM_{10} 平均浓度为 100 微克/米³,SO_2 平均浓度为 27 微克/米³,NO_2 平均浓度为 37 微克/米³,CO 日均值第 95 百分位浓度平均为 2.1 毫克/米³,O_3 日最大 8 小时平均第 90 百分位浓度平均为 110 微克/米³。仅从这两年第一季度公报中所显示的数字来看,变化不太大,且全国 338 个地级及以上城市平均优良天数比例上升了,这表明我国的空气质量正在整体回升。但分析这两组数据不难发现其中细微的变化反映出我国的大气污染防治状况依然十分严峻。一是 CO 与 O_3 污染都在上升,特别是 O_3 污染正成为我国大气污染的新问题。这两种污染物的增加表明节能减排工作、移动污染源中的机动车污染、臭氧物质排放监管等问题仍需进一步解决。由于目前关于此类污染物上升可能产生的法律应对问题研究资料较少,本文对此方面的研讨亦较缺乏。二是重度及以上污染天数比例上升,这反映出大气污染整体状况特别是重污染天气背后的应急管理问题亟待规范。对于公众而言,空气重污染天气即重雾/霾天气,但事实并非如此,二者所涉及的科学认知、标准认定、评估体系、法律制度等内容也不尽相同,如何将二者重合的内容与二者非叠加的内容区分开来进行规范与监管是我们现阶段必须处理的问题。此类环境现象的有效规制既包含大气环境质量达标规划、环境影响评价制度、环境标准制度、重污染天气应急管理制度等的完善与变革,也包含行政首长约谈与区域限批等措施的制度化问题。三是从数据上看,按照《环境空气质量标准》(GB 3095—2012),这两年第一季度轻、中、重这三类污染天数比例约为 30%,这表明有近 1/3 时间处于污染状态,这并不是一个很好的结果,公众对于这种污染状态的感受可能并不比监测数据好。事实上,依据《环境空气质量标准》,虽然上述污染物的平均值均未超出二类环境功能区的空气质量浓度限值,但 $PM_{2.5}$、PM_{10} 以及 O_3 这三类污染物浓度的平均值均没有达到一类环境功能区的要求,空气的流动性导致可能会有许多一类区难以达到环境空气质量标准的要求,由于我国的环境监测中还没有如此精确的区域性空气质量报告,有多少区域未达标我们不得而知。在这种情形下,是调整环境标准还是规制污染物的排放? 答案应该是明确的,我们应该规制污染物的排放,但如何才能实现有效规制? 这需要我们对环境标准及相关标准实施中所涉及的配套性措施(如环保技术的进步、环境监测设备的改进等)及制度(如污染物总量控制制度、清洁生产制度、排污权交易制度等)的实效进行全面分析评估,并在分析评估的基础上,对这些措施与制度实施的基本条件与可行性问题进行分析论证。因此,污染物排放监管手段或措施的形成与实施并非是一蹴而就的事。若要将这些措施上升为具有强制性、可执行性的法律制度,其进程可能更漫长。

自 2012 年以来,我国社会各界对大气污染防治问题的关注呈现出"井喷式"增长,这种增长一方面表现为此方面的新闻报道大增,另一方面表现为诸如"环境空气质量""大气污染防治""大气污染物控制"等研究话题也逐渐增多。导致这种"井喷式"增长的原因一方面与严峻的大气污染形势、持续频发的雾/霾天气相关,另一方面与公众环境意识的变化、政府环境行为选择相关。通过法律手段或方式来控制大气污染问题并不是现代才有的事,以完整独立的法律体系来防治大气污染问题,是自 20 世纪 50 年代以来不同类型国家与地区就持续坚持的事。虽然相比于曾深受雾/霾天气危害的英国而言,我国《大气污染防治法》制定与实施要晚了三十多年,但该法在我国大气污染防治中的作用与地位正与日俱增,特别是自 2000 年该法第一修订以来,该法在适用中涉及的法律问题及社会问题在社会中的关注度远超其他类型的环境污染问题。高的关注度并不一定会带来良好的社会影响,就大气污染防治法的修订与实施而言,如何使各类不同的制度在实施中互惠、互益、互补不再是单纯的立法技巧问题;如何使不同制度在实践中有效、有益、有用亦不再是单纯的技术支撑问题,我们应该全面系统地将大气污染防治法制度的实施完善与其他环境问题、法律问题综合起来考量。正是基于此原因,本书将尝试系统地对我国大气污染防治法律制度的发展变化进行分析,并在系统研究其他国家或地区大气污染防治法律制度基础上,对我国大气污染防治法律制度做进一步的思考。在本书所思考的内容中,有些并未给出明确的答案,一方面受限于作者的研究能力,另一方面也与大气污染防治法律制度的科技性及制度适用的不确定性相关。希望能在将来持续地将一些本书中未能正面回答的问题说清楚。

该书由戈华清、唐瑭合作撰写,具体撰写内容分工如下:第一至三章由戈华清、唐瑭撰写;第四章、第五章由戈华清撰写;第六章由戈华清、唐瑭撰写;第七章

第一至三节由戈华清撰写,第四节由唐瑭、戈华清撰写,第五节由戈华清撰写。全书由戈华清修订并统稿。本书撰写情况依据每位作者实际付出来排位。另外,本书也得到了气象出版社编辑的热心帮助与细心修改,在此向他们致以感谢。

　　尽管我们在合力撰写此书的过程中,一直秉持扎实、认真、科学的态度,尽可能详尽地查找一手资料,以求尽可能客观地评价并研究不同国家的大气污染防治法律制度。但由于受到语言能力的限制、资料查阅的可得性、研究视角的差异性等原因,本书还有许多内容有待进一步深化研究,还有一些方面仍存在明显不足,恳请读者批评指正。

戈华清

2017 年 7 月 14 日

目　　录

第一章　大气污染防治法的基本原理与对策

第一节　大气污染防治概述

一、大气污染现状

近年来,我国工业化与城市化进程不断加快,经济发展速度不断提升,但随之而来的大气污染问题也愈发突出。城市及其周边区域大气污染不断加剧,在某些时间内雾/霾天气增加。雾/霾天气频现,不仅引发了其他的一系列生态环境问题,而且危害人体健康,极大影响了人们的生活质量。大气污染问题,特别是"雾/霾"问题是近几年以来每年的焦点问题。2013 年 1 月,北京遭遇严重的雾/霾天气,当月前 29 天中有 24 天为雾/霾天气,为 1954 年以来同期最多(金煜,2013),连续四次的雾/霾过程使医院里呼吸道感染患者增多、交通事故频发,自此以后,$PM_{2.5}$一词频繁地进入公众视野,也成为公众认知与理解"雾/霾"的重要术语,亦将大气污染防治问题嵌入公众的生活与工作中。2013 年以来,全国雾/霾事件屡次见诸于报端,天气预报也加强了关于雾/霾方面的预报,人们逐渐认识到,原来燃煤、机动车、工业扬尘等都可以进入大气层,造成大气污染,给人们生活、身体健康和环境造成重大影响。空气污染已成为全世界城市居民生活中一个无法逃避的现实。确实如此,人类无时无刻不暴露在空气之中,空气对于每个人来说都是必需品,而不论肤色、阶层、贫富差距,无一例外都要受到大气环境质量的影响。工业文明和城市高度发展的今天,人类创造了巨大的物质财富,也将数十亿吨计的废气和废物排入大气,使人类赖以生存的大气圈成为了"空中垃圾库"和"毒气库"。

（一）我国大气污染现状

近几年城市空气质量一直是国家与公众所关注的核心,因此相关部门的空气质量状况也多反映的是城市大气污染现状。总体上,我国的大气污染现状呈现以下几个特征:一是空气质量整体有所改善,但污染物超标的情况依然比较普遍;二是因大气污染所导致的酸雨问题依然是我国需要重点解决的问题,2010—2015 年的《中国环境状况公报》中可以反映出:全国酸雨污染总体稳定,但程度依然较重,这表明 SO_2、NO_2 等污染物排放监管问题依然是我们必须重点控制的对象;三是颗粒物的排放监管依然是许多重点城市的大问题,重点区域 O_3 污染加剧,近几年来一些重点城市的大气中 $PM_{2.5}$ 与 PM_{10} 浓度超标现象严重,部分城市的大气 O_3 浓度超标也较严重(亚洲清洁空气中心,2016);四是城市大气污染严重,且因大气污染所导致的社会问题与环境问题日渐增多,城市中大气污染主要为煤烟污染,大气含菌量大、总悬浮颗粒和可吸入颗粒物含量高,城市污染因素开始转型(机动车排放导致的污染渐增),新兴城市与小型城市大气污染日益严重(郜会青,2015)。同时,特定季节某些城市频现的雾/霾天气将重污染天气的预防、应急、监管等问题提升到重要的地位。

（二）全球大气污染

国际大气环境保护法的调整对象是国际大气环境。大气污染具有扩散性、流动性,即无国界的特点,大气污染这种特性启示人们:解决大气污染问题要有全球性的视野,不能局限于一国范围内的大气环境,仅仅依靠各国的国内法加以控制是不能有效遏制大气污染蔓延的,必须在双边、区域乃至全球各个层次上共同采取行动。

大气污染曾经造成的后果是十分严重的,例如,1930 年 12 月 1—15 日,比利时马格河谷工业区,因大气污染造成一星期内 60 余人死亡;20 世纪 40 年代初,美国洛杉矶发生光化学烟雾事件,导致洛杉矶市 65 岁以上的老人死亡 400 多人;1948 年 10 月 26—31 日,美国宾夕法尼亚州多诺拉镇发生烟雾事件,全镇 43% 的居民(5911 人)受害,11 人死亡;1952 年 12 月 5—8 日,英国伦敦烟雾事件,4 天时间死亡人数 4000 多人……

针对这些极端的大气污染事件,许多国家都已经陆续采取了积极措施予以应对。经过多年的发展,全球范围内的空气质量虽在总体上得到改善,但大气污染防治的形势依然十分严峻。据报告显示,全球有 35 亿人生活在不健康的空气环境之中,NO_2、O_3、$PM_{2.5}$、PM_{10} 等依然是目前许多地区的主要污染物(Hsu et al, 2016)。世界卫生组织的统计显示,全球大气污染呈现出以下趋势。

一是虽然一些区域的大气污染状况有所改善,但全球城市空气污染水平仍然在 2008—2013 年期间上升了 8%。城市空气污染水平在高收入国家是最低的,较低的污染水平大部分出现在欧洲、美洲和西太平洋区域。城市空气污染水平最高的区域是东地中海区域和东南亚区域的低收入和中等收入国家,年平均水平往往超过世卫组织限值的 5~10 倍;紧随其后的是西太平洋区域的低收入国家。在东地中海区域和东南亚区域,以及西太平洋区域的低收入国家,有三分之二以上城市的空气污染水平在 2008—2013 年期间上升了 5% 以上(WHO,2016)。二是空气污染防治与大气污染监测水平全球不均衡,有些区域亟待完善一些基础性的环境监测设施。目前非洲区域的城市空气污染数据仍然很少,但是可获得数据显示颗粒物和细颗粒物水平高于中位数。三是全球大气污染的风险超过预期,大气污染所导致的健康损害较大,世界卫生组织称,2012 年空气污染造成约 700 万人死亡,其中有 260 万例死亡与室外空气污染(大气污染)有关(WHO,2014)。如何预防大气污染所导致的人体健康风险与健康损害依然是近些年来关注的热点。但由于有些区域环境监测水平还有待进一步加强,部分区域的大气污染与人体健康之间的关联性分析还不明晰。

二、大气污染的概念

大气即空气,是维持一切生命所必需的基本条件。大气具有热量调节功能,为一切生物提供适宜的温度;大气通过自身的运动完成生态平衡所需要的热量、动量和水、汽的交换以及水源分布的循环、调节过程。大气还阻挡和稀释有害的宇宙射线和紫外线。

简言之,"大气污染"是指有毒、有害物质进入大气,导致大气的固有特性改变,从而危害人类健康和生命安全,以及其他生物生长的现象。关于大气污染,目前理论界以及实践中的认识比较一致,基本没有争议,大家比较认同的观点是,所谓大气污染是指由于人们的生产活动和其他活动,向大气环境排入有毒、有害物质,使大气的物理、化学、生物或者放射性等特性改变,导致生活环境和生态环境质量下降,进而危害人体健康、生命安全和财产损害的现象(蔡守秋,2004)。一般来说,由于自然环境所具有的物理、化学和生物机能,会使自然过程造成的大气污染,在经过一定时间后能够自动消除(即生态平衡自动恢复)(刘立忠,2015)。从这个意义上我们不难看出,大气污染与人类的活动有着必然的联系,一般我们所讨论的大气污染也是由于人类活动干预或危及到了大气环境状况。1979 年 11 月 13 日在日内瓦通过的《长距离跨界大气污染公约》将大气污染定义为:"人类把本质上具有有害作用的物质或能量直接或间接引入大气,以致危害人类健康、损害生物资源和生态系统、环境物质财产、减损或妨碍环境优美以及环境的其他正当用途,大气污染物一词引申为同样的含义。"可见,该定义仅考虑了人为因素造成的大气污染。

　　人类是污染大气的实施主体,而大气污染则是人类向自然界排放各种废弃物质的必然结果。大气污染的特点是污染速度快,范围大,持续时间也比较长,是社会常见的公害之一[①]。对于大气污染,不同学者有不同理解。有人认为,大气污染是指散播在大气中的有害气体及颗粒物质,积累到大气自净过程中稀释、沉降等作用已经不能再起作用的程度,在持续时间内有害于生物及非生物的现象(彭定一等,1991)。因此,只要因人类活动或自然过程引起某些物质进入大气中,呈现出足够的浓度,达到足够的时间,并因此危害了人类的舒适、健康和福利,或者危害了环境的现象都属于大气污染。所谓对人类舒适、健康的危害,包括对人体正常身体机能的影响,引起急性病、慢性病,甚至死亡;而福利的影响则包括与人类协调并共存的生物、自然资源,以及财产、器物等(童志权等,2006)。总体上,大气污染对人类与环境所造成的负面影响包括:对人体健康的危害、对生物体的危害(如放射性污染物的高能射线能破坏动植物的正常生理过程,甚至使基因产生突变)、对各类物品的危害(如酸雨能使建筑物表层剥落、褪色)、对全球气候变化的影响等(蒋维楣,2003)。

　　理论上,自然过程与人类活动都会对大气环境产生影响,一般情况下,由自然过程所引起的大气污染,通过自然环境的自净化作用,经过一段时间后会自动消除,能维持生态系统的平衡。而因人类活动所产生的大气污染物,当污染物总量超过了环境的自净能力,往往很难通过自然的循环在一定时间内得以净化。大气污染与人类活动之间存在着密不可分的联系,人类是大气污染的实施主体与改良主体。大气污染的形成与危害程度,不是以大气存在某种有害物质来衡量的,而是以有害物质作用于生物与非生物的浓度和作用时间来评估的(彭定一等,

---

　　① 震惊世界的十大公害事件中,有五件属于大气污染事件。参见《历史上的公害事件》,载《中国环境报》(1997-01-23)。

1991)，因此，我们必须对大气污染物的来源、作用时间、具体影响等进行充分研究，制定有效的制度来应对大气污染（图 1.1）。

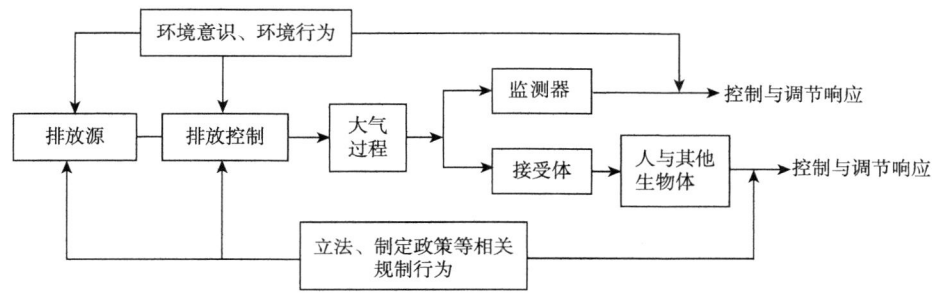

图 1.1　大气污染控制的系统与途径

三、大气污染的危害

大气是由氮（约占 78.1%）、氧（约占 20.9%）、氩等惰性气体（约占 0.94%）、二氧化碳、少量水蒸气和其他微量杂质组成的混合物。其中，氮、氧和惰性气体是恒定成分，二氧化碳和水蒸气是可变成分，杂质和其他有害化合物为不定成分，不定成分是造成大气污染的根源（高桂林等，2012）。这些杂质和其他有害化合物大约有 100 多种，主要包括烟尘、粉尘及其他颗粒物质（如降尘、飘尘、气溶胶）、硫氧化物（如二氧化硫、三氧化硫）、氮氧化物（如一氧化氮、二氧化氮）、碳氧化物（如一氧化碳、二氧化碳）、碳氢化物（如甲烷）、光化学烟雾（由氮氧化物与碳氢化物在强太阳光作用下形成）和放射性物质等（高桂林等，2014）。

（一）大气污染对人类的危害

1. 一氧化碳对人体的危害。一氧化碳在大气中排放过多，不仅会污染环境，使大气成分发生变化，还可能会损害人体健康。一氧化碳是煤、石油等含碳物质不完全燃烧的产物，是一种无色、无臭、无刺激性的有毒气体，几乎不溶于水，在空气中不易与其他物质产生化学反应，故可在大气中停留 2～3 年之久。在冶金、化学、石墨电极制造以及家用煤气或煤炉、汽车尾气中均含有或极易产生一氧化碳。一氧化碳极易与血液中的血红蛋白结合，形成碳氧血红蛋白，使血红蛋白丧失携氧的能力和作用，造成组织窒息，严重时死亡。一氧化碳对全身的组织细胞均有毒性作用，尤其对大脑皮质的影响最为严重。

2. 臭氧对人体的危害。臭氧是光化学烟雾的主要成分,它不是直接被排放,而是转化而成的,比如汽车排放的氮氧化物,只要在阳光辐射及适合的气象条件下就可以生成臭氧。臭氧浓度高时会刺激人的眼睛,影响视力。有研究报告指出,人在臭氧浓度为百万分之二的空气中呼吸 2 小时,便会感到胸部发紧、疼痛,说话困难。某些工厂发生的事故表明,人若暴露于高浓度臭氧中,很快就会死亡。臭氧主要来源于汽车、燃料、石化等产业生产过程之中。随着汽车和工业排放的增加,地面臭氧污染在欧洲、北美、日本以及我国的许多城市中成为普遍现象。原因就在于,作为强氧化剂,臭氧几乎能与任何生物组织发生反应。当臭氧被吸入呼吸道时,就会与呼吸道中的细胞、流体和组织很快反应,导致肺功能减弱和组织损伤。对那些患有气喘病、肺气肿和慢性支气管炎的人来说,臭氧的危害更为明显。

3. 二氧化硫对人体的危害。大气中二氧化硫浓度高时会引起咳嗽、刺激眼睛等明显症状,甚至导致支气管和肺组织损伤。虽然经过多年的治理,二氧化硫相比于其他空气污染物在空气污染物中的比重逐渐下降,但因二氧化硫对人体可能产生的许多不良影响,依然要引起我们的注意。

4. 氮氧化物对人体的危害。氮的化合物,如二氧化氮对人体的呼吸器官有强烈的刺激作用,能引起急性哮喘等病症。在太阳光照射下,氮氧化物还能发生光化学反应,生成一些新的有毒有害物质,如甲醛、丙烯醛等。美国洛杉矶光化学烟雾事件中,对人眼睛的刺激主要就是由甲醛引起的。

5. 粉尘中的颗粒物质对人体的危害。粉尘中的颗粒物质,如 $PM_{2.5}$ 易于吸附细菌、病毒和致癌物质,能够随呼吸进入人体呼吸系统、心肺系统,引发包括哮喘、支气管炎和心血管病等方面的疾病。

(二)大气污染所表现的国际环境问题

随着全球经济和工业化的发展,大气污染越来越严重,近年来大气污染环境问题主要表现在三方面:一是以间接的方式,如产生酸雨危害人类;二是大量的温室气体排放到空中,从而产生温室效应,导致地球气温升高,从而引发一些地域性灾害;三是由于破坏臭氧层物质的使用,使空气中的臭氧层遭到破坏,从而危害人类的生存。

（三）酸雨危害

"酸雨"这个专有名词是由英国科学家史密斯首先提出的，英国是世界上首先完成工业革命的国家。近代工业革命从蒸汽机开始，煤的使用量日益增加，但是煤的纯度很低，含有大量的杂质硫。这种杂质在燃烧过程中将排放酸性气体——二氧化硫；燃烧产生的高温还能助燃空气发生部分化学变化，氧气与氮气化合排放出酸性气体——氮氧化合物。这些气体在高空中经过雨雪冲刷、溶解，就形成了酸性降雨。从1872年开始，英国科学家史密斯分析了伦敦市雨水成分，发现它呈酸性，但农村雨水中含碳酸钠，酸性不大；郊区雨水含硫酸铵，略呈酸性；市区雨水含硫酸或酸性的硫酸盐，呈酸性。于是史密斯首先在他的著作《空气和降雨：化学气候学的开端》中提出"酸雨"这一专有名词。酸雨的产生除了自然界的火山爆发、森林火灾等自然原因外，也包括人为原因。一方面，二氧化硫的自然来源包括闪电、林火、火山活动和土壤中的微生物过程，广泛分布在全球，二氧化硫的自然排放大约占大气中全部二氧化硫的一半，但由于自然循环过程，自然排放的硫基本上是平衡的。另一方面，人为排放的硫大部分来自储存在煤炭、石油、天然气等化石燃料中的硫，在燃烧时以二氧化硫形态释放出来，其他一部分来自金属冶炼和硫酸生产过程。可见，在人口稠密和高度工业化的地区，人类排放的二氧化硫和氮氧化合物是造成酸雨的主要因素（王铁崖，2002）。二氧化硫和氮氧化合物进入大气后，经扩散、迁移转化成酸性物质，这些物质其中一部分通过大气降雨到了地面，就形成了酸性降雨。目前，全球主要有三大酸雨地区，分布于西欧、北美和东南亚。除此以外，目前亚洲是二氧化硫排放量增长较快的地区，并主要集中在东亚，其中中国南方是酸雨较严重的地区，成为世界上又一大酸雨区。随着世界各国的工业化发展，"酸雨"现象越来越严重，严重威胁到人类的生存和发展。

酸雨的直接影响之一是使湖泊和河流水质降低及其他生态系统平衡遭到破坏。酸性化学物质有几个路径可以进入湖泊和河流，如通过降雨、降雪、冻雨、冰雹、露、霾等直接进入自然水体，此外，湖泊一般处于某一地区地势较低的地方，落在地表的雨水最终会通过汇流排到湖泊或河流中去。酸雨降到地面后会冲刷走土壤中的营养成分，并携带土壤中的有毒金属，一起流入湖泊和河流中，由此，湖泊或河流水生生态系统就会一定程度遭到破坏，比如湖泊中最大的生物种群就是鱼类。水中的硫酸会对鱼类产生直接和间接两种影响，直接影响是硫酸会妨碍鱼类吸收水中的氧及维持生命的盐分和营养物的能力；间接影响是酸雨造成铝离子释放到土壤中,经雨水冲刷进入河流及湖泊,对湖里鱼类的健康产生致命的威胁。一些发达国家湖泊酸化的事例使人触目惊心,例如,加拿大全国已有 14 000 多个湖泊严重酸化,东部有 15 万种湖泊中的生物受到损害;对荷兰 1000 个湖泊进行的调查表明,对酸雨具有较低中和能力的湖泊分布在荷兰全国,其中的 8% 已经不具有中和酸的能力;挪威约 13 000 平方千米水域内的鱼类由于酸化已经灭绝;同处北欧的瑞典情况可能更为严重,该国 14 000 个湖泊中的水生生物已不可能生存繁殖,2200 个湖泊几乎完全没有生物的踪迹;在英国,约有 1000 个湖泊酸化,其中一半以上酸化严重,另有 3000 个湖泊已达到酸化边缘。

酸雨对历史古迹的破坏也是显而易见的。在发达国家,酸雨对历史遗迹的破坏尤为严重。欧洲一些著名的古建筑,如希腊的阿克波利斯王宫、荷兰的阿姆斯特丹王宫、波兰克拉克夫纪念碑、意大利的古老宫殿等受酸雨剥蚀十分明显。在美国,由于酸雨的破坏,费城的独立宫已处于损毁的境地,自由女神像和华盛顿纪念碑也遭受酸雨的威胁。而在发展中国家,酸雨虽然不及发达国家那么严重,但由于工业区选址不当,工业排放物产生的局部酸雨仍然对诸如泰国泰姬陵和古玛雅人的庙宇、巨碑和壁画等造成了严重破坏。

酸雨对土壤也会产生较大的破坏,酸雨中的酸性物质可以使土壤变得贫瘠。酸性物质以干、湿两种方式沉降于土壤中,可使土壤迅速硫酸化。一方面,硫酸与土壤中的钙、镁、钾等元素相结合,导致土壤日益酸化、贫瘠化。另一方面,酸化的土壤影响了土壤微生物的活性(黄锡生等,2005)。无论是哪一方面,都会直接影响植物的生长。

酸雨还会对人类的生命健康造成危害。欧洲等国每年因酸雨导致死亡的老年人和儿童达数千人之多,不少人还因酸雨而患有眼疾、结肠癌、老年痴呆症等一些疾病。总体来说,酸雨的危害主要有森林退化,湖泊酸化,水生生物物种减少,土壤酸化、贫瘠,有毒重金属污染增强,粮食、蔬菜、瓜果大面积减产,建筑物和桥梁损坏,古文物损坏而面目全非。

(四)臭氧层破坏

大气臭氧是一种温室气体,主要位于平流层,其最大浓度处位于 20～30 千米的高度。臭氧能吸收太阳的短波辐射和地面的长波辐射,以加热大气,对大气平流层加热时可形成该层大气温度结构和大气环流的主要原动力,通过调整对大气的加热,大气臭氧含量和分布的变化能够影响到全球的气候变化。此外,臭氧层还具有吸收外层空间照射到地球上的过量紫外线辐射的作用,使生活在地球上的人类和动植物受到保护,成为地球生物的"保护伞"。如果臭氧层遭到破坏,就会给人类和地球造成严重的损害。20 世纪 80 年代以来,臭氧层的耗减日益引起科学界和公众的关切。1985 年,英国科学家乔费等人首次报道,1980—1984 年间,南极上空每年春季臭氧含量与同年 3 月相比大幅度下降,出现了"南极臭氧洞"。这一报道引起了世界各国政府和公众对大气臭氧层的普遍关注。所谓"南极臭氧洞"是指南极地区上空大气臭氧总含量季节性大幅度下降的一种现象,南极臭氧洞在每年 8 月中旬开始逐渐形成,10 月上中旬达到最大面积,并于 11 月底或 12 月初消失。科学家们进行了大量的实地考察和理论研究工作,试图找到破坏大气臭氧层的"元凶"。到目前为止,科学家们已基本上取得了共识,即认为南极臭氧洞是人类活动造成的,是人类向大气排放的氟氯烃化物导致了大气臭氧层的破坏。这种化合物是由于人们广泛使用制冷剂、发泡剂、喷雾剂及灭火剂而产生的。这些物质在大气中滞留的时间很长,有的甚至可以超过 100 年以上,同时大量的排放容易积累在一起。当这些物质上升到高层大气之后,在强烈太阳紫外辐射作用下会使臭氧分子遭到破坏。

臭氧层一旦遭到破坏,其后果是十分严重的。如果平流层的臭氧总量减少 1%,预计到达地面的有害紫外线将增加 2%。如果有害的紫外线达到一定数量,那么将对人体健康、陆生植物、水生生态系统以及对流层大气组成和空气质量等方面产生影响。

（五）温室效应

大气既能让太阳辐射透过而到达地面,同时又能阻止地面辐射的散失,我们把大气对地球的这种保护作用称为大气的温室效应。造成温室效应的气体称为温室气体,这些气体包括二氧化碳、甲烷、氯氟化碳、臭氧、氮的氧化物和水蒸气等,其中最重要的是二氧化碳。虽然有人认为全球变暖的主要原因,是由于地球在自转的过程中,自转轴相对于太阳的黄道面的夹角发生变化引起的（王洪杰等,2009）,但绝大多数人把其归为大气中温室气体（二氧化碳、甲烷等）的浓度变高所致。有实证研究表明,"20 世纪中期以来温度变化的空间分布、季节变化、气温日较差变化均支持温室效应加剧可能是气候变暖的原因,近 30 年的气候变暖与温室效应加剧的模拟研究结果一致"（王绍武等,2011）。自然的温室效应有助于保持地球气候的稳定。但近百年来,地球本身气候正在逐渐变暖,同时随着人类活动所排放的温室气体不断增多,这样造成了 20 世纪全球气温有较大的逐渐上升的幅度。这种现象有可能严重危害自然生态系统和人类的生存与活动。大多数科学家都认为,温室气体的大量排放所造成温室效应的加剧可能是全球变暖的根本原因。人类燃烧煤、石油、天然气和树木,产生了大量二氧化碳和甲烷进入大气层,使碳循环失衡,改变了地球生物圈的能量转换形式。人类活动大量释放温室气体最早是从工业革命开始的,到现在,大气中二氧化碳含量增加了约 25%。总之,大气中二氧化碳排放量增加是造成全球气候变化暖的根源。

全球气温升高的后果之一,将会使海洋上层水温升高造成体积膨胀,以及使冰川融化,造成海平面上升。海平面升高的后果是极其严重的,它将直接威胁沿海国家及 30 多个海岛国家的生存和发展。美国环保专家预测,再过 50～70 年,巴基斯坦国土的五分之一、尼罗河三角洲的三分之一以及印度洋上的整个马尔代夫共和国,都将因海平面升高而被淹没。气候变暖会使亚热带向北扩展,北极地带的夏季明显变暖,大大延长作物的生长期。但气候变暖也可能使半干旱的热带地区变得更加干旱,尤其是陆地内陆区域雨量减少,造成旱灾。气候变暖,既危害自然生态系统,又威胁人类的食物供应和居住环境。生物是全球变暖首当其冲的受害者,例如,森林、湿地和极地冻土的破坏,导致生存在其中的许多物种加速灭绝。

四、大气污染的分类与防治路径

(一)大气污染的分类

根据不同的标准对大气污染进行科学分类,有利于采取不同的大气污染防治措施,对于立法和有关政策的制定也具有十分重要的意义。

1. 按污染物的种类和构成的不同分为四种类型:一是由燃煤产生的烟尘、二氧化硫、一氧化碳和氮氧化物引起的煤烟型大气污染;二是使用、生产、燃烧石油和石油化工产品造成的石油型大气污染;三是机动车发动机排放的氮氧化物造成的氮氧型大气污染;四是混合型大气污染。传统的混合型大气污染通常是介于煤烟型和石油型之间的大气污染,主要是工矿企业的废气和粉尘造成的,而近年来扬尘污染也逐渐成为主要的混合型大气污染(高桂林等,2014)。此种大气污染分类也被不同时期我国的大气污染防治法所接受。

2. 按污染源存在形式的不同分为固定污染源污染和移动污染源污染。前者主要是指工业污染源和饮食服务业以及居民生活用炉灶等产生的大气污染,这种污染物排放的场所相对固定,对于污染源的追踪相对容易;后者主要是指机动车辆造成的污染(高桂林等,2012)及移动的车、船、飞行器等运行过程中所造成的污染,这种情形下的污染物排放具有流动性,相对而言,其污染监管与排放控制要困难一些,机动车辆所造成的空气污染已经是我国一些城市或高速公路聚焦区监管的重点对象。

3. 按大气污染物排放的空间及高度不同,可分为高架源污染和地面源污染。高架源污染一般是指通过高烟囱排放污染物引起的大气污染。地面源污染是指通过地面的各种排污口或其他非高空的形式直接排放污染物引起的大气污染。相对而言,人们对于地面源污染一直都有较深刻的认知与体会,但对于高架源污染的管控与重视还是近些年的事。虽然有研究指出:随着烟囱有效高度的增加,地面污染物浓度会减少。这表明,高架源在一定程度上能缓解地面污染。但烟囱有效高度大于 40 米后,烟囱有效高度的变化对最大地面污染物浓度的影响相对变小。在烟囱有效高度大于 55 米后,地面最大污染物浓度随大气稳定性的增大而减小(李玉平,2010)。也有研究表明:杭州市城北高架源排放的大气污染物在一定的气象条件下完全可以影响西湖风景区的空气质量。当吹偏北风时大气处于中性和稳定状态,城北高架源排放的大气污染物输送扩散的距离较远,对西湖风景区较大范围均造成影响(王伟平等,2002)。这表明在一定程度上,仅靠设置高烟囱并不足以解决大气污染物的扩散问题,也不足以解决高架源污染对地面空气质量的影响。

4. 按大气污染所影响的程度与地域范围不同,可分为局部性污染、广域性污染、全球性污染。局部性污染一般是工业产业集中或与居民小区混杂所产生的污染,这种污染虽然一般只对局部地区有影响,但其污染形式、内容、危害程度等都十分复杂,曾经一度是群众反映最强烈的大气环境问题之一,这与我国早期城市建设过程中不重视环境规划有关。广域性污染一般是指大气污染所影响的范围超出了某一有限的局部地区范围,在较大范围或某一跨越行政区域所造成的大面积的污染。例如,我国春季与秋冬季节高发的雾/霾天气就具有明显的广域性特征,此外,我国某一区域范围内高发的酸雨也具有广域性特征。全球性污染是指由人类活动产生的一些物质进入地球的大气圈、水圈和岩石圈上层,从而使整个生物圈的结构和功能发生某种变化,对全球范围内的人和生物产生不利影响的现象。如排放进入大气圈中的 SO_2、NO_x、POPs(持久性有机污染物)等,这些含硫、含氮的污染物及 POPs,可在大气层中长距离迁移,最终影响全球环境。而随着人类排放进入大气中的 CO_2 浓度不断增加,导致温室效应加剧,引起全球气候变暖。因此,对于全球性污染,仅靠某一区域或某一国家的努力难以解决,需要全球共同协力才能得到有效的预防与治理。

5. 按大气污染源预测模式的模拟形式分为点源污染、面源污染、线源污染与体源污染。点源污染是指通过某种装置集中排放的固定点状源(如烟囱、集气筒等)污染。面源污染是指在一定区域范围内,以低矮密集的方式自地面或近地面的高度排放的污染(如工艺过程中的无组织排放及储存堆、渣场等所排放的污染)。线源污染是指污染物呈线状排放或者由移动源构成线状排放的污染(如城市道路的机动车排放源等)。体源污染,是由污染源本身或附近建筑物的空气动力学作用使污染物呈一定体积向大气排放的污染(如焦炉炉体、屋顶天窗等)(环境保护部环境工程评估中心,2011)。

(二)大气污染防治

这里探讨的大气污染防治并非是具体方法,而是在法律层面考虑对破坏大气环境的行为进行规制,同时遵守我国的国际义务,以保护和改善大气环境。

1. 在国内层面上看,通过大气污染防治法律法规的制定、贯彻、实施,可以使大气污染防治法律体系内容完备、结构严谨、内部和谐、形式科学、协调发展;同时通过整合法律和改革法律制度,实现与相关法律的衔接,使大气污染防治法律法规能够切实发挥作用,加强对大气污染防治的监督管理,处罚违法行为,鼓励和促进可持续性能源的生产和利用,提高社会公众对大气环境保护的参与力度,从而达到预防和治理大气环境污染的效果。

2. 在国际层面上看,通过参与大气环境保护的有关条约,可"加强区域和国际合作,支持国家努力应对包括通过能力建设以及财政和技术援助。"[①]探讨适应国内发展和符合国际发展趋势的大气污染防治规则的制定,积极履行我国的国际义务,同时,通过完善国内大气污染防治制度体系和法律调整机制,使我国大气污染防治能够与国际有关规则接轨,以促进我国经济、社会和大气环境保护的可持续发展。

---

① 《约翰内斯堡实施计划》,参见 www. johannesburgsummit. org/html/documents/summit_docs/2309_planfinal. htm。

第二节 大气污染防治的基本原理

在污染物防治与削减问题上,对于命令控制型、经济激励型及劝说鼓励型对策的探讨一直是热点。这三种模式主导下的对策各有侧重,在污染物削减方面的作用也各有不同。就大气污染防治而言,命令控制型一般以具有强制约束力的措施为主,特别注重行政管制手段和措施。命令控制型下的政府是主角,社会力量和市场作用所能发挥的空间相当有限,这种类型的措施选择在确定具体的保护标准、提高公共物品的质量、降低市场失灵所导致的损失等方面具有较高的效率。经济激励型在减少环境负外部性、提高环境保护效益等方面具有较明显的优势。而劝说鼓励型对策则在人类环境行为的改良、人们生活方式的改善等方面具有较强的引导性。上述三种不同模式主导的对策都与我们对于大气污染问题的认知、大气污染影响的测度及大气污染防治措施的效益相关。

一、大气污染防治的经济学原理

(一)污染预防的经济学原理

从经济学的角度,我们常常把造成污染的原因归结于"成本外溢"的外部不经济性。"成本外溢"的外部不经济性是指个人(包括自然人与法人)经济活动对他人造成的负面影响,而人为将这些负面影响计入市场交易的成本之中。污染严重的企业在生产过程中排放的废水、废气等污染物会给其他生产者与消费者造成不利影响,但排放者却没有对这些不利影响承担任何责任。在这种情况下,就发生了私人成本与社会成本的差异。对于污染排放者,由于无需承担对其他人造成的不利影响的成本,其私人成本就小于社会成本。这样,污染者仅从自己的私人成本和私人收益出发选择"最优"产量,具有过度生产的动机,远远超过从整个社会角度出发考察确定的"社会最优产量"。对于其他受影响的生产者而言,由于要承担污染者造成的不利影响,其私人成本就大于社会成本。这些生产者就会从私人成本和私人收益出发选择自身的"最优产量",具有缩小生产规模的动机,达不到"社会最优产量"所要求的水平。这就说明,在存在外部效应的情况下,竞争企业的利润最大化行为并不能自动导致有效率的资源配置;只能使某些私人的福利达到最大,却无法使社会的福利达到最大。我们将这种现象称为"市场失灵"。

既然市场机制本身不能实现资源的优化配置,就需要政府采取某种方法对资源实行优化配置。我们知道:在存在外部效应的场合,要达到社会福利最大化,即整个社会资源配置的最优化,边际条件不是私人的边际成本等于边际收益,而应是社会的边际成本等于社会的边际收益,应把外部效应也考虑进去。基于上述思维,政府主要采取了两种对市场机制的纠正方法:制定达标排放制度和排污收费制度。这两种制度的根本目的都是为了使污染企业排放的污染物数量控制在政府确定的最优污染程度。这一最优污染程度可以保证污染所造成的边际社会成本与降低污染所产生的边际社会利益相等,也可以使边际社会成本与边际私人成本相等,从而实现整个社会资源配置的最优化(冯玉军,2013)。

达标排放制度和排污收费制度这两种制度所体现的政府对外部不经济性的控制路径不同。达标排放制度体现的是一种事先预防外部不经济性的路径,即企业在生产过程中,为实现达标排放,必须投入一定的污染控制成本。这一污染控制成本恰好等于社会成本与企业生产成本的差额,使企业的生产成本与社会成本相当,从而使企业的外部不经济性难以产生。排污收费制度体现的是一种事后控制外部不经济性的路径,即企业已产生外部不经济性,通过收取相当于企业成本与社会成本差额的排污费,使企业的生产成本与社会成本相当,从而消除已产生的外部不经济性。

因此,污染的预防制度从经济学的角度可以理解为如何在企业的生产过程中使其私人成本与社会成本达成一致的制度。在我国,这一预防制度具体体现为达标排放制度以及为实现企业的达标排放而配套制定的环境影响评价制度、三同时①制度(郑文兵,2011)、排污申报登记制度等。

虽然上述理论能较明晰地解释环境负外部性消除问题,但我们必须弄清楚污染物排放所导致的物理损害到经济损害之间存在的关联(排污者的经济活动→排污→污染物在环境中聚集→人们与相关污染物接触或暴露在污染环境中→污染造成的物理损害→污染损害的货币价值(张帆等,2016)),才能确定合适的经济应用对策。哪种对策更合适,仍需要我们进行严密的科学论证与经济学论证才能得出。虽然目前关于环境外部性问题与环境污染的经济对策研究颇多,但对于经济

---

① "三同时"是我国在环境管理中防止出现新污染源污染环境的一项重要原则。这项原则要求一切企业、事业单位在进行新建、改建和扩建工程时,防治污染和其他公害的设施必须与主体工程同时设计、同时施工、同时投产,简称为"三同时"原则。

发展与环境污染间的内在逻辑关联仍需要进一步研究。就大气污染防治而言,大多情况下一次大气污染具有短暂性与污染损害后果的不可预知性,因此如何合理控制污染物排放与适度发展经济仍值得进一步探讨。

延伸阅读:

降低污染有经济意义吗?

美国国家环境保护局(EPA)在向美国国会提交的 1997 年年度报告中,展示了其尝试去发现的结果,即在 1970—1990 年期间,《清洁空气法》的实施是否已经产生了正的净效益。研究结果显示,效益的现值(使用的贴现率为 5%)为 22.2 万亿美元,而相应的成本为 0.523 万亿美元。进行必要的成本扣减,从而算得净效益为 21.7 万亿美元(如表 1.1 所示)。这一研究结果说明,美国这一时期的大气污染控制政策在经济上是有利可图的。

表 1.1　1970—1990 年美国《清洁空气法》货币化的效益与成本[a](单位:10 亿美元)

	1975 年	1980 年	1985 年	1990 年	现值
效益[b]	355	930	1155	1248	22 200
成本[c]	14	21	25	26	523
净效益	341	909	1130	1220	21 700

注:a. 表中现值以 1990 年价格计算;b. 指平均效益,由于存在不确定性,美国国家环境保护局也计算了低估值与高估值;c. 指按年计算的成本(污染控制中的许多投资都涉及购买可持续多年使用的耐用设备)。EPA 将成本经此设备的有效期限内进行摊销,而不是在购买当年一次性作为费用。

尽管上述结果证实污染控制在经济上有利可图,但并没有证明其在经济上是一定有效的。想要相关政策在经济上有效,必须要证明净效益的现值最大。

资料来源:(Tom Tietenberg,2011).

(二)末端预防的义务性原理

末端预防的义务性原理,既可以看作是以命令控制为主的对策,亦可看作是在一定经济激励或利益主导下的对策。从经济学的角度,权利与义务可以理解为一种获得收益的权利与付出成本的义务。例如,一个污染工厂比邻一栋居民楼,如果居民享有免受污染的权利,工厂负有不对居民造成污染的义务,那么在这种权利、义务设置下,工厂要生产,只有两条途径:一是向居民购买排污权,这一购买过程,对于居民而言,就是转让权利获得收益的过程;二是加大环保设施投入,使工厂生产过程中产生的污染物不会对居民造成伤害,这一投入过程,就体现出工厂为履行义务而付出成本的过程。无论是向居民购买排污权,还是增加环保投入,都会对工厂的生产成本与可得收益产生影响。因此,权利与义务的设置影响着收益或成本的分配。

过去,人们没有意识到外部性问题,常常认为污染企业的私人成本与社会成本是完全一致的。在这种"市场完全性"的假设下,人与人之间的相互影响和相互制约,都是通过影响市场供求和价格发生的。只要遵循市场供求规律,整个社会资源就会自动得到优化配置。因为在这一假设市场中,企业生产的成本完全由企业自身承担,企业产品的售价真实体现了企业的生产成本,企业转让产品所有权获得的收益是其成本投入的合理回报。而企业作为"经济人"追求收益最大化是其本质要求,只有赋予企业某些权利,如经营权和所有权,企业才可以通过运用或转让这些权利获得收益,从而调动企业生产的积极性;同时,才能使市场这只"看不见的手"发挥资源配置作用。因此,在"市场完全性"的社会里,企业的经营权和所有权必然表现为一种绝对的权利,而非义务。

但"市场完全性"毕竟是人们一种美好的愿景,污染让人们逐步认识到:在现实中,污染企业的私人成本与社会成本并非总是一致的,人与人之间还存在着另一种相互影响,即不通过影响市场价格和供求而直接影响他人的经济利益。例如,重污染天气条件下,人们不得不要购买一些防护产品,而这在清洁空气条件下并不是必需的。"市场的非完全性"才是我们经济社会的常态。在"市场的非完全性"现实中,如果完全靠市场机制的调节,企业就会产生"搭便车"的强烈动机。所谓"搭便车"就是指污染企业可以得到它没有付出成本的收益,而在"市场完全性"下,污染企业绝对权利的设置,则为"搭便车"的实现提供了可能。因为权利的绝对化意味着企业具有获取收益的权利,污染企业就能够合法地将本应由他承担的一部分污染控制成本转移给社会,降低自己的生产成本,间接增加自己的收益。因此,在权利绝对化设置下,作为"经济人"的企业是不会主动地增加环保设施的投入来使自己的私人成本与社会成本达成一致的。在这种情况下,只有借助市场以外的政府力量,通过对企业绝对权利的限制——污染控制义务的设置,即企业在行使自己经营权和所有权的过程中,负有不对环境达成损害的义务,才能使企业的私人成本与社会成本达成一致。因此,作为我国污染预防的基础性制度安排的达标排放制度、为实现达标排放制度来配套设计的环境影响评价制度和三同时制度就都体现为一种义务性制度。

义务性预防制度的实施虽然有助于消除外部不经济性,但在实际操作中却带来了一个尴尬局面：作为污染企业仅仅满足于达标排放，不愿进一步提高污染控制的水平。这使我国的污染预防呈现出"少排放"的末端控制，而非"少产生"的源头控制特征。因为对于污染企业而言，在达标的基础上进一步提高污染的控制水平，对于企业就会产生所谓"收益外溢"的外部经济性，但加大环保投入而增加的环境收益并不仅仅只是排污企业一家享受，而是被社会所有人享受，企业不可能阻止社会其他人去享受环境改善带来的好处，也就是说，企业增加成本带来的环境效益只能转移给社会，不能转化为企业个人收益。作为"经济人"的企业，是不会做这种"亏本买卖"的。这就导致污染企业一旦排污达到了标准，就不愿进一步减少排污量。

如何打破上述的尴尬局面呢？仍沿袭义务设置的方法，显然不合适。因为此时企业所引发的外部经济性的性质已发生变化。在"成本外溢"的外部不经济性中，企业的私人成本小于社会成本，因此我们需要增加企业的私人成本使其与社会成本相当，义务设置就成为我们理性的选择。而在"收益外溢"外部经济性①中，企业的私人成本高于社会成本，从而使企业的私人收益低于社会收益。在这种情况下，我们的路径就不应再是增加企业的私人成本，而应是使企业增加的社会环境效益转化为私人经济收益的问题。权利的设置便成为我们的理性选择（理查德·波斯纳，2003）。

二、大气污染防治的行政管控原理

现代环境问题总是与现代科技发展和社会经济发展相随，因此，环境问题并不单纯只是污染问题，更是经济问题、社会问题与现代发展的问题。在没有规划、没有前瞻性认知的人类发展历程中，环境问题的出现具有突发性与一定程度上的不可避免性。但在有规划、有预见性认知的发展中，环境问题的出现或突发便有了更多可预测性与可预防性。在现代环境治理进程中，环境工程科技、环境科学、生态学等的发展为我们提供了更多、更科学地认识与处理环境污染的途径与方式。

首先，环境工程学的发展为大气污染防治提供了更多的科学支撑，也为具体应对方式的选择与实践效果的评估提供了更合理的技术支持。促进污染物的快

---

① "收益外溢"的外部经济性，是指企业加大环保投入，增加的环境效益并不仅仅只是排污企业一家享受，而是被社会所有人享受。企业加入环保投入所获取的环境效益很难通过正常的价格机制进行传递，最终致使其社会成本与私人成本发生差异，必然会削弱企业投入的积极性，最终影响企业的环境行为。

速扩散是有效利用大气自净能力的一种表现,其主要方式有高烟囱排放、污染物间歇性排放控制、改变污染物排放地点等,无疑这是一种最原始而朴素的自然选择,但这种方式在排放密集与排放强度过大时,仍会造成许多环境问题。通过改变生产过程或应用下游或末端的污染控制设备来减少污染物排放,则是另一种控制大气污染物排放的方式,这种方式减少了污染物的排放。目前,我们常用的大气污染物处理方法有吸收法、吸附法、催化法、燃烧法、冷凝法、膜分离法等(孔芳,2017)。但这些方法的运用必然会增加生产成本与污染终端的处理成本。早期的环境工程学一般需要进行工程分析,进行设备的研制、设计、建造、安装和运行,以达到预期效果(朱联锡等,1990)。而现在,大气污染控制除了单纯的设备应用外,可能还通过一些重要的技术手段、装置设备的应用、重要方法的使用等来削减污染物排放。包括改革工艺、严格工艺操作,合理利用能源、改进能源结构、改进燃烧设备,建立综合性工业基地,集中治污,在未能达标排放时安装空气净化装置,开展废物综合利用等(熊振湖等,2003)。高烟囱扩散的方法在过去应用较多,虽然这种方法能缓解局部地区大气污染,但排放污染物的绝对量并没有减少,不能解决复杂污染源的集中排放问题,而且烟囱越高造价越大(熊振湖等,2003),也不能解决复杂的二次污染问题,因此,此类方法目前被应用得越来越少。而早期应用的污染物间歇性排放控制手段,虽然能在短期内减少一定区域范围内的污染物排放,但并未能从总量上减少污染物,因此,此类方法的科学性存疑。而改变污染物排放地点这一控制措施则往往会随着污染产业的转移而改变,在污染物排放地点的变化过程中,如何减少违法排污与如何减少污染转嫁行为是我们在法律规制中必须要重点考虑的问题。另外,改变污染物的排放时间,从理论上看是对空气自净能力在一定空间范围内的有效利用,但排放进入空气中的污染物可能产生的二次污染、综合污染该如何应对是我们在环境规划中必须衡量的要素。总之,环境工程学或相关环境治理技术的发展为现存污染源的逐步减少与污染物的合法排放提供了科技支持,但并未能完全彻底改善大气环境质量。因此,这也间接印证了仅靠治污设施与设备是不能从根本上改善或提高环境质量的,这点我们可从普遍遭受诟病的"防霾神器"雾炮车在雾/霾治理与预防作用的有效性中看出。

其次,环境科学与相关生态学的发展,为我们通过法律或行政管理途径来防治大气污染提供了更有效的沟通手段与信息显示渠道。环境科学的全面发展,不仅为环境问题的产生与演变提供了科学的解释,也为公众对环境问题的理解提供了认知引导,还为政府环境行为的选择、环境保护措施的实施等提供了科学支撑。从环境管理的角度来看,环境科学的发展为环境管理思想的变化提供了基础(叶文虎等,2008),思想的变化进一步促进了制度的变革。从环境管理的方式来看,环境科学的发展提供了先进的管理手段与评估方式,让复杂的环境问题更易于解决。而生态学的发展则更进一步更新了环境管理的理念与方法,将生态系统方法应用于大气污染防治实践,是目前大气污染防治中的重要议题。除了这些,环境哲学、环境政治学、环境医学、环境美学等学科的发展也为环境问题的解决提供了重要思路。

三、大气污染防治的公众参与原理

(一)公众参与是大气污染防治的制度需求

在奥普尔斯看来,由于"公地悲剧"的存在,环境问题是无法通过私人合作解决的,而拥有强大公权力的政府是避免"公地悲剧"的唯一手段。过去,在"利维坦"——国家作为唯一能解决环境问题的手段背景下,诞生了许多由政府对自然资源实行控制的政策方案。海尔布罗纳也认为,强有力的政府对实现生态平衡是绝对有必要的。对自然资源实施集中控制和管理的做法,在过去得到了广泛的认可。然而,政府控制资源实现环境保护的最优化,是建立在信息准确、高度理性、规制有效、监督到位、行政费用为零的前提下。现实中,这些条件同时满足的情形是不存在的,政府掌握的信息是不完全的,会出现"政府失效"等问题。因此,该理论在实践中是行不通的。后来,罗伯特·史密斯主张,在环境资源上创立私有财产制度代替原有的公共财产制度是解决环境悲剧的唯一方法。但是,依赖于公共部门保障实现的私人产权制度本身也是一个公共制度,即使环境资源权利被量化,环境资源依然可能成为公共所有而非私人所有。纵观国内外的大气污染防治实践,保护大气环境,"公有化"或"私有化"都不是唯一的有效解决途径。在现实世界中,市场和公共机制是相互依存的,而不是绝对的对立隔绝。公众参与机制早已被发达国家证明是保护环境的有效机制之一(汪劲,2006)。

(二)公众参与契合"成本—收益"的理念

按照经济人假设的理论:经济分析中的经济人为了追求私利的最大化,会根据个人偏好,采取有利于自身的方式行事。法经济学将法律规则体系假定为市场价格体系,并假定法律规则下的行为人的行为方式与市场中的经济人的行为方式具有一致性。市场中的经济人会根据既定的市场价格体系进行成本收益的分析，从而决定是否采取某种行为。而行为人在现有法律规则体系下做出一定行为之前，亦会根据法律规则体系进行相关的成本收益分析。在某种意义上，市场价格体系与法律规则体系都是私主体所不能左右的隐形约束条件。尽管大气污染防治领域中每个当事人的动机与目的不尽相同，但为了追求自身利益的最大化，他们在遵循既定法律规则体系的前提下会进行一定的成本收益分析，从而选择有利于自身的方法行事。生活中，人们选择对某项法律的规避、抵制抑或遵守，实质上不仅取决于他们对该项法律赋予的权利和义务及所蕴含的利益的评价，还取决于其自身利益诉求与法定利益之间差距的大小。

对于一个理性的公众来说，参与防治大气污染，在遵循现有法律规则体系的框架下会进行相关的成本收益分析。只有当公众参与大气污染防治所获得的收益可能大于成本时，才会积极、能动地选择参与大气污染防治活动。因此，公众在自身利益与法定利益之间的权衡依然是以自利为基础的。若要有效抑制公众进行不利于环境的选择，政府须通过有效的限定或合理的激励来规范公众的环境选择。这么多年经济发展的经验教训明确表明，牺牲环境换取短期发展不可取，后期的治理成本是无法估量的。对于公众亦是如此，大气环境的质量状况直接决定了他们的健康状况。在自己的生命健康以及子孙后代的健康面前，公众作为理性的经济人，其参与大气环境防治获得的收益往往远远超过其行动的成本。而且，公众通常也是大气污染主体之一，如私家小汽车的废气排放、家庭不清洁燃具的废气排放等。引入公众参与制度，从某种意义上也是从源头上防治大气污染，虽然公众会因此增加一定的既定成本，但参与防治大气污染，既是公众的一种自我"救赎"，也可以大大节省事后"公力救济"的经济成本。"两害相衡取其轻"，公众参与更契合"成本—收益"的理念。

（三）公众参与是公众参与实现"财富最大化"的自我需求

"财富"一般被民众理解为金钱。经济学家认为，财富是指一切直接有助于人们获取工业效率的才能、习惯和精力等。而在法经济学家眼里，"财富"被理解成那些在市场上进行交易时可获得一定价格衡量的以及在社会生活中全部能够被估价的有形的或无形的物体的总和。简单地讲，财富就是指社会中一切有形无形的物品与服务之综合。当代美国最著名的法学家波斯纳主张：财富最大化不仅在于讲求功利本身，其精神与功利主义是不同的。在本书看来，今天的"财富"概念早已不再局限于物质层面，而外延为集物质、精神、健康、荣誉、服务、社会地位等一体的财富。各种非物质利益的愿望、动机和目的,常常影响着人们的行为模式,物质利益不再是人们进行活动的唯一目标。近年来,随着市场经济的发展以及人民物质生活的极大丰富,公众对居住环境,尤其是空气环境的要求越来越高,他们会在现有的法律规则体系下做出行为选择,追逐其内心所认定的"健康财富"的最大化。

根据机会主义假设理论,人们在强烈而复杂的动机下追求私人利益,往往呈现出借助于不正当手段、投机取巧以谋取私人利益的行为倾向。假定人类是有限理性的,则其在追求利益最大化的进程中可能会采取不当行为或不法手段,这就需要我们通过制度或措施对这种有限理性进行引导。人类心理、生理等自身方面的局限性以及世间万物的繁杂多变性,决定了人类的完全理性只能是一种美好的幻想。也就说,机会主义倾向在某种意义上是对财富最大化假设的补充。对于公众来说,大气环境的环保活动能否实现其既定目标,行动本身是否符合成本收益原则等,都具有相当大的不确定性。公众实施参与防治大气污染行为在很多时候是抱着一种近乎侥幸的心理,希望以投机取巧、随机应变等方式达到其既定目标。一旦公众实施大气污染防治行为会给其带来相应利润,且其参与行为又有相应的制度保障,那么参与大气污染防治法就成为了公众普遍选择的投机心理,会主动采取有利于自己的方式参与大气环保,以追求其"财富"最大化(高桂林等,2014)。

(四)公众参与是资源稀缺性的内在要求

能够满足人类需求的物质资源是有限的。从人们的日常生活及实践来看,空气看似是无穷无尽的,所以人们通常认为空气不是有限的,它不是资源。但从经济学的视角来看,清洁的空气也具有稀缺性,也是资源。清洁空气的稀缺性决定了它难以充分满足现代人类对舒适大气环境日益增长的强烈需求。也正是清洁空气资源的稀缺性成就了它相应的高价值。但空气本身并不是稀缺的,人类可以随时随地获取。因而公众依据自己的偏好,采取有利于自己的方式行事,以牺牲空气的代价期望获得短期私利的最大化。马克思说过:"资本如果有百分之五十的利润,它就会铤而走险;如果有百分之百的利润,它就敢践踏人间一切法律;如果有百分之三百的利润,它就敢犯下任何罪行,甚至冒着被绞死的危险。"而公众因污染大气而获得的边际收益很可能达到50%,有时会超过100%,甚至更多。在某种意义上,这就可以解释为什么严格的法律制裁下还有那么多的公众去实施大气污染行为。值得注意的是,大多数公众进行活动时,污染大气往往并非出于其本意,只是其正常生活活动的负外部性的产物。然而,面对中国当前的严重大气污染形势,加上清洁空气的稀缺性,决定了占绝大多数的大气污染主体——公众,只能通过合作机制达到彼此都满意的清洁空气配置结果,绝大多数社会公众都有权且能获得清洁空气,以实现"绿色经济"、可持续发展的终极目标。

四、大气污染防治立法的考量因素

随着人类社会的不断进步与发展,科学技术和生产活动以前所未有的速度和规模迅猛发展,人类改造自然的能力得到了不断增强,推动着人类社会不断向前发展。造成大气污染的原因虽然有诸如火山喷发等自然因素,但是,人类在发展过程中长期掠夺自然资源,并将大量的废气、烟尘物质排入大气,影响了大气环境的质量,人类的活动已经成为了影响大气质量的主要因素。

自然因素主要包括:雷雨时形成一氧化氮、二氧化氮等;火山喷发形成二氧化硫、三氧化硫等;森林火灾或地震等自然灾害会向大气排放污染物。

人为因素主要包括:汽油的燃烧产生颗粒物、一氧化碳、一氧化氮和烃类,不饱和烃还易和氧气、一氧化氮、臭氧等发生反应,生成光化学烟雾的主要成分;煤、石油中都含有硫元素,燃烧时产生二氧化硫污染环境。

通过上述大气污染的原因分析可以知道,大气污染的来源既有自然因素,也有人为因素,是非常复杂的,因此在实践中对于大气污染的防治立法会考量如下基本影响因素。

(一)制定环境规划时考虑综合因素

气象因素(风向、风速、气温、降水等)、地貌(如平原、丘陵、山谷盆地等)、城市建筑布局、植物的净化作用、污染物的综合作用以及工业布局等对大气环境都会产生影响。

因此在制定环境规划时,应根据工业布局、能源消耗、城镇建设、人口密度、生态系统的承载力等,制定切实可行的合理的环境规划,特别是有关保证大气质量的环境规划。对规划的要求是:把污染源与治理措施统一考虑,把环境目标与基本建设统一考虑,把近期环境状况与长远规划统一考虑,以便在经济日益发展的情况下,不断改善大气环境条件,实现可持续发展。

(二)大气的自净能力

通过大气的稀释、扩散、氧化、还原等物理和化学作用,大气中的污染物质能够逐渐消失,这种现象即大气的自净能力。例如,排入大气中的一氧化碳,经稀释扩散浓度降低,再经氧化变为二氧化碳,被绿色植物吸收后,空气成分恢复原来的状态。

因此,利用大气自净能力而改善和提高大气质量的原理,可以降低污染物浓度,减少污染的危害。如在一定区域内植树造林、增加绿地面积,不仅能够改善环境,还可以调节空气,吸收粉尘和有害气体,进一步提高大气的自净能力。

(三)主要污染物的治理措施

这是对某一区域内的具体有害物的排放采取的治理措施。通常采取的有工程措施和生物措施,都是利用物理、化学原理的科学方法。工程措施中控制悬浮颗粒和飘尘的技术有重力沉降、旋风除尘、静电除尘、过滤除尘、湿式除尘等;有害气体的治理则采用吸收净化、吸附净化、膜分离法和催化转化等方法。生物措施是利用绿色植物达到净化空气的目的。

(四)对象及范围选择

对大多数公众而言,大气与空气是同一个概念,但事实上二者之间存在差别。大气污染防治一般以区域性或流动性的室外气流为研究对象,而空气污染防治一般以室内或某个封闭环境内的气流为研究对象。这也是许多国家选择将室内空气污染防治与大气污染防治区别对待的重要原因。

对大气污染物的规制范围,许多国家都会选择对气溶胶状态的污染物(如粉尘、烟、飞灰、黑烟等)与气态污染物(如含硫化合物、含氮化合物、碳氢化合物、有机化合物、卤素化合物等)作为具体的监管对象进行规范。由于大多气态污染物都是人工合成品,因此一直以来都是规制的重点对象。

(五)法律法规的有效性

在环境保护立法中,法律制度的有效性是必须重点考虑的因素。制度的有效性决定制度的可执行力与可操作性,以及实施后所产生的社会影响与环境影响。立法和行政规章管理的有效性何以体现? 一是发布命令,用足够严重的处罚或罚款来威慑潜在的违规者(Tom Tietenberg et al,2011),这是由法的强制性与可制裁性来决定的,发布的此类命令一般都要求配有相应的惩罚性措施,这是一种典型的强制性命令管控措施,这种"自上而下的理性,其最终目的是避免浪费社会资源,且在特定水平的执法资源内提高环境保护的整体水平"(理查德·B. 斯图尔特等,2016)。二是可以建立有更大灵活性同时又能降低损害的规则(Tom Tietenberg et al,2011),这类法律法规的执行具有较大的弹性,大多会通过一定市场化方式与经济方式来实现,这是许多经济学家所主张的一种有效的方式。这种方式在我国的大气污染防治中,往往会结合第一种,如在煤炭清洁利用方面,规定"国家采取有利于煤炭清洁高效利用的经济、技术政策和措施,鼓励和支持洁净煤技术的开发和推广"。三是可以要求污染主体安装特定的污染控制设备(如要求在汽车上安装催化转化器),或禁止使用某些产品成分(如禁止汽油中含铅)(Tom Tietenberg et al,2011)。这种强制性的要求与或具体标准的要求大多具有针对性与特定性,其适用范围或对象也多是特定,运用这种手段来解决大气污染问题必须考虑寻租、利益集团的渗入及执法的有效性等问题。我国《大气污染污染防治法》中此类措施相对较多,如何科学合理地设计此类制度,且保障此类制度能经济效率提高与污染减排并行,是我国现阶段法律制度与具体措施设计中必须考虑的重点。

第三节　大气污染防治的基本对策

现行《大气污染防治法》第二条第二款关于防治大气污染的主要措施的规定是:"防治大气污染,应当加强对燃煤、工业、机动车船、扬尘、农业等大气污染的综合防治,推行区域大气污染联合防治,对颗粒物、二氧化碳、氮氧化物、挥发性有机物、氨等大气污染物和温室气体实施协同控制。"

一、加强对燃煤、工业、机动车船、扬尘、农业等污染源的综合防治

我国是煤炭生产大国和使用大国。2014 年能源消费已经达到 42.6 亿吨标准煤,能源消费以煤炭为主,占比达到 66%。煤炭燃烧产生的污染物主要是烟尘、二氧化硫、氮氧化物、挥发性有机物等。工业生产会产生大量的粉尘、硫化物、氮氧化物、挥发性有机物、颗粒物等空气污染物,这些空气污染物会造成雾/霾等污染现象,对人类健康影响较大(袁杰等,2015)。

随着经济的发展,我国机动车保有量在逐渐增加。2013 年全国机动车保有量达到 2.32 亿辆,排放污染物 4570.9 万吨,包括氮氧化物、碳氢化合物、一氧化碳,还有颗粒物等。在北京、上海、天津、广州、南京等大城市,机动车排放对当地大气

污染的"贡献率"达到四分之一到三分之一之间。同时,船舶排放的硫化物和氮氧化物,已成为港口城市主要的大气污染源,对当地大气质量造成严重影响(袁杰等,2015)。

扬尘污染是指泥地裸露,以及在房屋建设施工、道路与管线施工、房屋拆除、物料运输、物料堆放、道路保洁、植物栽种和养护等活动中产生的粉尘颗粒物对大气造成的污染。产生扬尘污染的物料,主要包括煤炭、道路浮土、耕地土壤、裸露地面、砂石、灰土、灰浆、灰膏、建筑垃圾、工程渣土等易产生粉尘颗粒物的物质。此外,农业生产由于施用农药、肥料产生的氨和挥发性有机物,养殖业产生的恶臭气体等也会造成大气的污染。所以,应当加强对上述这些污染源的综合防治,减少大气环境污染(袁杰等,2015)。

二、推行区域大气污染联合防治

推行区域大气污染联合防治是指对国家和各省(区、市)划定的重点区域,实行跨行政区域的大气污染联合防治。为此,现行大气污染防治法在第五章"重点区域大气污染联合防治"中做出了相关规定,明确国家建立重点区域大气污染联防联控机制,统筹协调重点区域内大气污染防治工作。国务院环境保护主管部门根据主体功能区划、区域大气环境质量状况和大气污染传输扩散规律,划定国家大气污染防治重点区域,报国务院批准。重点区域内有关省(区、市)政府应当确定牵头的地方人民政府,定期召开联席会议,按照统一规划、统一标准、统一检测、统一防治措施的要求,开展大气污染联合防治,落实大气污染防治目标责任。国务院环境保护主管部门应当加强指导和督促。各省(区、市)可以划定本行政区域内的大气污染防治重点区域等。目前,我国在京津冀、长三角、珠三角等重点地区已经开展了区域大气污染联合防治,取得了很好的效果(袁杰等,2015)。在今后的大气污染防治过程中,应当结合现有的区域联合治理取得的经验与教训,进一步推行区域大气污染的联合防治。

新修订的《大气污染防治法》以法律的形式固化了大气污染联防联控实践中的一些工作机制,包括划定国家及相关区域的大气污染防治重点区域(第八十六条);定期召开联席会议(第八十六条);制定重点区域大气污染联合防治行动计划(第八十七条);实施更严格的机动车大气污染物排放标准(第八十八条);编制可能对国家大气污染防治重点区域的大气环境造成严重污染的有关规划(第八十九条);新建、改建、扩建用煤项目的,实行煤炭的等量或减量替代(第九十条);建立国家大气污防治重点区域的信息共享机制(第九十一条),开展联合执法、跨区域执法、交叉执法(第九十二条)等(高桂林等,2015)。从《大气污染防治法》的规定来看,这些内容都是一些基本对策或政府的行动方案,还未转化成具体可执行的、明确需要承担法律责任的制度内容。

三、合理利用环境容量

环境容量,是指某一环境区域内对人类活动造成影响的最大容纳量。大气、水、土地、动植物等都有承受污染物的最高限值,就环境污染而言,污染物存在的数量超过最大容纳量,这一环境的生态平衡和正常功能就会遭到破坏。在当前我国的大部分城市中,并没有合理利用大气的环境容量,普遍存在着部分地区超负荷而部分地区却没有合理予以利用的现象,此现象是造成城市大气污染的主要根源。合理利用大气环境容量要着重注意以下几点。

1. 通过工业布局的调整,合理开发大气环境容量

当前许多城市的工业布局并不合理,继而导致大气环境容量的使用不合理。若想合理利用大气环境容量,可以通过对当前工业布局进行调整的方式,对城市大气环境容量进行合理利用,这就要求城市决策者在制定政策时进行充分的实地调研。

2. 科学利用大气环境容量

大气自净是指大气中的污染物由于自然过程,而从大气中除去或浓度降低的过程或现象。靠大气的稀释、扩散、氧化等物理化学作用,能使进入大气的污染物质逐渐消失。根据大气自净规律,定量、定点、定时地向大气中排放污染物,在保证大气污染物浓度不超过上限值的前提下,合理地利用大气环境容量。我们在制定对策时,通过对大气环境容量的充分研究,并在此基础上对不同区域范围内的污染负荷进行预测,最终通过大气污染物总量控制指标的分配(汪建等,2016)来实现对大气环境容量及自净能力的有效利用。。

四、协同控制

大气污染防治法中的协同控制是指对颗粒物、二氧化碳、氮氧化物、挥发性有机物、氨等大气污染物和温室气体实施协同控制。当前,我国不仅面临由于二氧化硫、氮氧化物、细颗粒物($PM_{2.5}$)等污染物排放而产生的大气污染防治压力,而

且要应对二氧化碳等温室气体排放总量不断增加而带来的气候变化挑战。大气污染物与温室气体排放控制具有协同效应。减少大气污染排放的同时,能产生减少温室气体排放的效果,反之亦然。因此,减少大气污染物排放和减少温室气体排放应协同控制(袁杰等,2015)。

第二章　我国大气污染防治法的发展历程

新中国成立初期,环境立法只是针对某一方面或某一制度,创设的是法律效力等级较低的规章制度,且大多数是有关自然资源的保护法,很少有环境污染防治方面的法律。自 1972 年参加联合国人类环境会议,我国更加深刻地认识到环境问题的严重性和紧迫性。针对当时存在的一系列环境问题,我国于 1973 年召开了第一次全国环境保护会议,会议制定了"全面规划、合理布局、综合利用、化害为利、依靠群众、大家动手、保护环境、造福人民"的环境保护工作方针。1973—1978 年,我国制定了一系列的国家环境保护政策和规划纲要,并且在实践中形成了一些环境污染防治的制度或措施,如"三同时"制度。1978 年修订的《宪法》中规定,"国家保护环境和自然资源,防止污染和其他公害",首次将环境保护列入宪法,确定了我国环境保护法的两大基本领域,为自然资源保护与污染治理奠定了我国环境法体系的基本构架和主要内容。

第一节　我国大气污染防治法的发展历程概述

1987 年大气污染防治法制定以前,以《环境保护法(试行)》为基点分成两个不同的阶段。第一个阶段,是在《环境保护法(试行)》前,各类环境监管或环境保护立法都相对较少,主要以《关于防止厂矿企业中矽尘危害的决定》(1956 年)、《工业企业设计卫生标准》(1956/1962/1970 年)、《关于进一步开展烟囱除尘工作的意见》(1973 年)、《工业"三废"排放实行标准》(1973 年)等此类政策性文件为主,缺少明确权威的法律法规指引。此阶段的大气污染防治以政府单方面行动为主,用行政力量进行防控,制定相关环境标准对污染水平实行管制,重点控制对象是工业污染源(冯贵霞,2014)。这一阶段的大气污染防治以固定点源行政控制型政策为主。第二个阶段,是在《环境保护法(试行)》实施后,开始全面地对有害气体排放标准、消烟除尘、生产设备和生产工艺等方面作进一步规定。为了进一步落实

《环境保护法(试行)》中的要求,我国于 1982 年发布《大气环境质量标准》、1983 年颁布《机动车尾气排放标准》,这两个标准与《环境保护法(试行)》一起为《中华人民共和国大气污染防治法》法律体系的逐渐形成提供了重要的帮助。此阶段依然以控制或治理固定源的大气污染为主,也多以管控性或命令性措施为主导对策基础。虽然有学者认为此阶段我国的大气污染防治已经进入"法制途径下的管控"(冯贵霞,2014),但我们认为 1987 年《中华人民共和国大气污染防治法》的制定是我国进入法制途径管控的标志。

一、制定《中华人民共和国大气污染防治法》

面对大气污染日益严重的形势,社会各界高度重视并呼吁大气污染基本法的出台。1987 年 9 月 5 日第六届全国人大常委会第二十二次会议通过《中华人民共和国大气污染防治法》(以下简称《大气污染防治法》)。该法共 6 章,包括法律条文 41 条,主要包括总则,大气污染防治的监督管理,防治烟尘污染,防治废气、粉尘和恶臭污染,法律责任和附则。《大气污染防治法》的主要特点有如下几点。

(一)将大气环境保护工作纳入国民经济计划,以促进经济建设和环境建设的协调发展

与 1979 年颁布的《环境保护法(试行)》相比,《大气污染防治法》首次明确提出了"国务院和各级人民政府必须将大气环境保护工作纳入国民经济和社会发展计划,合理规划工业布局,加强防治大气污染的科学研究,采取防治大气污染的措施,保护和改善大气环境。"运用法律形式规定了环境保护工作既是经济问题,又是社会问题,必须纳入国家的基本计划——国民经济和社会发展计划,使经济建设、社会发展和环境保护协调发展(商寿岩等,1988)。这表明大气污染防治应遵循"经济、社会、环境"共同发展的协调原则,为 1989 年《环境保护法》中此原则的确立奠定了基础。这也表明,在大气污染防治法律制度的实施过程中,"经济、社会、环境"这三者间的关系中经济与社会发展仍是核心,环境保护的目的不能超出这一核心目的,也成为后续一些相关单行法律法规立法的范本。

(二)将防治大气污染和保护大气环境提高到全体公民守法"义务"的高度予以规定

"任何单位和个人都有保护大气的义务,并有权对污染大气环境的单位和个

人进行检举和控告。"保护大气不仅是公民应享有的权利,同时也是公民应尽的义务。1987 年《大气污染防治法》中这一规定增加了公民保护大气的责任感,标志着我国的环境立法工作发展到新的阶段(商寿岩等,1988)。当然,此版本的《大气污染防治法》中对于单位和个人的义务主体地位的规定还没有明确的保障性制度来落实,纸本上的监督权虽具有宣示性与义务的肯定性,但终归没有具体的落实,所以此项义务一直显得相对"软""弱"。

(三)更加明确了加强环境统一管理是防治大气污染的有效途径

《大气污染防治法》总结了我国对环境保护进行统一监督管理的经验,对大气污染防治的监督工作做出了详细规定,不仅有具体要求,同时也指出了可行途径,使大气污染防治有法可依、有章可循(商寿岩等,1988)。对于大气污染实行统一监管,是命令控制手段或直接监管手段的一种应用。此时的统一管理以"事后补救性的微观强制减排措施"为主(屈茂辉等,2014),以强制性较强的排污申报登记、限期治理、排放标准的设定、浓度控制、现场检查、严重污染企业的"关停并转迁"等具体制度作为执行后盾。该法颁布实施后,相继出台了一些标准与政策性规范,如《锅炉烟尘排放标准》《关于防治煤烟型污染技术政策的规定》《汽车排气污染监督管理办法》等。这些标准或规范不仅在一定程度上保障了对污染严重的企业实行"关停并转迁"措施的有效落实,也在实践上显示了政府主导性。虽然一般来说指令控制方法比市场激励方法的成本更高(张帆等,2016),但这种方法的效率高且更有威慑力,这也是许多国家在大气污染的固定源污染控制、特殊产业的大气污染控制中所广泛采用的。

(四)突出了大气污染防治的重点,指出了主要防治途径

以煤烟型污染为主的大气污染现状决定了这一时期大气污染防治的重点是防治烟尘污染废气、粉尘和恶臭污染这三类,在《大气污染防治法》第三、四章对防治烟尘污染及防治粉尘和恶臭污染这些重点及主要防治措施作了专门规定。其中,关于烟尘污染与粉尘污染这两项内容均与相关的环境标准制度关联起来,规定了烟尘排放标准、生产设施设备的具体要求及相关防治措施等。

(五)对特定的大气污染问题作出了原则规定

在《大气污染防治法》制定之时的特定污染物主要是机动车船运营中的污染,

《大气污染防治法》第三十条对此做出相关规定："污染物排放超过国家规定的排放标准的汽车,不得制造、销售或者进口。"这种规定与当时人们对大气污染的认知及其可能产生的影响范围的认知相关。虽然这方面的大气污染治理没有提上日程,但在法律中予以原则性要求是必要的,有助于促进相关研究工作的开展,具有预见性。

总的来说,《大气污染防治法》从我国国情出发,对不治理、不控制大气污染和不执行国家防治大气污染规定的企事业单位做了强制性规定,如《大气污染防治法》第九条第三款对新建设项目的规定,总结了我国大气保护和管理的经验,同时参照了世界各国关于大气污染和控制方面的有关法律规定,具有中国特色,适应当时对外开放、对内改革和搞活的总方针,是继《环境保护法(试行)》《海洋环境保护法》《水污染防治法》之后,又一部保护环境、防治大气污染的重要法律,它标志着我国在环境保护领域进入了用法制手段管理大气环境的新阶段,其颁布实施对促进我国经济、社会发展和安定团结产生了广泛而深远的影响。

二、《大气污染防治法》的修正

1987 年《大气污染防治法》施行后,对于控制大气污染环境发挥了很大作用,取得了明显成效。但是,随着社会经济的发展,能源消费量不断增长,我国一次能源消费结构中煤炭占 75%,"七五"末期,全国煤炭消费量近 8 亿吨,由燃煤而造成的我国大气污染形势更加严峻。人们对经济利益的不断追求,生产规模的不断扩大,特别是一些地方、单位和个人,在片面追求经济利益、寻求短期经济效益的思想指导下,不注意大气环境保护,不考虑长远的经济效益,利用落实的生产工艺和生产设备从事严重污染大气环境的生产活动,再加上老企业落后、陈旧的生产工艺和设备,以及我国汽车工业的发展、汽车数量的增加(翟勇,1995),在许多方面都产生了新的大气环境问题。因此,修正《大气污染防治法》便显得十分必要。

第八届全国人大常委会第十五次会议于 1995 年 8 月 29 日通过了关于修改《中华人民共和国大气污染防治法》的决定,根据这一决定,对《大气污染防治法》作相应的修正,重新颁布施行。

此次《大气污染防治法》修正的主要内容体现在以下几个方面。

(一)加强源头治理,开展资源综合利用

防治大气污染,需要国家从经济、技术政策的制定和实施等方面采取有效措施,从源头上加以预防和治理。开展资源综合利用是一项重大的技术经济政策,

对合理利用资源、增加社会财富、提高经济效益、保护自然环境,都有重要意义,对此,该法做出了一些规定,在总则中增加第八条第一款。新增加的第九条主要是对城市绿化的规定。

(二)推广清洁生产工艺

由于 1987 年制定的《大气污染防治法》中并未明确规定使用落后生产工艺与设备可能产生的污染问题,而实践中,落后生产工艺与设备不仅会造成资源浪费与错位利用,也可能产生严重的污染问题。因此,1995 年修正时,第二章“大气污染防治的监督管理”中新增加第十五条,是对落后生产工艺和设备的淘汰制度的规定。这一规定包括了四层含义:一是要求企业优先采用清洁生产工艺;二是淘汰严重污染大气环境的落后生产工艺和设备;三是授权国务院公布限期禁止的工艺名录;四是被淘汰的设备不得转让(翟勇,1995)。

20 世纪 90 年代,我国的大气污染,很大程度上是由落后的生产工艺和落后的设备所导致的。企业在生产过程中,未能采取对污染进行全过程控制的清洁生产工艺,从而导致污染物排放量大。大多数企业所采取的末端治理措施,只能在一定程度上控制污染的进一步恶化,而不能从根本上改变或者缓解大气污染。因此,清洁生产工艺的推广意义重大。修订后的《大气污染防治法》专门规定了鼓励性条款,促进企业发展清洁生产工艺和技术。这一规定的根本目的是要求企业从源头开始对大气污染物的排放进行控制,而不是单纯的实施末端治理。这也是清洁生产这一生产方式的基本要求。国家对严重污染大气环境的落后生产工艺和设备实行淘汰制度,这是制止低水平重复建设,加快产业结构调整,促进生产工艺、装备和产品升级换代,控制环境污染,推动我国社会经济可持续发展的重要措施和必然要求。

(三)加强对燃煤产生的大气污染防治

此次修正将原法第三章“防治烟尘污染”改为“防治燃煤产生的大气污染”,增加第二十四条、第二十五条、第二十六条、第二十七条,强化了对燃煤的污染防治。这些都属于有利于防治大气污染的基本经济、技术政策,已被实践证明是正确的、成功的,因而得到法律的肯定,上升为法律规范。各级人民政府还依照该条的规定,从实际出发,采取其他有利于大气污染防治的经济、技术政策和措施,有效地防治大气污染。

（四）增加了二氧化硫和酸雨控制内容

修正后的《大气污染防治法》规定："国务院环境保护部门会同国务院有关部门，根据气象、地形、土壤等自然条件，可以对已经产生、可能产生酸雨的地区或者其他二氧化硫污染严重的地区，经国务院批准后，划定为酸雨控制区或者二氧化硫污染控制区。"此规定正好应对了当时我国严重的酸雨危害，并在此基础上，确定以一定污染物限制或禁止排放为基础的总量控制措施。

与"双控区"[①]相对应的措施与建议相应限制性措施主要是限制或禁止新建项目或相关企业对低硫煤的使用，同时对于已建的要采取相应的装置或设施控制二氧化碳排放。这些措施大多具有明显的行政强制性。虽然在短期内取得了较好的环境效果，但因禁止或限制措施给企业造成的各类损失该如何弥补的正当性与合理性还有待进一步论证。

（五）加强对污染源的治理

在第四章"防治废气、粉尘和恶臭污染"中增加第三十六条、第三十八条。前者是对城市饮食服务业防治油烟污染的管理规定，后者是对生产和使用优质汽油燃料的规定。汽油使用过程中可能产生的有害物质包括一氧化碳、碳氢化合物、二氧化碳、氮氧化物以及烟尘微粒等，不同品质的汽油产生的污染物质和危害程度有着很大的区别。因此，生产和使用优质汽油对控制机动车船排放污染有着重要意义。

（六）加强有关处罚力度，并提出政府环境责任问题

在第五章"法律责任"中增加第四十条，是对违反第十五条规定的对落后生产工艺和设备实施淘汰制度的行为的法律责任的规定。对严重污染大气环境的落后生产工艺和设备实行淘汰制度，是控制大气环境污染、防止低水平重复建设、加快产业结构调整的一项重要措施。责令停业、关闭，对于企业来说是一种较为严厉的行政处罚。例如，该法第八条明确规定：政府应奖励在大气环境保护与污染防治方面成绩显著的个人与单位，并同时在第九条规定政府有责任改善大气环境质量。这种规定不仅对政府的环境行为具有明确的引导性，也对政府监管职能与

---

① 双控区即酸雨控制区和二氧化硫污染控制区，规定"双控区"是为了在一定区域范围内实现对对酸雨和二氧化硫的污染控制。

保护义务的履行做出了规范。

三、《大气污染防治法》第一次修订

2000 年 4 月 29 日第九届全国人大常委会表决通过了修订的《大气污染防治法》,并于 2000 年 9 月 1 日起施行。这部法律在 1995 年修正实施后不到 5 年的时间里进行修订,并且在条款和内容上都做了很大的改动,法条由原来的 50 条增至 72 条,原有法条一半以上都进行了修改(罗宏等,2000)。在如此短的时间内,做出如此快速而广泛的修订,不仅是为了全面应对大气污染物居高不下的严重形势(孙佑海,2000),更体现了我国在污染防治能力整体提升的情形下,人们对大气环境质量的关注与需求。正是基于此理念的指导,此次修订的主要内容集中在以下几方面:集中力量抓重点城市的大气污染防治,加强机动车污染防治,加大城市扬尘的控制力度,禁止超过排放标准排放污染物,实行大气污染物排放的总量控制和许可制度,建立按照排污总量收费的制度,强化法律责任等(罗宏等,2000)。这部法律的第一次修订是我国环境污染防治思想发生根本性变化的体现,是污染防治机制和环境管理方式的重大变革,通过立法贯彻可持续发展战略,既有利于改善环境质量,又有利于经济和社会的可持续发展。

(一)将可持续发展规定为立法目的

此次修订的《大气污染防治法》第一条明确将"促进经济和社会的可持续发展"规定为该法的目的是非常重要的,为内容的修订确立了基础。此次修订将可持续发展规定为其基本的立法目的,此转变主要体现为以下三方面:一是在大气污染防治范围方面,从全面防治变为重点防治;二是在大气污染控制方式方面,从浓度控制变为总量控制;三是在大气污染超标规定方面,从超标不违法变为超标即违法(罗宏等,2000)。

(二)加强清洁生产法律制度,建立源头预防性和全过程控制的污染防治法律制度

此次修订后,该法第十九、二十五、二十六、二十九条等分别规定清洁生产的过程与清洁能源开发利用的相关要求。清洁生产的法律制度重视事前控制、源头控制、全过程管理,集中体现预防原则和全过程控制的思想,它使环境管理从废

物、末端管理扩大到产品、源头管理,使现代环境保护管理思想和制度更加全面、完整和科学。此次修订在环境污染防治基本战略上,从侧重污染的末端治理转变为实行末端治理和源头控制相结合,对工业生产全过程进行控制,加强了清洁生产的法律规定。

(三)建立以资源环境承载能力为基础的污染防治法律制度

主要措施包括:强化区域总体控制;建立大气污染物排放总量控制制度;确立达标排放的原则,禁止超过排放标准排放污染物;加强环境容量增殖的法律制度。这些措施虽然在 1987 年制定与 1995 年修正时均有涉及,但并没有全面确定与资源环境承载能力相关的总量控制制度、与环境容量增殖相关的大气环境质量改善的具体措施。

(四)强化政府责任和权力的规范

加强了政府在环境保护规划和计划、环境质量、污染总体控制、清洁生产、环境信息公开等方面的责任和权力规范,并细化了法律责任条款。如该法第六十五条明确规定:“环境保护行政主管部门或者其他有关部门违反本法第十四条第三款的规定,将征收的排污费挪作他用的,由审计机关或者监察机关责令退回挪用款项或者采取其他措施予以追回,对直接负责的主管人员和其他直接责任人员依法给予行政处分。”

(五)加强环境信息公开,促进公众参与

此次修订规定了大气质量状况公报、大气严重污染事故公告、排污总量核定和排污许可证核发公开等环境信息公开措施。

(六)加强非工业生产等各类污染源的控制

此次修订主要包括两方面:一是清洁能源问题,即针对大气污染防治工作的情况,改进城市能源结构,以改善大气环境质量;二是机动车船污染控制问题,为加强机动车船排气污染的控制,将防治机动车船排放污染单独作为一章,从机动车船制造、销售和进口,以及机动车船使用和维修、燃油品质、监督检测等环节,分别做出了规定。从城市绿化水平低和施工管理不善等造成扬尘污染的主要问题的控制出发,加大城市扬尘的控制力度。

（七）明确排污许可证制度，改革排污收费制度

此次修订除了延续排污申报登记制度外，还具体规定："要求大气污染物总量控制区内有关地方政府依照国务院规定的条件和程序，按照公开、公平、公正的原则，核定企事业单位的主要大气污染物排放总量，核发主要大气污染物排放许可证；并要求有大气污染物控制任务的企事业单位，必须按照核定的主要大气污染物排放总量和许可证规定的排放条件排放污染物"（罗宏，2000）。这表明大气污染防治排放许可证制度在大气污染防治法中的确立。但遗憾的是，此项制度的真正落实还需要其他基础性工作的跟进。

此外，修订后的第十四条规定，实行按照向大气排放污染物的种类和数量征收排污费的制度，根据加强大气污染防治的要求和国家的经济、技术条件合理制定排污费的征收标准。此规定表明，只要排放就要收费。这无疑是大气污染防治中的一大进步，将空气的自净能力与承载能力作为一项可以利用的资源来收取适当的费用，不仅有利于保护大气环境质量，也更能推动人们对大气环境的关注。根据污染者负担原则和大气污染防治的实际，将大气污染物超标排放收费改为排放收费，从排污收费标准体系、排污资金使用、排污资金管理等方面改革和完善排污收费制度。

（八）发展环保产业，促进环保市场化

此次修订在总则的第九条明确规定："国家鼓励和支持环境保护产业的发展。"体现出我国污染防治法律开始重视引导环保产业的发展。而清洁生产以及清洁能源开发利用对于企业的要求，也会间接推动环保产业的市场化与常态化发展。理论上，这一规定对于"政府管制污染企业"的单一化威权体制（胡苑等，2010）特征体系应该有所推动。但时至今日，我国的环境产业化市场体系仍未真正形成，这与政府在此问题上的立场与对策相关。

四、《大气污染防治法》第二次修订

《大气污染防治法》第二次修订历时长、社会关注度高、热点议题多，最终于2015年8月29日发布，2016年1月1日正式实施。此次修订由原先的66条增加至129条，不仅在内容上发生了重大变化，整个规范体系也做出了重大调整。除

了通过单独一章(第六章)来规定重污染天气应对外,其他的主要变化主要体现在以下几方面。

(一)将改善大气环境质量作为大气污染防治的目标

《大气污染防治法》第二次修订通篇围绕大气质量改善目标这个主线,明确提及"大气环境质量"达 36 次之多,接近全部条文的 1/3,为此次修订的最大亮点。体现了大气污染防治工作从注重污染防治向注重大气环境质量的重大转变,为大气污染防治工作全面转向以质量改善为核心提供了法律保障。

原法是把主要污染物的减排作为大气污染防治的目标导向,"十一五"期间虽然超额完成了减排目标,但是我国大气环境污染仍然十分严重,重点区域城市的二氧化硫、可吸入颗粒物浓度高,为欧美发达国家的 2～4 倍,表明单纯以减少主要污染物的排放量作为大气污染防治的目标不能适应当前大气污染防治和环境空气质量改善的客观要求。

(二)增加评价考核制度,强化政府责任

《大气污染防治法》第二次修订规定了地方政府对辖区大气环境质量负责、环境保护部对省级政府实行考核、未达标城市政府应当编制限期达标规划、上级环保部门对未完成任务的下级政府负责人实行约谈和区域限批等一系列制度措施,旨在加强对地方政府落实本地区大气环境质量改善目标、完成大气污染防治重点任务的监督。《环境保护法》第 26 条关于评价考核制度有明确规定,《大气污染防治行动计划》对此也有相关的要求,此次《大气污染防治法》修订新增这一规定,也是为了督促政府落实大气环境质量改善目标,使我国《大气污染防治法》体系更加协调统一。

(三)加强标准控制

《大气污染防治法》第二次修订新增"大气污染防治标准和限期达标规划"章节并前置,规范了大气污染质量标准、污染物排放标准制定行为,以及标准运用和落实。

(四)坚持抓主要矛盾和源头治理

《大气污染防治法》第四章"大气污染物防治措施"中,对加强燃煤和其他能

源、工业、机动车船、扬尘、农业等大气污染的综合防治做出了具体规定。第二次修订使调整对象、管理范围、管理措施等更加明确,新增加的条款强化了对有关主体的要求,更加符合大气污染防治的现状。

(五)强化重点区域联防联控和重污染天气应对

推行区域大气污染联合防治,要求对颗粒物、二氧化硫、氮氧化物、挥发性有机物、氨等大气污染物和温室气体实施协同控制,对建立重污染天气监测预警体系做出明确规定。

(六)充分体现了信息公开和公众参与

《中华人民共和国环境保护法》(以下简称《环境保护法》)第 53 条规定,公民、法人和其他组织依法享有获取环境信息、参与和监督环境保护的权利。各级人民政府环境保护主管部门和其他负有环境保护监督管理职责的部门,应当依法公开环境信息、完善公众参与程序,为公民、法人和其他组织参与和监督环境保护提供便利。秉承这一立法思路,《大气污染防治法》要求信息公开的表述有 11 处规定,如规范大气环境质量标准、大气污染物排放标准制定程序,就是落实环境保护法关于公众参与的要求。

(七)加大处罚的力度

第二次修订的《大气污染防治法》的条文有 129 条,其中法律责任条款就有 30 条,规定了大量具体的有针对性的措施,并有相应的处罚责任。具体的处罚行为和种类接近 90 种,提高了大气污染防治法的操作性和针对性。

第二节 我国大气污染防治法体系

法的体系,是指由一国现行的全部法律规范按照不同的法律部门分类组合而形成的一个呈体系化的有机联系的统一整体(张文显,1999)。

我国的《大气污染防治法》起步较晚,在实践中也遵循了法的体系的一般理论,即"以《宪法》为基础,构成一个法的部门界限清晰,上下、左右、前后的关系相互协调、和谐与衔接的有机联系的统一整体"(李步云,2000),力求能够反映大气污染的现状以解决实际问题,并为大气污染防治的长远发展服务。

大气污染防治法体系是由我国现行的与大气污染防治有关的全部法律规范所组成的有机整体,是我国现行法律体系的重要组成部分。该体系是一个开放的系统,随着大气污染问题和法制建设的发展而呈现出扩展和深化的趋势(高桂林等,2012)。

我国大气污染防治法体系的框架组成主要包括以下几点。

一、《中华人民共和国宪法》关于环境的基本规定

《中华人民共和国宪法》(以下简称《宪法》)和其他宪法性文件中有关于环境的基本和原则性规定是大气污染防治法体系的基础,并赋予其最高的法律效力,是制定各项大气污染防治法律、法规和制度的依据。如《宪法》第 26 条中有规定:"国家保护和改善生活环境和生态环境,防治污染和其他公害。"该条赋予了国家负有环境保护的职责。此外,我国宪法虽然没有直接规定公民的环境权利和义务,但有如《宪法》第 51 条"中华人民共和国公民在行使自由和权利的时候,不得损害国家的、社会的、集体的利益和其他公民的公法的自由和权利"这样的规定,该条是公民主张环境权的基础,也包含防止个人权利滥用造成环境污染和生态破坏的义务规范(高桂林等,2012)。

《宪法》中关于管理国家、社会和个人事务的具有普遍适用意义的规定,也是大气污染防治立法的根据。如《宪法》中关于公民教育权和义务的规定能够适用于大气环境保护教育立法。值得注意的是,一些宪法性的文件,特别是关于政府组成、职能方面的文件,一般也直接或隐含地涉及大气环境保护问题,因而也是大气污染防治法体系的组成部分。

二、综合性环境基本法

对于我国现行的《环境保护法》,有学者认为,其在某些方面并不完备、存在缺陷,且制定机关并不是全国人大,因此,只是一部环境保护方面的较综合性的法律,把它定为环境基本法的地位是不现实的,充其量它也只是具备环境基本法的雏形罢了(常纪文,2003)。但很多学者还是将其称为环境基本法,如有的学者认为,"我国 1979 年试行并于 1989 年修订颁布的《环境保护法》是我国目前环境保护的一部综合性的基本法,该法对环境保护的所有新问题做出全面的规定"(周

珂，2001）。综合性环境基本法以宪法的有关规定为立法依据，将环境作为一个有机整体进行保护和改善，在环境法体系中处于中心地位，是各种单行环境法律、法规、制度的立法依据（高桂林等，2014）。它是综合性的实体法，是国家对环境保护的方针、政策、原则、制度和措施所做出的基本规定。综合性环境基本法是大气污染防治的实体法律基础，为大气污染防治提供了现实的指导依据。

三、环境保护单行法

这里的环境保护单行法是指以《宪法》和环境基本法为依据，专门制定的调整特定保护对象或特定环境社会关系的单项法律，如全国人大常委会制定的《大气污染防治法》、北京市人大常委会制定的《北京市大气污染防治条例》等，它们是宪法与环境基本法的具体化，在法律效力上，低于《宪法》和环境基本法，属于法律、行政法规、地方性法规和部门规章、地方政府规章的范畴。

四、其他部门法中与大气环境保护相关的规范

《大气污染防治法》是多部门法制发展的结果，其产生与其他部门法有不同程度的渊源关系。一方面，为应对大气环境危机、加强大气环境保护，其他部门法在大气污染防治法体系形成前和形成后都做出了相应的调整和改进；另一方面，《大气污染防治法》也需要借助其他部门法的原理来建立和完善自身的体系（高桂林等，2014）。

（一）《中华人民共和国民法通则》中的相关规范

大气污染往往会涉及民事侵权法律关系，因而《中华人民共和国侵权责任法》就成为调整大气污染侵权最基本的法律规范。例如，《中华人民共和国侵权责任法》第八章规定了"环境污染责任"；《中华人民共和国民法通则》（以下简称《民法通则》）调整平等主体之间的人身关系和财产关系，其第124条也规定了环境污染的法律责任。这些法律规范都为解决大气污染民事侵权法律责任提供了法律依据（高桂林等，2014）。

（二）《中华人民共和国刑法》中的相关规范

随着我国环境问题的严重化，近年来《中华人民共和国刑法》（以下简称《刑

法》)在环境保护中的作用不断扩大。我国《刑法》于 1997 年修订后在第六章第六节专门规定了"破坏环境资源保护罪",设立了许多具体罪名,其中重大环境污染事故罪可以成为大气污染事故责任的法律依据。此外,在《刑法》第九章渎职罪中也有"环境监管失职罪"这样的罪名,可以作为惩戒具有环境监管职责的国家机关工作人员的依据(高桂林等,2014)。

(三)《中华人民共和国行政诉讼法》中的相关规范

由于环境问题的日益突出,国家对环境的管理逐渐加强,作为调整政府行政关系的《中华人民共和国行政诉讼法》,把对环境污染和生态破坏的控制、对环境违法行为的处罚以及环境纠纷的处理等都纳入了环境行政作用的范畴(高桂林等,2012),这些规范都可以作为处理大气污染事件的行政执法依据。

(四)《中华人民共和国民事诉讼法》中的相关规范

环境公益诉讼在理论界探讨了很长时间,而司法实践中却时有发生,真正将该制度确立为一项法律制度则是新修订的《中华人民共和国民事诉讼法》。修改后的《民事诉讼法》第 55 条规定:"对污染环境、侵害众多消费者合法权益等损害社会公共利益的行为,法律规定的机关和有关组织可以向人民法院提起诉讼。"此条授予了机关和有关组织可以提起环境公益诉讼的权利,从该条的规定来看,虽然法律未将个人主体纳入环境公益诉讼的范畴,但该制度从无到有的进步是有目共睹的。对于大气污染事件而言,环境公益诉讼制度在立法中的确立,使得对大气污染的救济多了一个渠道(高桂林等,2014)。

五、国际上关于大气环境保护的规范

鉴于大气污染对全球大气环境的影响,目前国际社会已经签订了许多有关大气环境保护的公约、协定和议定书等条约文件,这些条约以不同的方式成为缔约国或参加国的国内法渊源。我国参加并且已经对我国生效的一般性国际条约中的大气环境保护规范与专门性国际大气环境保护条约,包括我国参加或缔结的双边、多边协定和国际条约以及履行这些协定和条约的国内法律等,是我国《大气污染防治法》体系的重要组成部分。目前,我国参加的重要的大气环境保护国际条约有《保护臭氧层维也纳公约》《气候变化框架公约》和旨在限制发达国家温室气体排放量以抑制全球变暖的《京都议定书》等。根据我国《环境保护法》第 46 条规定,国内环境法如与国际条约有不同规定,应优先适用国际条约的规定,但我国声明保留的条款除外(高桂林等,2012)。

六、大气环境标准

大气环境标准也属于我国大气污染防治法体系。大气环境标准作为具有法律性质的技术规范,是国家环境政策和立法在技术上的具体体现,是我国大气污染防治法律体系的有机组成部分。

这里的大气环境标准主要指为了控制污染、维护环境质量,保护人体健康、社会财富和维持生态平衡而依法制定的各种技术指标和规范(高桂林等,2014)。大气环境系统是一个动态的复杂系统,而环境科学又是发展变化的,因此,建立在环境科学基础上的大气环境标准也不是一成不变的,它会随着环境科学的发展而变化,也受到社会生产力水平的制约。大气环境标准既要反映国内的经济与科技发展现状,与自然环境特征和环境保护需求相适应,也要与国际标准和趋势相适应。

(一)国内环境标准

在我国,由环境保护部组织制定国家级大气环境标准,省级环境保护部门组织制定地方大气环境标准。按照性质、内容和作用的不同,大气环境标准通常分为环境质量标准、污染物排放标准、方法标准、样品标准和基础标准(高桂林等,2012),如我国的饮用水标准、大气质量标准、室内装饰标准等。

国家环境保护标准是为保障人群健康、维护生态环境和保障社会物质财富,并考虑技术、经济条件,对环境中有害物质和因素所做的限制性规定。国家环境质量标准是一定时期内衡量环境优劣程度的标准,从某种意义上讲是环境质量的目标标准。国家污染物排放标准(或控制标准)是根据国家环境质量标准,以及适用的污染控制技术,并考虑经济承受能力,对排入环境的有害物质和产生污染的各种因素所做的限制性规定,属于对污染源控制的标准。国家环境监测方法标准是为了监测环境质量和污染物排放以及规范采样、分析测试、数据处理等所做的统一规定(是指对分析方法、测定方法、采样方法、试验方法、检验方法、生产方法、操作方法等所做的统一规定。环境监测方法中最常见的是分析方法、测定方法、采样方法)。国家环境标准样品标准是为了保证环境监测数据的准确、可靠,对用于量值传递或质量控制的材料、实物样品而制定的标准。标准样品在环境管理中起着甄别的作用,可用来评价分析仪器、鉴别其灵敏度;评价分析者的技术,使操作技术规范化。国家环境基础标准是为了对环境标准工作中需要统一的技术术语、符号、代号(代码)、图形、指南、导则、量纲单位及信息编码等所做的统一规定(王文革,2009)。

地方环境标准是对国家环境标准的补充和完善,由省、自治区、直辖市人民政府制定。近年来,为控制环境质量的恶化趋势,一些地方已将总量控制指标纳入地方环境标准。其中,国家环境质量标准中未作规定的项目,可以制定地方环境质量标准。地方污染物排放(控制)标准包括三层含义:一是国家污染物排放标准中未作规定的项目,可以制定地方污染物排放标准;二是国家污染物排放标准已规定的项目,可以制定严于国家污染物排放标准的地方污染物排放标准;三是省、自治区、直辖市人民政府制定机动车船大气污染物地方排放标准严于国家排放标准的,须报经国务院批准(高桂林等,2014)。

(二)国际环境标准

国际环境标准主要是指国际法上的环境标准,即环境条约规定的人类活动对环境的影响和干扰不得突破的限度,它包括环境质量标准、产品环境标准、排放标准和工序标准。此外,它还包括国际标准化组织制定的自愿性的 ISO 14000 系列环境管理标准(江伟钰等,2005a),如进出口贸易中的产品环境标准等。

第三节 不同时期《大气污染防治法》基本理念与目标

一、基本理念与目标的概念

根据《中国大百科全书》的解释,"理念"是指:"一种理想的、永恒的、精神性的普遍范型。该词源于古希腊文,原意为形象。或指思想的理念,或指客观的理念。"有学者认为,"理念就是引导人类行为的理性的思想或观念"(蔡守秋,2005a)。由此可见,法律理念是指导法律制定及运行的思想或观念。更有学者指出,"法的理念是指对具体法所凭以判断其正当性的原理,是法所蕴含的价值取向或精神向导"(周辉等,2004)。

台湾法学家史尚宽先生认为:法律之概念,谓"法律为何者",法律之理念,谓

"法律应如何";法律理念与法律目的的区别在于"法律之理念,为法律的目的及其手段之指导原则"。因此,《大气污染防治法》的基本理念就是指导大气污染防治相关法律制定、运行的思想、观念以及大气污染防治相关法律所确认、宣示的基本观点。它是《大气污染防治法》立法目的的思想基础,是大气污染防治立法动机的根源。

二、不同时期《大气污染防治法》基本理念与目标

根据《大气污染防治法》的发展特点与状况,我国《大气污染防治法》基本理念与目标的历史发展过程可以分为萌芽与形成期、发展与完善期。

(一)萌芽与形成期:人类中心主义理念

萌芽与成形期主要是指 20 世纪 80—90 年代这一时期。1983 年我国政府将环境保护确定为基本国策,1987 年制定《大气污染防治法》时,我国社会正处于由计划经济体制向市场经济体制转变的社会转型期,其基本特征仍然是以追求经济发展为最高目标。这时期的《大气污染防治法》提出"为防治大气污染,保护和改善生活环境和生态环境,保障人体健康,促进社会主义现代化建设的发展"的立法目的规定。从这一规定看,我国在制定《大气污染防治法》时,将保障人体健康放在第一位,而把促进社会主义现代化建设的发展放在第二位。有学者认为,这会在实践中导致"经济优先"原则。由于我国《大气污染防治法》的目的条款中均有促进社会主义现代化建设发展的表述,实践中一旦遇有经济利益与大气环境利益相冲突的情况,执法人员做出经济发展优先的选择,也是符合法律规定的。在此情况下,《大气污染防治法》保护大气环境利益的功效就被弱化了。也有学者认为,将保护环境和发展经济作为并行,目的是"目的二元论",这种"目的二元论"在现实法律运行中难以协调一致,往往出现牺牲大气环境以换取暂时经济利益的情况,高昂的大气治理成本导致"先污染、后治理、难治理"的恶性循环。从本质上看,《大气污染防治法》中体现的无论是"经济优先"原则,还是"目的二元论",都是狭隘的人类中心主义理念的表现。

人类对大气环境问题的认识变化始终围绕着"人与自然的关系"这个中心,尽管我们已经认识到自身处于大气环境之中,人类的生产生活行为会对大气环境产生影响,但是对于环境以及资源的利用和保护都是为了满足人类的需要,以人类的价值尺度作为衡量一切的标准,这就是"人类中心主义"。从长远来看,这种人类中心主义最终会使一切服从于经济,特别是市场经济的要求,而市场的自我调

节往往具有盲目性和滞后性,当出现大气污染问题时已经造成了一定程度的破坏,事后防范、末端治理走的是西方发达国家"先污染、后治理"的老路,只会使社会发展与生态环境二者之间完全对立,使人与生态环境的关系恶化。

(二)发展与完善期:可持续发展

我国的经济发展经历了改革开放后的高速增长,但也付出了巨大的环境代价,所以我们不能再走"先污染、后治理"的老路,只有在尊重自然、顺应自然、保护自然的基础上,才能实现中华民族的永续发展。2000 年第一次修订的《大气污染防治法》将可持续发展规定为立法目的。2015 年第二次修订的《大气污染防治法》要推进生态文明建设,促进经济社会可持续发展,将改善大气环境质量作为大气污染防治的目标,都体现了可持续发展理念。

一切以人类和人类利益为出发点的观念带来了人类对大自然的肆意而为,使环境污染和资源破坏日益严重。在协调人与大气环境关系的理性选择中,随着人类认识能力和实践能力的提高,有关大气污染防治的基本理念也在不断发展和更新。从以人类为中心的价值观到生态中心主义,即从生态系统整体利益出发进行价值判断,主张以生态为中心,一切顺应自然,强调自然与人有同等的法律地位和法律权利。这种生态中心主义虽然美好,但却夸大了自然与人的共性,忽视了人的重要地位和作用,不免有些"极端",使生态中心主义难以法律形式得以确认并贯彻实施。在这种情况下出现了"可持续发展"的理念,即"既满足当代人的需要,又不损害后代人满足需要的能力的发展"。

可持续发展理念历经 1992 年、2002 年两次联合国环境与发展大会的不断完善,成为世界各国普遍认同的价值理念,并被写入许多国家的环境法律立法目的之中。可持续发展把地球的环境资源看作是属于当代人和后代人的共有财产,当代人在谋求发展利益时要为后代人保存可供其持续发展的环境资源;同时,人类作为自然界的一部分,是与其他生命物种共同拥有地球的,人类应当尊重其他生命物种,与自然和谐相处,才能维持自身的生存和发展。这种理念既没有完全肯定"生态中心主义",也没有完全否定"人类中心主义",既坚持了人类对发展的追求,又兼顾了生态整体利益,成为"人类中心主义"和"生态中心主义"的"折中"。

第三章　我国《大气污染防治法》基本原则

第一节　《大气污染防治法》基本原则的价值辨析与确立依据

一般认为,法律原则是指法律规范的基础或在法律中较为稳定的原理和准则。因此,《大气污染防治法》的基本原则就是指《大气污染防治法》中具体规则所应遵循的准则,是体现《大气污染防治法》理念的最高级法律规则。关于《大气污染防治法》基本原则的价值辨析与原则确立依据将主要围绕第二次修订的内容展开论述。

一、《大气污染防治法》基本原则与目的价值辨析

"原则"是指认识、分析与处理事物、事件的准则。法的原则是法的规范(规则)产生的基础,是法调整社会生活、社会关系、人们行为的准则。作为《大气污染防治法》的制定和实施过程中的指导性要求与标准,《大气污染防治法》基本原则能够集中体现《大气污染防治法》的本质及价值,反映《大气污染防治法》的调整对象的客观性质与发展规律。

第二次修订的《中华人民共和国大气污染防治法》第一条、第二条对大气污染防治的目标与原则做出了规定,可以看到,《大气污染防治法》的立法目的是为了保护和改善环境,防治大气污染,保障公众健康,推进生态文明建设,促进经济社会可持续发展。这一立法目的反映了大气污染防治工作从注重污染防治向注重大气环境质量的重大转变。第二条第一款明确了大气污染防治应"坚持源头治理、规划先行,转变经济发展方式,优化产业结构和布局,调整能源结构"的原则。

在法律基本原则和目的价值的关系上,有学者认为,作为法律准则,基本原则虽然具有一定的原则性,但也是一个比较明确、清晰和可操作的概念,具有一定的

可适用性和可诉性(王保树,1999)。在无具体的规则作为法律救济的依据或具体的法律规则不足以救济时,法律的实施主体可以把基本原则纳入法律救济的规则依据体系。而目的价值则不同,它反映的是法律创制和实施的宗旨,勾画法律理想秩序状态的蓝图,因而是一种主观愿望,表现立法者所要追求的法律精神。例如,一般来说,凡是能够借助环境法上的确认、保护、鼓励、限制、禁止和责任机制来加以保护和促进的美好事物,都可以视为环境法的目的价值(常纪文,2003),一般在我国法律第一条中得以体现,如《中华人民共和国环境影响评价法》第 1 条规定:"为了实施可持续发展战略,预防因规划和建设项目实施后对环境造成不良影响,促进经济、社会和环境的协调发展,制定本法。"作为美好事物本身,目的价值并没有规定法律上权利、义务、责任的准则、标准,缺乏可操作性、确定性和可适用性,不属于法律规则的范畴。就基本原则和目的价值二者的关系而言,前者是法律规则,它体现目的价值,而后者虽不是法律规则,但却指导基本原则的创制。

二、《大气污染防治法》基本原则确立的依据与标准

要确立《大气污染防治法》的基本原则,首先必须明确基本原则应符合的标准。如果没有一定的依据或标准,基本原则的确立就会显得混乱和随意,从而失去其应有的基础性、本原性和准则性,进而失去其应有的指导力和准据力。明确基本原则确立的依据和标准事关《大气污染防治法》基本原则的合理性和合法性,可以从以下几个方面加以考虑。

(一)《大气污染防治法》基本原则应当有自己的"高度"

从定位上说,它是法律规则和价值观念的汇合点,法律原则的重要功用,就是说明详细的规则和具体制度的基本目的。另一方面,它也是衍生其他规则的规则。这样的定位表明:《大气污染防治法》的基本原则既要体现《大气污染防治法》的宗旨,又要高于或统领《大气污染防治法》的具体规则,同时,各类具体规则作为其衍生物,不应与《大气污染防治法》的基本原则相抵触。因此,依据适当的"高度"来定位,应当是确立《大气污染防治法》基本原则的一个标准。高度标准强调《大气污染防治法》基本原则的定位必须有其应有的"高度",从而既可避免把《大气污染防治法》的宗旨或价值理念等同于基本原则,也可防止把具体规则高估为基本原则。

（二）《大气污染防治法》的基本原则应具有普遍指导意义

《大气污染防治法》的基本原则必须是在《大气污染防治法》法律体系中得到广泛适用，构成《大气污染防治法》的基础和核心，并且适用于《大气污染防治法》法律体系的各个环节和所有领域、一切效力范围的原则，而不是仅仅适用于某个环节、某个领域的具体原则。《大气污染防治法》基本原则的特点在于它的指导性或原则性，其贯彻实施需要通过具体的法律条文、法律规范或者法院的判决等予以具体化。《大气污染防治法》的基本原则是对大气污染防治立法、执法、司法精神的高度概括和总结，因此应该相对集中，不宜过多和分散，而且要把大气环境作为一个整体加以保护，对影响大气环境的各个要素要联系起来进行综合考量。普遍标准强调的是《大气污染防治法》基本原则的"普适性"，以免把具体的部门法原则上升为普遍适用的基本原则。

（三）《大气污染防治法》基本原则应是《大气污染防治法》基本特点的体现

《大气污染防治法》的基本原则应当是《大气污染防治法》所特有的，而不应是各类部门法所通用的一般法律原则，要体现《大气污染防治法》的特色和特殊需要。据此，凡是与《大气污染防治法》无关的原则，或者非《大气污染防治法》的乃至非法律的原则，如自由放任、等价有偿、罪刑法定等其他领域不同层面的原则，无论是纯粹的经济原则、社会原则还是其他部门法上的原则，都不应列入《大气污染防治法》的基本原则之中。此外，对于法律的通用原则或共同原则（即指导大气污染防治立法执法等的一般原则）是应该遵守的，但是，不能称之为《大气污染防治法》的基本原则。特色原则强调《大气污染防治法》本身的"特色"，以免把相关的经济原则、社会原则、其他部门法的原则或整个法律共有的原则等同于《大气污染防治法》的基本原则。

（四）《大气污染防治法》基本原则应当具有抽象性和宏观性

《大气污染防治法》基本原则应该是可操作的原则，不能只是宣言性的口号，同时，也不能过于具体。基本原则与法律规则或者制度不同。法律规则太过明确，用法律规则解决一些案件争议时会出现不公平、不正义的结果，法律规则的适用必然导致僵化刻板，缺乏灵活性，这才为法律原则的出现创造了可能。由法律原则替代法律规则解决案件争议,必然要求法律原则以丧失明确性为代价而追求一定程度的灵活性,因而法律基本原则的内容应当抽象和宏观(薄晓波,2014)。抽象和宏观原则是基于基本原则的指导性,不仅对现实的法律关系进行调整,而且应该在长期范围内都具有现实指导意义。

(五)《大气污染防治法》基本原则要具有前瞻性和稳定性

人们对大气污染问题的认识是一个过程,法律上的调整不可能一开始就尽善尽美。立法可以逐步完善和改进,但是环境法的基本原则却不允许存在滞后。这就要求我们在确立环境法的基本原则之时,要具有前瞻性。任何原则、制度或者法律规定都不可避免地具有时代特色,即使《大气污染防治法》中规定的立法目的也是如此,如现行《大气污染防治法》的立法目的即为"保护和改善环境,防治大气污染,保障公众健康,推进生态文明建设,促进经济社会可持续发展"。随着认识水平的提高和历史条件的变化,立法目的可能会被修改,其他法律法规中不合时宜的规定也会被时代所淘汰,但是,基本原则作为法律的支柱,是不能任意更改的。因此,《大气污染防治法》的基本原则必须保持相对稳定性。相比法律规则,法律原则应当具有更强的稳定性和适应性。案件事实的变化有可能导致某法律规则的不适用,而对法律原则来说,在一个相对确定的领域之内,无论案件事实发生怎样的变化,或者在一定的时期内法律规则发生怎样的变化,法律原则仍然构成处理相应案件和制定具体法律规则的法律依据之一(薄晓波,2014)。

除以上标准之外,有学者还认为,法律原则应该是关于公平、正义、效率、秩序、民主等价值的原则,体现社会主体尤其是立法者对上述法的价值的认识和判断。法律原则应当以权利义务分析为内容,法律原则虽然抽象、宏观,但仍然是一种法律工具,具有强烈的方法论色彩,能够为人们处理具体的法律问题提供一个基本的方法或策略。如果一项"原则"能够体现公平、正义等法的价值观,但仅是一种价值目的的直接表述,而缺乏权利义务分析的内容,则其不是法律原则,而有可能是法的目的(薄晓波,2014)。

正如《民法通则》的基本原则、平等原则、自愿原则、公平原则、诚实信用原则和禁止权利滥用原则,这五条基本原则体现了《民法通则》的特点,涵盖了整个民法领域,而且为民法的基本法与单行法等规定或体现,相互之间和谐统一且完备,对实践具有很强的指导意义,可视为是民法永恒追求的价值和原则。《大气污染防治法》的基本原则也应该如此,应体现出什么是《大气污染防治法》应追求的,什么是至少我们预料范围内正确的,什么是完整齐备的,什么是可行的,等等。真理、价值这样的理念应该在基本原则之中体现。我们无法预知将来发生的具体情况和可能出现的问题，但我们可以用基本原则来指导。换言之，《大气污染防治法》的基本原则应该是在《大气污染防治法》领域"放之四海皆准"的。而且，《大气污染防治法》基本原则应该成为构成《大气污染防治法》的充要条件。一方面，要考虑完备性，从中央到地方，从单位到个人，从立法到司法到执法，从实体到程序等各个领域、各个方面都要考虑全面。另一方面，要考虑其必要性，每一个原则都是必需的，缺一不可。总之，如果说《大气污染防治法》是一个完整的球形，那么其基本原则应该构成其框架，而不是一个或几个单薄的面。它可能不会面面俱到，但是一定在每一个领域都会有关联。

第二节　《大气污染防治法》基本原则

作为理论上和实践中的《大气污染防治法》，其基本原则应是具有实践意义的指导性规则。根据我国和其他一些国家相关领域的研究与实践，《大气污染防治法》可以归纳出以下几个相互联系、相互制约的基本原则：预防原则、共同但有区别的环境责任原则、行政管理和市场手段相结合原则、环境民主原则。

一、预防原则

预防原则是国际环境法的主要原则和国际环境政策的核心所在（金慧华，2005），其作为一项法律原则最初规定于联邦德国的预防性规则，这项规则的要点是为了防止环境破坏，社会应该未雨绸缪，在潜在危险行为发生之前做出详细计划。1976 年联邦德国议会通过《清洁空气法》，将预防原则作为一项基本原则，要求政策制定者考虑科学不确定性问题（张梓太等，2012）。这表明在大气污染防治中，风险预防已经被考虑进去。现行《大气污染防治法》规定对大气污染治理的原则是预防为主、防治结合。

预防为主的原则曾经对我国大气环境保护起到了很大的作用，但因为它的不纯粹性，落实预防为主原则时总要考量各种因素，迁就各方面的困难，最终不得不做出让步，以至于不能发挥其应有的作用（张志勋等，2010）。

预防原则体现了生态理念和科学发展理念。预防原则将自然环境视为整体，在环境保护和经济发展发生矛盾时，坚持"环境优先"，改变了以前的"末端治理"

理念,是纯粹的源头防控。很显然,这种源头预防的原则还需要在实践中通过一系列措施来实现。预防原则在发展权的观念中创造性地施加了某种压力,这种压力一部分可以由可持续发展原则所解决;那些对环境产生太大风险的活动应该被禁止,那些呈现出较低风险的活动经许可后才能实施,从而将损害控制在可接受的范围之内,其难点在于实现权利的平衡。污染者负担原则在本质上是反应性和补救性的原则,尽管它可以通过在防止环境损害发生方面提供激励而起到预防性作用(安德鲁·维特,2008)。从理论上讲,预防原则在实践中可以分为三层来应对:风险太大的予以禁止,可以考虑通过命令控制型手段来应对;风险较低的经许可后实施,可以考虑通过混合型对策来实施;风险极小或没有风险(可以忽略不计的)则实行开放性对策。但实践中,风险等级如何评定、风险标准如何确立等都是制约我们具体对策出台的重要因素。

预防原则的内容有:从经济活动来说,应是经济活动的立项、实行、管理等的综合控制;从生产过程来说,应是源头控制到清洁产品和废物资源化的综合控制;从保护大气环境质量来说,应是大气环境容量资源的高效合理利用、保护和增长的综合控制(何芳芳,2011);从控制范围来说,应从源控制扩展至相关区域、活动的控制;从时间阶段来说,涉及当代人和后代人,对可以预见的可能对后代人产生严重危害而现代人不能控制其危害的污染行为应当予以禁止和严格限制。

二、共同但有区别的环境责任原则

共同但有区别的环境责任原则,是首先在国际环境法中发展起来的,而且在国际气候变化领域得到了广泛的应用(龚微,2008)。所谓共同但有区别的环境责任原则是指所有主体、所有区域对环境问题都负有责任,应当齐心协力;但由于生态系统的整体性和导致环境问题的各种因素不同,不同主体、不同区域的具体责任内容是有区别的。

共同责任原则是优先于区别责任原则而处于第一位的首要原则,是《大气污染防治法》追求的目标;区别责任原则是从属于共同责任原则的第二位的重要原则,是共同责任原则的深化和必要补充。二者的辩证统一,才构成了《大气污染防治法》权利和义务分配的基本原则。

三、行政管理和市场手段相结合原则

行政管理和市场手段相结合原则是指在环境法制中,应发挥国家环境管理和环境利益市场化两个方面的积极作用。其中,行政管理就是政府的环境管理,市场手段是指通过以市场为基础的激励机制来控制环境问题,比如大气环境使用权交易制度。

行政管理和市场手段相结合原则的关键点在于两种手段的"结合",而不是各自为战、互不相容。行政管理手段和市场手段的主要区别在于谁有权力决定"多少"问题(王慧,2008)。在人们认识环境问题的初始阶段,人们对于管制环境抱有足够的信心,所以选择使用管制的手段。随着人们对环境问题的"负外部性"本质的认识逐步深入,环境权交易等利用市场手段的方法成为解决环境问题的途径之一(胡艳慧,2010)。

大气环境使用权交易制度体现了行政管理与市场手段相结合原则。在这种新型的资源配置体制中,政府主导大气环境使用权的初始分配,公平合理地在现有排污者之间配置环境容量资源,确定减排指标,这是大气环境使用权的初次分配。各排污者取得相应的排污指标后,根据对新进入的生产者对排污指标需求的预测,以及在企业内部不同生产单元的减排难度和费用,决定本企业减排的技改投入,再以技改所获得的节余排污指标在内部实行转让,或在外部进行交易,这是大气环境使用权的再分配。初次分配时行政管理为主,市场调节为辅。再分配时以市场手段为主,行政手段为辅。

四、环境民主原则

环境民主原则是指在环境保护政策及法律的制定、实施、监督等过程中,遵循民主的原则,通过民主的程序保障公众适当参与的权利。现行《大气污染防治法》第七条、第十条、第十一条的规定是对公众参与的明确落实。大气污染总量控制制度的公众参与和信息公开体现了环境民主原则,公众的参与和监督会形成合力,能更好地控制环境污染,减少污染排放量。信息的公开会迫使企业对其违法行为给予高度的重视,减少其再次违法的概率。

第四章　我国《大气污染防治法》基本制度

关于我国《大气污染防治法》的基本制度,目前的研究包括两种不同的视角:一是以狭义的单行法《大气污染防治法》中规定的具体制度展开研究;二是从广义的大气污染防治法律法规中的制度展开研究。这两种不同视角下的研究都具有重要意义。本章将结合我国《大气污染防治法》中的相关规定,选择从狭义的视角来研究相关制度。

高桂林等(2014)将《大气污染防治法》的基本制度分为公共治理、污染物总量控制、防治固定源大气污染、防治机动车和非道路移动机械排放污染、防治扬尘污染五大类。毛应准等(2016)在对大气污染防治监督管理的四类重点制度(环境影响评价制度、重点污染物排放总量控制制度、排污许可与环境监测)进行分析后,单独就其他不同类型的污染防治进行了研究。江莉(2013)基于三种不同源(固定、移动与区域)的大气污染防治制度进行研究,这种研究视角与美国《清洁空气法》中对大气污染源的分类契合,对于我国区域联合防治制度及移动污染源的防治制度的研究具有实践意义。武颀鹏(2010)、刘鸿雁(2014)等以广义的大气污染防治法律制度为基础展开研究,此研究对于全面梳理我国的相关制度具有很好的指导作用。除了上述所列举的这些研究外,还有一些学者围绕某一类大气污染防治法律制度的实施展开了研究,这些研究均提供了很好的借鉴。

上述各类关于大气污染防治法律制度的研究虽能为本章提供一些可借鉴的素材,但由于这些研究都是以 2000 年的《大气污染防治法》为模板展开的,且对制度内容的具体解读还有待进一步细化,这些研究在内容上与 2016 年修订并正式施行的《大气污染防治法》、2015 年修订并施行的《环境保护法》等相关法律法规中所规定的制度内容存在较明显差别。在我国,虽然监管类制度相对过多且发展相对完善,预防类与责任类制度还存在较多不足,但大气污染防治法律制度在体系上已包含了预防、监管与责任三大类制度。另外,我国大气污染防治法律制度并非狭义的《大气污染防治法》这一部单行法中的制度,应包含预防大气污染物排放、防止大气污染物排放、保护并优化大气环境质量的所有制度。所以,本章对于具体制度内容的阐述将不仅仅只是局限于《大气污染防治法》的规定，而是以所有可能涉及大气污染防治的内容展开（图 4.1）。

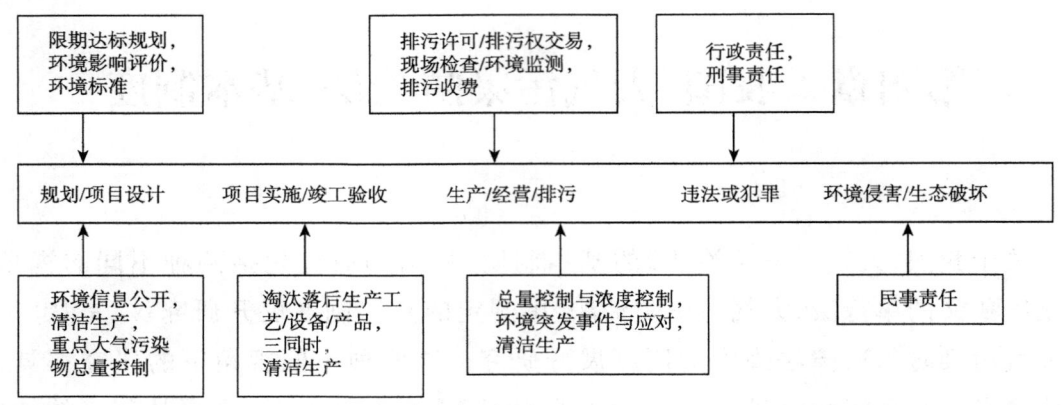

图 4.1　大气污染防治法律制度与行为/结果对应关系

（以大气污染防治法律制度在具体项目中的发展过程中为基础展开，基本贯穿了大气污染防治中的预防、监管与责任承担三大块内容，是我国目前大气污染防治法律制度的主要内容；本图表信息参考了汪劲著《环境法学》第 171 页中的图表 7.3，并结合我国大气污染防治法律制度做了适当修订）

第一节　预防大气污染的法律制度

虽然有许多学者尝试给不同的制度进行分类，但作者认为，断然地将某一制度贴上某类标签是不合理的，因为任何一项制度的约束对象、调控范围与达成目的并非绝对单一的，大多具有复合性。虽将大气污染防治的制度简单地划分为预防、监管与责任三类也有不合理之处，但在本书中基于研究的便利性，还是坚持从制度的主要内容出发，将现有的大气污染防治法律制度分为三类来予以论述。

原则上，预防一般包括损害预防与风险预防，但法律制度的形成与确立过程中，并未明确区分风险与损害。理论上，污染预防是一种为减少排入环境的残留物数量或毒性的长期策略和途径。实践上，污染预防是在源头减少或消除废弃物的手段，是"末端治理"方式向"前端预防"的转变。这意味着残留物的产生被当作一个策略性变量来控制，而不是在污染产生后进行处理。在物质平衡模型中，预防策略能够改变企业的经济活动，从而减少污染物排放量的长期策略。污染预防可通过避免污染物和废物产生或使其最小化，尽量减少污染物对环境或人体健康的危险（巩天雷，2007）。这种预防以经济活动中所产生的污染物减量化为基础，在相关制度的执行对科技的依赖度较高。事实上,污染物的排放与变化历史告诉我们,污染预防不仅仅是生产企业应遵循的义务与原则,还是全社会应担负的责任。因此,对于决策者而言,应在项目规划阶段全面考虑其环境影响,尽量合理利用空气的净化能力,将大气污染物的排放水平控制在合理范围;对于企事业单位及其他污染物的直接排放者而言,应尽量选择对环境友好的产品或运用合理的技术减少污染物的排放;对于自然人主体而言,应尽量减少耗损环境资源或破坏生态系统的行为。结合我国《大气污染防治法》的主要内容,预防制度主要包括限期达标排放、环境影响评价与"三同时"、环境信息公开等制度。

一、大气环境质量限期达标规划制度——城市

限期达标规划制度是指为了使部分大气环境质量未达标城市的人民政府针对大气污染防治的问题,在征求相关人员的意见后,及时编制大气环境质量限期达标规划的一项管理制度。此项制度的目的是为了督促未达标区域的地方政府及时采取有效措施,按照国务院或者省级人民政府规定的期限达到大气环境质量标准。理论上,限期达标规划所针对的主要对象并非固定的点源污染物的排放,而是与某一区域的产业结构、能源利用结构等相关而产生的局地污染物与区域性污染物。此类污染物由于大多属于难以明确排放主体的非点源污染,所以在监管过程中需要地方政府能依据本地经济社会发展状况、产业结构、能源结构与公众的消费行为等来制订相应的减排计划。整体上,就我国空气质量完善而言,限期达标及达标规划都是针对城市的空气污染问题而设计的。虽然有些区域由于严重的"雾/霾"问题,在区域污染防治过程中,可能会涉及农村生产生活过程中大气污染物排放监管问题,但总体而言,此项制度并未明确规定农村这一地域范围。

限期达标规划制度早在 2000 年修订的《大气污染防治法》第十七条中就明确要求,未达到大气环境质量标准的大气污染防治重点城市人民政府应当制定限期达标规划,并可以根据国务院的授权或者规定,采取更加严格的措施,按期实现达标规划。但由于 2000 年修订的《大气污染防治法》中没有规定具体可实施的操作程序与责任要求,地方政府的实施程度不高。2013 年通过了《大气污染防治行动计划》(以下简称《大气十条》),在我国大气污染限期达标规划制度的实施中起到了关键性作用,并明确了部分区域、部分污染物排放的限期达标的要求。此后相继通过了《大气十条》的相关配套实施办法与实施细则(如《大气污染防治行动计划实施情况考核办法》《大气污染防治行动计划实施情况考核办法(试行)实施细

则》)来进一步明确大气污染防治中的不同区域间应如何合理地应对区域性产业结构调整、能源转型等问题,最终满足大气环境质量达标的要求。

2016 年《大气污染防治法》第十四至十七条对于城市限期达标规划制度的相关事项做出了明确规定,主要包括及时编制、广泛参与、公开信息、定期报告、适时修订等(信春鹰,2015)。通过这四个条文的规定,我们能基本明晰我国的限期达标规划制度呈现的几个特征。一是限期达标规划制度的适用地域的特定性,主要适用于未达到国家大气环境质量标准的城市,而对于已经达到国家大气环境质量标准的城市则无需编制限期达标规划。二是限期达标规划编制与实施的程序性。限期达标规划编制与实施的主要程序如下:确定是否达标→征求多方面意见→编制规划→规划信息公开(同时报相关部门备案)→规划实施→规划实施情况的公开→规划的评估修订。三是达标规划的公开性。依据《大气污染防治法》的规定,规划的编制、实施、修订都必须公开。这是保障规划能否真正落实的有效条件。

虽然从条件上看,此项制度似乎很清晰、很明确,但此项制度存在的问题依然不容忽视。达标区与非达标区是按照行政区划的划分与执行,还是按照自然环境区域来划分,在划分达标区与非达标区时,空气的流动性问题如何处理。特别是对于未达标的重点区域而言,存在还未明晰的几个问题。一是该如何与其他相关制度有效衔接,该如何有效督促地方政府履行此项制度的责任制约等,目前法律中没有明确规定,虽然在重点大气污染物总量控制制度中提到了对地区人民政府主要负责人的约谈规定,但该约谈的法律效力是什么,仍需要法律进一步明晰。在艰巨的环境保护面前,仅靠政治制约难以达成该制度本应获得的实效。二是此项制度虽然明确了实施主体是地方人民政府,但规划中所涉及的主要内容及这些主要内容背后所涉及的权义问题还有待明晰,仅规定程序性内容还不足以保障此项制度得以真正被有效实施。三是此项制度单从字面上来理解,还存在明显的不足:①环境规划的前置定语是限期达标,这表明此项制度的实施是为了达到一定的环境标准,不是为了环境质量的整体提升;②限期的期限有多久,这种限期达标规划背后是否有一定的环境效益的考量,在目前的法律规定中均不明确。因此,从一定意义上来讲,此项制度是一项不彻底的预防性制度,且是一项带有明显的动态性、政策性、临时性的制度。此项制度与环境法中环境规划制度如何有效关联并成为一项长久有效的规范性制度仍需要进一步探讨。

二、环境影响评价制度

环境影响评价制度,是指对规划和建设项目实施后可能造成的环境影响进行分析、预测和评估,提出预防或者减轻不良环境影响的对策和措施,并进行跟踪监测的方法与制度。此项制度是污染预防原则的具体体现,具有科学的预见性、严谨的科学性、高度的综合性、方案或措施的可替代性、严格的程序性、公众参与的广泛性(韩广等,2007),是预防污染的首要制度。之所以只将环境影响评价作为一种预防性的法律制度,是因为其他各类环境评价在性质上属于事后评价,而环境影响评价具有前瞻性和预见性的特点,有利于更好地保护环境(汪劲,2006)。虽然"三同时"制度作为我国首创的一项制度,在环境保护中发挥了重要作用,但由于"三同时"制度的相关内容与环境影响评价制度在程序上的规定基本重叠,因此,本节将不再对此类制度予以单独论述。

为了真正应用此项制度,除了《环境保护法》中对此项制度予以规定外,我国分别于1999年实施了《建设项目环境保护管理条例》、2002年通过了《环境影响评价法》、2009年颁布实施了《规划环境影响评价条例》。虽然《大气污染防治法》自1987年制定以来在1987—2015年间历经两次重要修订,但环境影响评价制度在大气污染防治中的适用十分有限,这期间一直侧重于对建设项目的环境影响评价。这也间接造成了此阶段中,因大气污染所导致的损害与社会问题频频发生,特别是不当规划对大气环境的影响更甚。

2016年第二次修订的《大气污染防治法》中规定了在以下三种情形下必须进行环境影响评价,这表明此项制度在我国大气污染防治中的功能得以重视。一是企事业单位和其他生产经营者建设对大气环境有影响的项目,应当依法进行环境影响评价。这是典型的建设项目的环境影响评价制度对于具体排污主体的要求,这表明在大气污染物排放过程中,排污者应明确并遵守环境影响评价制度的相关要求。二是对超过国家重点大气污染物排放总量控制指标或者未完成国家下达的大气环境质量改善目标的地区,省级以上人民政府环境保护主管部门暂停审批该地区新增重点大气污染物排放总量的建设项目环境影响评价文件。将环境影响评价制度与"区域限批"联系起来,不仅有利于区域污染物总排放量的监管与控制,也有利于促进未达标地区更好地履行自己的职责,通过经济制约来强化政府环境责任。三是编制可能对国家大气污染防治重点区域的大气环境造成严重污染的有关工业园区、开发区、区域产业和发展等规划,应当依法进行环境影响评价。这是规划环境影响评价在大气污染防治中的具体应用,在规划相关产业园区与产业发展中充分考虑大气污染物的排放、清除与治理特点,是对总量控制制度的一项有效落实。

三、环境信息公开制度

环境信息公开并不是一项单纯的预防性制度,其贯穿于大气污染治理的所有环节。本节选择将其置于此处是为了凸显环境信息公开制度在污染预防中的关键角色与核心地位。首先,环境信息公开可以改善获得信息的途径和公众对决策的参与,有助于提高决策的质量和执行情况,提高公众对环境问题的认识,使公众有机会表明自己的关切,并使政府部门能够对这些关切给予应有的考虑,从而减少环境决策的失误(李富贵等,2005)。这体现了环境信息公开在政府决策与规划编制中的重要性。其次,环境信息公开能让公众对污染物的排放情况、污染治理情况和造成的环境损失情况进行充分了解、监督和评价。从这个意义上讲,环境信息公开应贯穿于环境污染防治的全过程。

新修订的《大气污染防治法》通过以下六个方面的规定,突出表现了环境信息公开制度的重要性。一是明确规定考核结果应向社会公开,有利于公众全方位了解与掌握政府的防治行为与结果(第四条);二是强调了各级政府向公众大气环境质量信息公开的必要性与重要性(第二十三条);三是规范了企事业单位和其他生产经营者(尤其是重点排污单位)公开污染物排放信息的相关行为(第二十四条);四是明确了移动源污染监管信息公开的要求(第五十二、五十五条);五是确立了施工工地扬尘污染信息公示的主要内容(第六十九条);六是系统规定了环保部门应当组织建立国家大气污染防治重点区域的大气环境质量监测、大气污染源监测等相关信息共享机制,并向社会公开相关信息(第九十一条)。结合上述法律条文的规定,我们能清楚地看到我国的环境信息公开制度主要是作为一项自律性制度,对于所规制的企业(及其他生产经营者)与政府而言,所关注的焦点具有非常典型的"外部透明度"(理查德·B·斯图尔特等,2016)。由于新修订的《大气污染防治法》刚刚生效不久,这些具体的举措会产生哪些影响,仍需要实践进一步检验。从我国《大气污染防治法》的实践现状来看,一定区域范围内的大气环境质量监测与公示、施工工地扬尘污染信息公示已获得了良好的效果,但另外四项举措的实施仍进一步完善。

第二节　　大气污染防治的监管类制度

在世界各国的环境治理进程中,环境监管措施一直发挥着重要作用。大气作为典型的公共物品,在市场经济导向下不会按照想象的方式运行,此时政府所扮演的角色一方面是通过解决和纠正市场失灵的根源,来改进市场运行方式(Michael et al,2012),另一方面是通过引导和规范人们行为,来改变不环保的生产与生活方式,最终达成保护大气环境的目的。

一、排污许可与排污权交易制度

(一)排污许可

排污许可是指环境保护主管部门根据排污单位的申请,准予其在生产经营过程中排放污染的一种行政许可行为,主要通过颁发相应的排放许可证来达到此目的。这种行政许可行为是一种依申请的行政行为。排污许可证制度是指环境保护主管部门根据排污单位的申请,核发准予其在生产经营过程中排放污染的凭证。排污许可证制度是对污染源进行监督管理最基本和最重要的手段。以排污许可证为主线,将环境影响评价、总量控制、排污收费等大气环境管理制度对企事业单位的具体要求,集中通过排污许可证一证管理,贯穿衔接起来,体现全过程管理和长效管理,具有其他管理制度不可替代的作用(信春鹰,2015)。

我国对排放大气污染物许可证制度的试点工作始于 1991 年 4 月。在 1991 年 6 月至 1992 年 10 月期间,国家环境保护总局(现环境保护部,下同)污染控制司陆续下发了 10 个排放大气污染物许可证试点工作技术指导文件。截至 1994 年,发放排放大气污染物许可证的试点城市共 16 个(闵红,2006)。在 2000 年之前,我国的大气污染物排放许可证处于试点之中,并未通过明确的法律予以明晰。2000 年修订的《大气污染防治法》为了满足大气污染物总量控制的需要,明确要求在"双控区"内实施主要大气污染物排放许可证。但此次修订,并未明确哪些污染物应发放许可证或必须取得许可证,此项制度的具体实施还有待地方性法规与部门规章来做支撑。

2016 年修订的《大气污染防治法》并未规定哪些区域大气污染物的排放要取得许可证,而是直接规定以下四类主体排放大气污染物应取得排污许可证[①]:排放

---

① 《大气污染防治法》第十九条:排放工业废气或者本法第七十八条规定名录中所列有毒有害大气污染物的企业事业单位、集中供热设施的燃煤热源生产运营单位以及其他依法实行排污许可管理的单位,应当取得排污许可证。排污许可的具体办法和实施步骤由国务院规定。

工业废气的企事业单位、排放有毒有害大气污染物的企事业单位、集中供热设施的燃煤热源生产运营单位、其他依法实行排污许可管理的单位。从这一规定来看,较之于 2000 年的《大气污染防治法》规定得更细致,具体规范的对象也更具体。我们从大气污染物排放许可证制度的规定来看,其适用的对象仅限于单位;排污许可证的具体办法和实施步骤由国务院规定,这表明排污许可证的颁发主体、内容、程序、撤销等事由都由国务院通过相关的行政法规来进一步做出规定,依据我国《立法法》的规定,相关机关应该在《大气污染防治法》施行之日起一年内做出规定。

2016 年 11 月 10 日国务院办公厅发布《控制污染物排放许可制实施方案》,恰好弥补了上述 2016 年修订的《大气污染防治法》的不足。对所有固定污染源的排污许可证核发、全国排污许可证管理信息平台的有效运转、企事业单位环保主体责任的落实都具有重大意义,并对排污许可管理名录的制定、排污许可证核发的规范性、许可内容的确定等相关内容做出了明确规定。

我国对于某些大气污染物的排放实行排污许可,具有明显的法律意义:一是此项制度从法律的层面上禁止了无证排污,这样对于无证排污的界定上升到了违反国家法律的层面,也就是说,所有企业对大气排放都必须持有大气排污证,接受国家法律的监督,无证排污就是违法行为,会受到国家法律的制裁;二是排污许可以排放标准与总量控制为许可依据(刘鸿雁,2014),有利于总量控制制度与环境标准制度的实施。

(二)排污权交易

排污权交易,一般指在保持一定区域内污染物排放总量不变的情形下,该区域范围内的一方排污者将其部分或全部排污权出售或转让给另一排污者的行为,该交易的前提是所有排污者的排污都必须满足污染物排放标准的要求。排污权交易的基本思想是,在满足环境要求的条件下,建立合法的污染物排放权力即排污权(这种权力通常以排污许可证的形式表现),并允许这种权力像商品一样被买入和卖出,以此来进行污染物的排放控制。其一般做法是,首先由政府部门确定一定区域的环境质量目标,并据此评估该区域的环境容量;然后,推算出污染物的最大允许排放量,并将最大允许排放量分割成若干规定的排放量,即若干排污权;接着,政府可以选择不同的方式分配这些权力,如公开竞价拍卖、定价出售或无偿分配等,并通过建立排污权交易市场使这种权力能合法地进行买卖(朱锡平等,2007)。排污权交易的意义在于利用市场经济体制来调节治污与治污回报关系,让企业积极投身于大气环境污染的主动治理。由于该制度的实施能使排污权被量化和推入市场,企业或者地区对获取排污权的代价进一步明确,越来越多的企业积极响应并积极推行节能减排,主动争取排污权分配的意义大于单纯购买排污权。治理大气污染从政府强制转化为市场自动调节,充分地发挥了市场的作用,大大节省了政府在治理大气污染方面的投入,使得大气污染治理由被动向主动转化,呈现出积极循环的态势(刘鸿雁,2014)。

排污权交易起源于美国。美国经济学家戴尔斯于 1968 年最先提出了排污权交易的理论,并首先被美国国家环境保护局(EPA)用于大气污染源及河流污染源管理。面对二氧化硫污染日益严重的现实,美国国家环境保护局为解决通过新建企业发展经济与环保之间的矛盾,在实现《清洁空气法》所规定的空气质量目标时提出了排污权交易的设想,引入了"排放减少信用"这一概念,并围绕排放减少信用从 1977 年开始先后制定了一系列政策法规,允许不同工厂之间转让和交换排污削减量,这也为企业针对如何进行费用最小的污染削减提供了新的选择。而后德国、英国、澳大利亚等国家相继实行了排污权交易的实践。排污权交易是当前受到各国关注的环境经济政策之一(周超喆,2010)。

20 世纪 90 年代,为了有效控制酸雨,我国引入了排污权交易制度。1991 年,国家环保总局在全国 16 个城市进行了"大气污染物排放许可证制度"的试点,1994 年起又在其中 6 个城市(包头市、太原市、贵阳市、柳州市、平顶山市、开远市)进行了大气污染物排放权交易试点。1998 年,太原市通过了《太原市大气污染物排放总量控制管理办法》,成为中国第一部包括排污权交易的总量控制地方法规。2001 年 4 月,国家环保总局与美国环保协会签订了"推动中国二氧化硫排放总量控制及排放权交易政策实施的研究"合作项目。2002 年 3 月,国家环保总局下发《关于开展"推动中国二氧化硫排放总量控制及排放权交易政策实施的研究项目"示范工作的通知》,决定在山东、山西、江苏、河南、上海、天津和柳州等 7 个代表性省、市开展二氧化硫排放总量控制及排放权交易试点工作。2003 年,江苏太仓港环保发电有限公司与南京下关发电厂达成二氧化硫排污权异地交易。开创了中国跨区域交易的先例。2007 年 11 月 10 日,国内第一个排污权交易中心在浙江嘉兴挂牌成立。2007 年 11 月,江苏省政府向财政部、国家环保总局提交了《关于在我省太湖流域开展主要水污染物排放指标初始有偿使用和交易试点的申请》并获同意。2008 年 8 月,财政部、环境保护部和江苏省政府联合在无锡市举行了这项工作的启动仪式,标志着水污染物排污权有偿使用试点工作在江苏省太湖流域全面展开。江苏省这两次具有实践意义的排污权交易行为在地方水污染防治中展开,标志着我国排污权交易逐步走向制度化、规范化、国际化,但由于其主要应用在水污染防治中,对于大气污染物排放监管中的排污权交易仅有一定的参考意义。2011年11月,国家发展改革委办公厅发布了《关于开展碳排放权交易试点工作的通知》,在北京市、天津市、上海市、重庆市、湖北省、广东省及深圳市开展碳排放权交易试点工作。2014年8月,国务院办公厅印发《关于进一步推进排污权有偿使用和交易试点工作的指导意见》,意在发挥市场机制推进环境保护和污染物减排。2015年7月,财政部、国家发展改革委与环保部联合发布《排污权出让收入管理暂行办法》,为有效规范排污权交易行为提供了相应的法规。

　　虽然上述排污权交易进展显示出此措施在污染物减排方面的重要性,但由于在2016年前的《大气污染防治法》中并未明确排污权交易的内容,因此,从一定意义上来讲,2016年新修订《大气污染防治法》的适用为排污权交易制度在我国污染防治中具有重要的里程碑式的意义。《大气污染防治法》第二十一条明确规定国家逐步推行重点大气污染物排污权交易。重点大气污染物排污权交易制度,是指在不超出一定区域内重点大气污染物排放总量控制目标与污染物达标排放的前提下,一方排污者通过技术改进或能源节约等节余的污染物排放量出售或转让给另一方的行为。在重点污染物排污权交易制度中既包含市场调节因素,也有行政管制因素,是一种政府间接管制下的不完全的市场行为(汪劲,2014)。重点污染物排污权交易制度需要与重点污染物总量控制制度、排污许可证制度、环境标准制度等联合起来,才能得到有效实施。我国排污权交易体系的真正确立与良性运转,除了要进一步"严格落实污染物总量控制制度、合理核定排污权、规范交易行为"(信春鹰,2015),完善排污权交易相关法律体系外,其他相关诸如"分配核定体系、价格标准体系、交易流通体系、宏观调控体系、执法监管体系"(黄懿等,2016)等也需要进一步完善。

二、排污收费制度

　　排污收费制度是指直接向环境排放污染物的排污者须按照环保部门依法核定的污染物排放的数量和种类,向法律授权的行政主管部门缴纳一定费用的行为规范。大气污染排污费收费制度,体现出了排污者需要担负的治污责任。这样征收的对象主体为直接向大气中排放污染物的企业主体和工商业个人。对于排污费征收由国务院统一协调管理,专门用于大气污染治理。而排污费制度对拒绝缴纳排污费的对象也明确规定了相应的处罚措施(刘鸿雁,2014)。

我国大气污染物排污收费制度的运用在实践中出现了一些变化,因此,此项制度虽然在 2000 年《大气污染防治法》中的第十四条做出了明确规定,但在 2016 年修订的《大气污染防治法》中并未明确此项制度的主要内容。对于大气污染物的排污收费问题究竟是按照《环境保护法》第四十三条[①]的规定来执行,还是按照 2016 年新修订的《大气污染防治法》来执行,还需要进一步明晰。

三、重点大气污染物总量控制制度

重点大气污染物排放总量控制制度,是指通过向一定地区和排污单位分配特定污染物排放量指标,将一定地区和排污单位产生的特定污染物数量控制在规定限度内的污染物控制方式及其管理规范的总称(信春鹰,2014)。重点大气污染物总量控制是以国家环境质量大目标为根本依据,在明确了某具体区域的各种主要污染源后,对一定区域所排放的重点大气污染物的总量进行控制管理的具体对策。我国对污染物总量控制起步较晚,20 世纪 80 年代开始在水污染物排放监管中适用;对于大气污染物排放中的总量控制则要相对要晚一些,正式的适用此项措施始于 1991 年国家环保局组织编写并出版的《城市大气污染总量控制方法手册》,"九五"开始则是大气污染总量控制在我国的推广和普及期(杨芳,2005),自"十五"以后总量控制制度在我国《大气污染防治法》中所占据的地位越来越重要,适用的范围超越大,规范的对象也在逐渐扩充,这表明此项制度在适用于大气污染防治中的重要意义与作用也逐渐增加。

从技术方法上来说,总量控制一般认为可分为以下四种:指令性总量控制、目标总量控制、容量总量控制及最佳技术经济条件下的总量控制等(杨芳,2005)。我国重点大气污染物排放总量控制属于何种类型的总量控制呢? 依据《大气污染防治法》与《环境保护法》[②]的规定,重点大气污染物排放总量控制属于指令性总量控制。具体流程如下:首先,由国务院向各省级人民政府下达重点污染物排放总

---

① 《环境保护法》第四十三条:排放污染物的企业事业单位和其他生产经营者,应当按照国家有关规定缴纳排污费。排污费应当全部专项用于环境污染防治,任何单位和个人不得截留、挤占或者挪作他用。

② 具体请参见《大气污染防治法》第二十一条的规定与《环境保护法》第四十四条的规定。《大气污染防治法》第二十二条规定:国家对重点大气污染物排放实行总量控制。重点大气污染物排放总量控制目标,由国务院环境保护主管部门在征求国务院有关部门和各省、自治区、直辖市人民政府意见后,会同国务院经济综合主管部门报国务院批准并下达实施。《环境保护法》第四十四条规定:国家实行重点污染物排放总量控制制度。重点污染物排放总量控制指标由国务院下达,省、自治区、直辖市人民政府分解落实。企业事业单位在执行国家和地方污染物排放标准的同时,应当遵守分解落实到本单位的重点污染物排放总量控制指标。

量控制指标;其次,由省(区、市)人民政府结合本地经济社会发展现状将不同的污染物排放指标或配额分配给不同的排污主体;最后,由具体的排污者(主要包括企事业单位)在执行国家和地方污染物排放标准的同时,遵守分解落实到本单位的重点污染物排放总量控制指标。这种总量控制从排污额度的配置到最后的执行都需要有行政部门的监管,因此具有明显的指令性特征。

我国重点污染物排放总量控制制度是否具有阶段性?要回答这一问题,从我国重点污染物总量控制中重点污染物与总量控制区域的变化来看,具有明显的阶段性特征,这表明我国重点大气污染物排放总量控制制度是发展变化的,不同的经济社会发展阶段、不同的大气环境质量状况下,制度的内容与控制的范围会发生变化。阶段性的特征也在一定程度上说明,此项制度与社会经济发展、大气环境质量状况变化、科学技术的发展变化等密切相关。

"八五"期间是我国大气污染总量控制的试点期,国家环保总局在16个城市进行了大气污染总量控制的推广试点工作(赵德山,1991)。此阶段大气污染物的总量控制还未正式进入法律法规之中,仅作为一项法律地位不明确的措施进行试点,且其试点范围十分有限。

"九五"期间是我国大气污染总量控制的推广和普及期。虽然1995年修订的《大气污染防治法》未明确规定总量控制制度,但该法中的双控区规定等也起到了重要的引领性作用。另外,国家环保总局的一些实践机制更具有现实意义,除了对向大气环境中排放的烟尘、二氧化硫、粉尘和向水环境中排放的化学耗氧量、氰化物等12项指标实行排放总量控制,还将烟尘、二氧化硫、粉尘、化学耗氧量作为控制重点对象。同时,此阶段还通过国务院的规章来进一步明确大气污染物排放总量控制制度的适用。

"十五"至"十二五"期间是我国大气污染物总量控制制度的确立期。在此期间,大气污染总量控制在法律中得以确立。2000年再次修订的《大气污染防治法》首次提出并明确了总量控制制度在大气污染防治中的适用,明确了总量控制的适用区域范围、主要适用企业等。在"十二五"大气污染物总量减排的管理中,延续了自上而下、通过核查核算进行管理的总体方法(雷宇等,2016)。这种总量控制具有明显的行政主导性特征。主要包括以下几方面内容:一是明确了主要大气污染物排放总量控制区的划定原则;二是明确了超过总量控制的"新建、扩建排放二氧化硫的火电厂和其他大中型企业"应采取的必要措施;三是明确了总量控制与限期治理这二者间的关系;四是明确指出在大气污染物总量控制区内核发主要大气污染物排放许可证的具体情形与适用条件。这些规定对后期的相关实践产生了重要影响。

　　"十二五"期间是我国大气污染物总量控制制度得以不断发展的时期,主要是对 NO_x、SO_2 这两类污染物的排放总量进行管理,如图 4.2 所示。从图中所反馈出来的内容不难发现以下几个特征:一是我国的大气污染物总量控制的推动者与主导者是政府;二是我国大气污染防治中总量控制的具体实施也主要依赖于行政手段与相关行政责任的承担来落实;三是总量控制对策的实施与法律规范的改进、政策的完善息息相关。为推进总量控制制度在大气污染防治中的落实,我国持续出台了《"十二五"主要污染物总量控制规划编制指南》《"十二五"主要污染物总量减排统计办法》《"十二五"主要污染物总量减排监测办法》等,这些措施,使我国在此类污染物减排方面取得了不错的实效。与 2010 年相比,2015 年出现酸雨的城市比例下降 10.0 个百分点;酸雨(降水 pH 年均值低于 5.6)、较重酸雨(降水 pH 年均值低于 5.0)和重酸雨(降水 pH 年均值低于 4.5)的城市比例分别为 22.5%、8.5% 和 1.0%,分别比 2010 年下降 13.1 个、13.1 个和 7.5 个百分点(环境保护部,2016)。

　　"十三五"及以后是大气污染物总量控制制度的完善期。此阶段的总量控制将通过 2016 年《大气污染防治法》的修订体现出来,主要的变化内容体现为:将排放总量控制的范围由"两控区"扩展到全国;明确分配总量指标、发放排污许可证的原则和程序;首次提出国家逐步推行重点大气污染物排污权交易;首次明确国家对消耗臭氧层物质的生产、使用、进出口实行总量控制和配额管理;对超总量和未完成达标任务的地区实行区域限批,并约谈主要负责人;首次明确了违反总量控制制度的处罚情形。此次修订中,涉及总量控制的法律条文明显增多且强化了责任机制。自 2016 年新修订的《大气污染防治法》生效以来,相继有地方政府通过修订或完善地方法规来进一步强化总量控制制度在大气污染防治中的执行。

四、环境标准制度

　　环境标准制度是环境管理的基础性制度。因为要保护和管理环境,就必须对环境质量、污染物的排放以及监测方法等做出统一的规定,环境标准就是为防治环境污染、维护生态平衡、保护人身健康,对需要统一的各项技术规范和技术要求做出的量值规定。环境标准制度则是关于环境标准的分类、分级、制定和实施的规则体系。

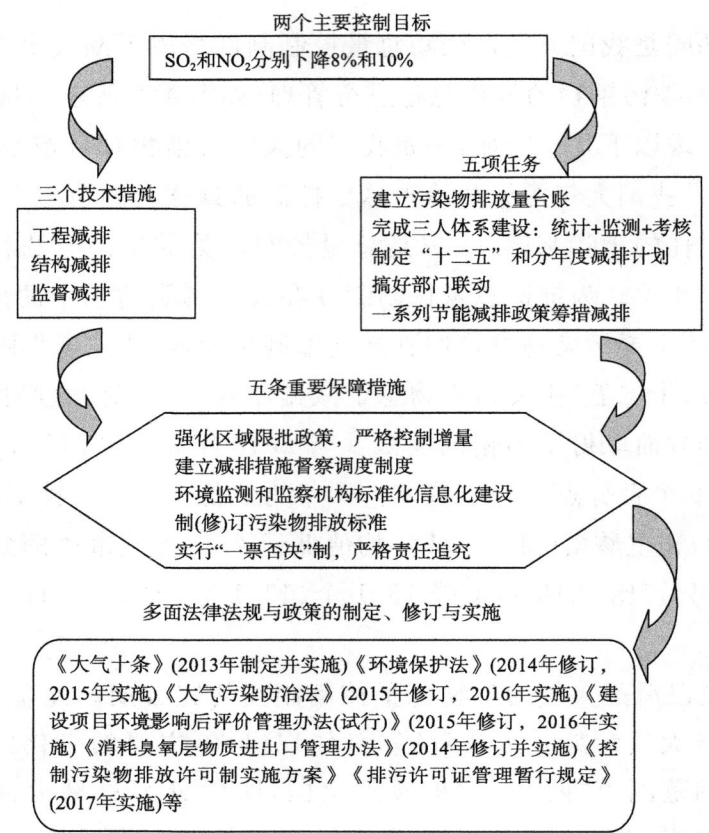

图 4.2 "十二五"主要大气污染物总量控制框架体系(此图参考雷宇等(2016))

　　根据 1999 年的《环境标准管理办法》,环境标准分为国家环境标准、地方环境标准和国家环境保护总局标准。国家环境标准包括国家环境质量标准、国家污染物排放标准(或控制标准)、国家环境监测方法标准、国家环境样品标准和国家环境基础标准。地方环境标准包括地方环境质量标准和地方污染物排放标准(或控制标准)。需要在全国环境保护工作范围内统一的技术要求而又没有国家环境标准时,应制定国家环境保护总局标准,国家环境保护总局标准是环境保护行业标准,但不是国家标准。从体系上来看,我国大气环境标准制度亦包含上述内容。

　　自 1987 年《大气污染防治法》制定并实施以来,经历了一次修正、两次修订。1987 年即通过了关于环境标准制度的三个主要条文,对此项制度的制定要求、程序及具体实施进行了明确规定,并明确了超标排放应缴纳超标准排污费;1995 年(修正)的《大气污染防治法》明确了地方标准须严于国家标准,有地方标准的必须执行地方标准;2000 年(第一次修订)的《大气污染防治法》对移动源的污染物排放标准做出了明确规定,要求省、自治区、直辖市人民政府制定机动车船大气污染物地方排放标准严于国家排放标准的,报经国务院批准。相较于 2000 年修订的《大气污染防治法》,2016 年(第二次修订)的《大气污染防治法》则更注重环境标准制度的规范性与实践性。

2016 年修订的《大气污染防治法》对于环境标准的规定发生了重大改变,其主要内容包括以下几点:一是突出大气环境标准信息公开的重要性,明确要求省级以上人民政府环境保护主管部门应当在其网站上公布大气环境质量标准、大气污染物排放标准,供公众免费查阅、下载;二是强调环境标准的修订与评估并明确了标准要与环境状况相适应;三是在总则中突出了产品质量标准与环境标准的对接,明确要求在制定燃煤、石油焦、生物质燃料、涂料等含挥发性有机物的产品、烟花爆竹以及锅炉等产品的质量标准时,应当明确大气环境保护要求;四是强化对移动的大气污染源的监管与控制,不仅要求制定燃油质量标准应当符合国家大气污染物控制要求,并要求此类标准要与国家机动车船、非道路移动机械大气污染物排放标准相互衔接,同步实施;五是明确规定重点区域要执行同样的更为严格的机动车污染物排放环境标准[①],这表明区域联防联治的重要性;六是对违反环境标准制度处罚更严厉,2000 年第一次修订的《大气污染防治法》规定,违反规定向大气排放污染物超过国家和地方规定排放标准的,除了要求限期治理外,并由所在地县级以上地方人民政府环境保护行政主管部门处一万元以上十万元以下罚款。而 2016 年新修订的《大气污染防治法》则规定,可由县级以上人民政府环境保护主管部门责令改正或者限制生产、停产整治,并处十万元以上一百万元以下的罚款;对于情节严重的,报经有批准权的人民政府批准,可责令停业、关闭。

虽说我国的大气环境标准制度在空气质量保护中具有核心地位与作用,但一些环境标准制度在制定时并不能完全按照环境保护的要求与单纯的保护性需求来予以制定或适用。有些情况下,我国的制度也可能会在实践中被相关企业或行业发展中的一些利益所裹挟,而不能对环境保护的要求做出适当合理的规范。如陶瓷行业曾经出台过一个关于氮氧化物和颗粒物的排放标准,但因为标准较高,造成全行业不达标,因此,通过陶瓷行业协会的呼吁又将标准改了回来(马祖辉,2016),修订的标准(参见表 4.2)中,有部分标准是下降的,有部分标准是提升的,这表明在具体环境标准的选择与环境标准适用对象的选择中,规制程度与规制切入点可能会因利益因素的诱导或利益团体的影响而发生变化。虽然我们不能全盘否定这些利益因素的介入合理性,但如何合理平衡经济社会发展与环境保护间

---

① 第八十八条:重点区域内有关省、自治区、直辖市人民政府应当实施更严格的机动车大气污染物排放标准,统一在用机动车检验方法和排放限值,并配套供应合格的车用燃油。

的要求,依然是大气污染防治中污染物排放标准选择的重要制约因素。另外,虽然在《环境保护法》[①]中明确规定了跨区域污染要统一标准、统一监测,在2016年修订的《大气污染防治法》[②]也明确提及在划定大气污染防治重点区域时,应有牵头的地方人民政府按照统一标准来开展联合防治工作。但牵头政府怎样确定,在具体标准制定中的权力与责任是什么,环保部与牵头政府、区域内其他政府部门的关系是什么等问题都还有待法律或政府在实践中进一步明晰。

表4.2　陶瓷工业污染物排放标准(GB 25464—2010)修订对比表

对比	2010 年制定的标准					2014 年修订的标准 (环境保护部, 2014)
4.2.7	喷雾干燥塔、炉窑基准过量空气系数为 1.7*,实测的喷雾干燥塔、炉窑的污染物排放浓度,应换算为基准过量空气系数排放浓度,并作为判定排放是否达标的依据					喷雾干燥塔、陶瓷窑烟气基准含氧量为 18%,实测喷雾干燥塔、陶瓷窑的大气污染物排放浓度,应换算为基准含氧量条件下的排放浓度,并以此作为判定排放是否达标的依据

表5	污染物项目	原料制备、干燥		烧成、烤花		污染物项目	排放限值 (含氧量 18%)
		喷雾干燥塔		辊道窑、隧道窑、梭式窑			
		水煤浆	油、气	水煤浆	油、气		
	颗粒物	50 mg/m³	30 mg/m³	50 mg/m³	30 mg/m³	颗粒物	30 mg/m³
	SO_2	300 mg/m³	100 mg/m³	300 mg/m³	100 mg/m³	SO_2	30 mg/m³
	氮氧化物 (以 NO_2 计)	240 mg/m³	240 mg/m³	450 mg/m³	300 mg/m³	氮氧化物 (以 NO_2 计)	150 mg/m³

注:* 2010 年制定的《陶瓷工业污染物排放标准》(GB 25464—2010)规定过量空气系数 1.7,相当于烟气含氧量 8.6%。综合考虑我国陶瓷工业经济技术条件和污染治理水平,参考国内外相关标准,将喷雾干燥塔、陶瓷窑烟气基准含氧量调整为 18%,实测喷雾干燥塔、陶瓷窑的大气污染物排放浓度应换算为基准含氧量条件下的排放浓度,并以此作为判定排放是否达标的依据。具体请参见环保部的《〈陶瓷工业污染物排放标准〉(GB 25464—2010)修改单》(征求意见稿)编制说明. http://www. mep. gov. cn/gkml/hbb/bgth/201409/W020140924406193987898. pdf.

①　《环境保护法》第二十条:国家建立跨行政区域的重点区域、流域环境污染和生态破坏联合防治协调机制,实行统一规划、统一标准、统一监测、统一的防治措施。前款规定以外的跨行政区域的环境污染和生态破坏的防治,由上级人民政府协调解决,或者由有关地方人民政府协商解决。

②　《大气污染防治法》第八十六条:国家建立重点区域大气污染联防联控机制,统筹协调重点区域内大气污染防治工作。国务院环境保护主管部门根据主体功能区划、区域大气环境质量状况和大气污染传输扩散规律,划定国家大气污染防治重点区域,报国务院批准。重点区域内有关省、自治区、直辖市人民政府应当确定牵头的地方人民政府,定期召开联席会议,按照统一规划、统一标准、统一监测、统一的防治措施的要求,开展大气污染联合防治,落实大气污染防治目标责任。国务院环境保护主管部门应当加强指导、督促。

五、清洁生产制度

污染物的减排和控制与产品生产密切关联,清洁生产和末端治理都是在实践中得到广泛应用的两种重要举措。清洁生产是指将综合预防的环境保护策略持续应用于生产过程和产品中,以期减少对人类和环境的风险。清洁生产从本质上来说,就是对生产过程与产品采取整体预防的环境策略,减少或者消除它们对人类及环境的可能危害,同时充分满足人类需要,使社会经济效益最大化的一种生产模式。

在我国《大气污染防治法》中,清洁生产制度与其他相关制度与措施一起,在污染物的减少与控制、能源资源的节约利用等方面发挥了重要作用。1987 年制定的《大气污染防治法》中并没有规定清洁生产,这也表明最初的法律调控手段多侧重末端控制,对于污染物全过程控制与源头控制并不是十分重视。1995 年修正时,明确要求企业应当优先采用能源利用效率高、污染物排放量少的清洁生产工艺,减少大气污染物的产生。并提出对于落后的设备及生产工艺实施淘汰。2000年第一次修订后,再次重申了企业应采取清洁生产工艺与对落后设备、生产工艺的淘汰,但与 1995 年修正不同的是,此次修订对清洁生产工艺相关的配套措施做出了明确规定。2016 年《大气污染防治法》第二次①修订后,对于清洁生产的强制性措施提出了明确要求,并明确了哪些类型的企业在哪些情形下必须实行清洁生产工艺,更为重要的是,除了明确清洁生产工艺外,还提出用清洁的能源发电。

六、大气污染防治中的公众参与制度

对于公众参与制度,现有研究大多与环境影响评价制度的实施关联起来,特别是建设项目环境影响评价制度的实施。从监管者的角度来看,解决空气污染问题的难度在于空气污染物来源众多。要想弄清楚或从根本上减少众多来源的污染物,还必须要有广大公众的充分参与,而非简单地在环境影响评价制度中的应用。如果说《环境保护法》第五十三至五十八条是关于环境公众参与的重要纲领

---

①　第二次修订后的《大气污染防治法》第四十一至四十三条规定了三种不同要求的清洁生产内容:一是清洁生产工艺,要求在燃煤电厂及其他燃煤单位、钢铁、建材、有色金属、石油、化工等企业生产过程中应采用清洁生产工艺;二是清洁能源的优先适用,要求电力应当优先安排清洁能源发电上网;三是减少或控制大气污染物排放的排放,这是一种污染物减量化的弱清洁生产过程的要求。

性条款,明确了在环境保护中公众参与的权利保障、基本权利及主要的形式。那么 2015 年 9 月 1 日起正式施行的《环境保护公众参与办法》,则为保障公民、法人和其他组织获取环境信息、参与和监督环境保护的权利,畅通参与渠道,促进环境保护公众参与依法有序发展,提供了重要依据与保障。《环境保护公众参与办法》无疑是大气污染防治中公众参与制度的纲领性文件,为公众参与制定政策法规、实施行政许可或者行政处罚、监督违法行为、开展宣传教育等环境保护公共事务的活动提供支撑。

首先,《环境保护法》第五十三至五十八条为大气污染防治过程中的公众参与提供了可靠的法律依据与具体的落实方式,此部分内容涵盖了政府应在何种程度上保障公众环境参与权、如何全面实施环境信息公开制度保障公众环境参与权、环境影响评价进程中如何充分征求意见保障公众环境参与权、公众环境监督权如何有效落实与合理保护、公益环境诉讼的诉讼资格与条件等。《环境保护法》中这些规定无疑为大气污染防治中的公众参与提供了更坚实的支持与更广泛的保障。

其次,《大气污染防治法》的具体规定不仅使公众参与的形式与范围更广泛,也使此项制度的实施更具可操作性。具体而言,2016 年修订的《大气污染防治法》中的大气污染防治公众参与制度的改进与革新主要表现在以下几方面。一是通过一些具体的制度来明确公众参与的可执行性与可操作性,这突出表现为该法中第四、七、十一、十二、十四、三十一条中关于环境信息公开、环境标准制定与修订、限期达标规划的确立及具体保障性措施与制度的公布。二是公众参与的形式与范围更广泛,拓展了我们一般所理解的公众在政府决策中的参与权,将大气污染防治中公众参与行为与公众自身的生活方式、环境意识等关联起来,倡导绿色低碳生活。三是与我国《环境保护法》的规定一致,将大气污染防治中的公众参与中的监督举报权予以落实,强调相关监管部门应当公布举报电话、电子邮箱等,方便公众举报。同时要求,相关监管部门在接到举报后所应采取的保密措施与积极的激励措施。

七、大气污染防治中的分类监管制度

对事物的分类是指根据事物性质、形状、功能等方面的相似性将事物划分类别,进而形成概念的过程。对事物的这种分类是人们在事物的复杂性方面寻求便利简洁地处理事物的一种应对方式。采用适当的策略划分事物既有助于我们的认识、理解和记忆,也可有效地减少认知负荷(张佳昱等,2008)。人们划分事物的依据可以基于事物之间相似的特征进行分类学上的划分(taxonomic relations),也可以基于物体之间的因果关系、时间、空间的关系,进行按照主题的分类(thematic relations)(Ji et al,2004)。在环境管理中,分类监管既是对属地管理与统一管理的一种回应,也是对有效管理与科学管理的一种条理化区分。通过分类,我们将含有某种相似属性的大气污染物的排放监管或控制对象纳入某个类别中去,让相关的排放行为与污染物减排变得可控与可操作,这是我们自 1987 年制定《大气污染防治法》以来就一直坚持的一项重要制度,此项制度在有效监管某些行业、某些来源、某种形式的大气污染物排放方面具有重要的现实意义,也作为一项重要的环境监管制度运用至今。总体上,经过 30 年的制度实施、不断完善与发展变化,大气污染防治中的分类监管呈现以下特征。

一是分类防治与监管制度与我国的环境监管体制相适应、相对应。立法上,我国一直规定环境保护部门是对大气污染防治实施统一监督管理的国家机关,其他相关部门分管;实际中,大气污染防治中不同行政部门间主管的地位与分管的角色一直都有明确的定位,这既是我们实行分类监管与分类防治的管理学基础,也是我们实行有效监管的前提。《大气污染防治法》自 1987 年制定以来直至 2016 年第二次修订前,都是用列举式的方法做出如下规定:"各级人民政府的环境保护部门是对大气污染防治实施统一监督管理的机关。各级公安、交通、铁道、渔业管理部门根据各自的职责,对机动车船污染大气实施监督管理。"此规定表明,除了环保部门外,公安、交通、铁道、渔业这几个部门在大气污染防治分类监管中占有重要地位。而 2016 年新修订的《大气污染防治法》虽明确规定了县级以上人民政府环境保护主管部门对大气污染防治实施统一监督管理,但却未具体列举哪些有关部门在各自职责范围内对大气污染防治实施监督管理。这一规定为地方政府关于不同类别的大气污染防治监管权的配置提供了依据。虽然这样做更具灵活性,也赋予了地方政府一定权力,但必须对监管权的配置给予合理的限定才能保障制度得以有效落实。

二是分类监管的范围近 30 年来发生了较明显的变化,这种变化与大气污染物的来源、不同类型大气污染物排放量的变化、不同来源大气污染物对环境质量的实际影响、污染物排放监管对象的变化等相关。

1987 年《大气污染防治法》立法所列分类监管对象主要是烟尘、废气、粉尘和恶臭,并将机动车船污染防治放在"废气、粉尘和恶臭污染"一章中,这表明制定该法时,主要的大气污染物排放来源及监管对象还不包含机动车船。

1995 年修订的《大气污染防治法》所列分类监管对象主要还是烟尘、废气、粉尘和恶臭,亦将机动车船污染防治放在《废气、粉尘和恶臭污染》一章中,但增加了饮食服务业大气污染排放的监管。这表明大气污染分类监管的对象与范围发生了变化,也对原有的监管主体与监管职能提出了新问题。伴随我国工业发展及城市化进程的推进,城市大气污染日益严重,1995 年以后我国城市大气污染原因发生了新变化:以燃煤为主的能源结构造成严重的煤烟型污染;汽车数量增加,汽车尾气排放严重;地面扬尘和沙尘暴造成总悬浮颗粒物浓度偏高;工业污染造成城市局部地区污染严重(中国人大,1999)。这种新变化突出体现为机动车所产生的污染与局部区域的污染。这种新情况的出现,要求我国的分类监管对象也要发生相应的变化。

2000 年修订的《大气污染防治法》所列分类监管对象发生了较明显的变化,除了延续以前的规定,将废气、粉尘和恶臭类的污染防治单独列一章外,并在此部分增加了臭氧层保护的内容;将防治机动车船排放污染单列一章进行监管,这也反映出立法对具体污染防治对象的一种回馈;另外,防治燃煤产生的大气污染单列一章,反映出能源结构的变化在大气污染防治中的地位日渐提升。这一系列的变化既体现了我国在大气污染防治制度的选择中更多地会顺应形势的发展,及时完善监管对象;也体现了我国在保护大气环境中履行国家条约的决心与负责任精神。此次修订所涉及的分类监管除了具体的污染物排放对象外,还划定大气污染防治重点城市,对重点城市的大气污染问题实施重点管控。这种抓住关键地区、限期治理、由小到大、逐步完善的治理方针具有很强的针对性和可操作性(刘宁,2001)。

2016 年修订的《大气污染防治法》则与以往的分类监管存在更明显的差异,法律制度的统一性与综合性特征更明显,通过《大气污染防治法》第四章《大气污染防治措施》的规定,将能源类污染、工业、机动车船、扬尘、农业等各类污染防治措施合并起来,体系上更科学。同时,此次修订还单独将引起社会广泛关注的重污染天气应对、重点区域大气污染防治问题作为单独的内容予以规定。虽然分类监管从行政效率与监管的便利性角度来看具有优势,但由于这种"采用单一指标控制和管理带来的问题是,排放控制决策的优化过程忽略了排放源和措施之间的协同效应或者抵消效应"。"导致的结果是,当排放控制指标转向多种污染物(包括温室气体)时,在现有的排放控制方案(受控排放源选择+控制措施方案)基础上进一步调整,从而实现多种污染物(包括温室气体)控制目标的成本可能会高于综合考虑协同效应下的控制方案。忽略协同效应或者抵消效应带来污染控制成本的提高和效率损失,更多地体现在长期尺度上"(吴丹等,2011)。

八、机动车污染防治法律制度

从《大气污染防治法》这三次修订所涉及的监管对象及范围来看,机动车的污染排放监管问题近年来一直是社会关注的热点,也是法律法规修订过程中关注的焦点问题。我们发现,虽然从机动车的数量上看,我国机动车的保有量近些年来一直呈上升趋势(图4.3),从2009年的1.7亿辆上升到2016年2.95亿辆,增长了1.55倍。虽然机动车数量在上升,但机动车四类主要污染物(一氧化碳、氮氧化物、碳氢化物、颗粒物)排放的总量却一直呈现出下降趋势(图4.4)。这与我国在机动车污染物排放监管与控制方面所采取的一些有针对的具体措施密切相关。我国机动车污染防治主要途径是提高油品质量,实施更严格的排放标准,降低在用车实际排放,减少车辆使用,降低重点高排放源排放,减少环境容量相对较低地区排放,降低机动车排放污染环境暴露(岳欣,2012)。虽然这些措施在适用过程中,在油品升级、严格排放标准、减少车辆使用等具体措施在区域性实践中遇到了一些阻碍,但总体上这些措施的推进过程相对迅速且效果也较好。

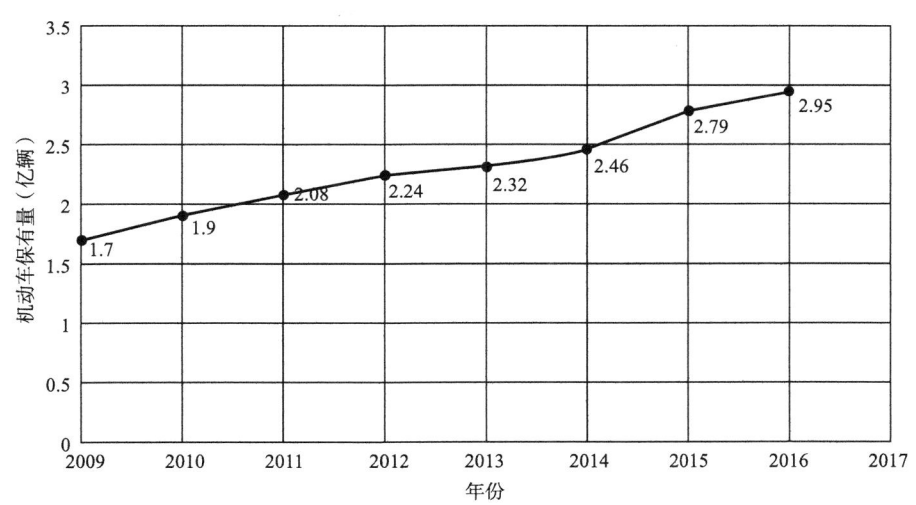

图4.3　我国2009—2016年间机动车保有量变化情况

(图中的数据来源于环保部2010—2015年《机动车污染防治年报》及2016—2017年《中国机动车环境管理年报》,具体网址见 http://www.zhb.gov.cn/hjzli/dqwrfz/jdcwrfz/)

然而,在自2013年1月以来,具有区域性、多发性的雾/霾天气又一次给我国的机动车污染防治控制提出了更严峻的新问题。由于区域经济一体化的加深和大气流动性等特点,大气环境的治理迫切需要扩展到区域层面,而不是单纯局限在

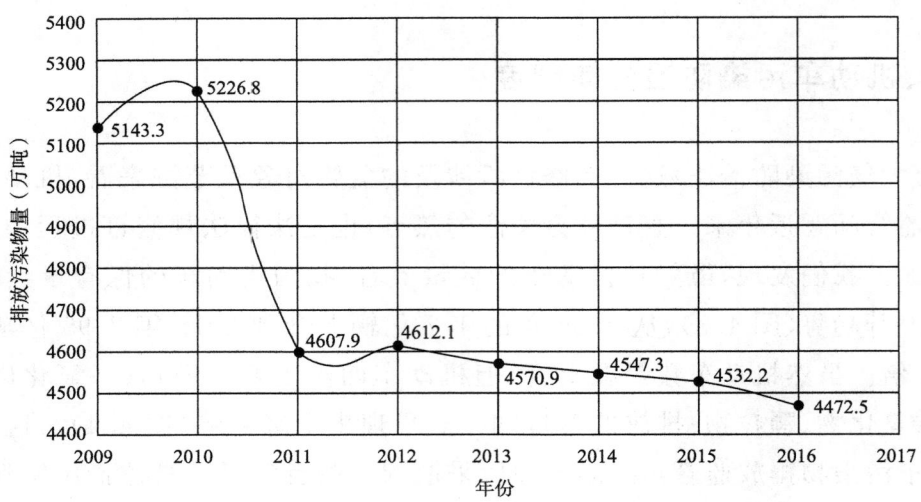

图 4.4　2009—2016 年间机动车排放污染物情况

（图中的数据来源于环保部 2010—2015 年《机动车污染防治年报》及 2016—2017 年《中国机动

车环境管理年报》，具体网址见 http://www.zhb.gov.cn/hjzli/dqwrfz/jdcwrfz/）

对单个城市空气污染的治理上。而作为严重空气污染主要原因的机动车污染物排放，则应该作为区域大气污染物总量控制的首要目标。但在实现机动车区域性污染物总量控制的过程中，区域之间的差异依然较大，例如，有研究表明，"北京和天津采取的一系列减排措施，如单双号限行、提前实施更加严格的排放标准、新能源汽车补贴等使得污染物减排取得了一定效果。而河北省四种机动车污染物均呈现大幅度的上升趋势，虽然在考虑了污染物排放强度、人均国民生产总值（GDP）和空气质量等因素之后承担的减排责任有所下降，但仍占区域总排放量的较大比重，说明在剔除了部分经济因素和产业因素之后，河北省仍需要承担较大比例的污染物削减量"（李健等，2014）。一个地区机动车的污染物排放量，不仅仅涉及本地自然人或法人等所涉及的机动车污染物排放问题，还会涉及其他地区在此区域运行的机动车，这表明仅凭控制某一区域的机动车数量、购买量或油品质量、排放标准并不能有效控制该区域内的机动车污染问题，要想有效控制大范围的污染，必须实行统一标准、统一要求，否则不仅会导致汽车产业发展中的"逐底竞争"问题，还可能会导致另一种形式的大气污染物的横向转移。

九、重污染天气应急管理制度

重污染天气应急管理先是作为一项工作原则或工作方式存在，经过近年的实践与总结慢慢形成一项稳定的法律制度。首先，该项制度通过《大气十条》第九条中"建立监测预警应急体系,妥善应对重污染天气"得以确立。其次,通过相关的指导意见或政策来规定具体的制度内容与管理方式①。最后,该制度通过相应的法律规定进一步明确其法律地位并得以保障其实施。2015 年 6 月实施的《突发环境事件应急管理办法》,在规范突发环境事件应急管理工作以及保障公众生命安全、环境安全和财产安全方面提出了相关要求。2016 年 1 月修订实施的《大气污染防治法》则进一步为该制度的具体实施提供了支撑。

重污染天气应急管理制度是一项以政府为主导,以应急预案的编制发布为基础,以应急管理措施的实施为关键,在短期内迅速消减或控制大气污染形势继续恶化的一种应急管制制度。从这个意义上讲,此项制度的创设、实施均具有一定的阶段性与区域性,其目的是为了缓解或减少一定时间相关区域严重的大气污染对社会经济的负面影响与人体的不良影响。虽然此项制度在《大气污染防治法》2016 年第二次修订中才正式确立,但此项制度的社会实践过程应远远早于该法的规定。

十、环境税

用经济手段来解决环境污染问题时,除了上述所说的征收排污费或排污权交易外,征收环境税一直也是作为对抗外部性或解决环境负外部性的一种方式。诚如庇古所认可那样,通过征收税这种方式来对抗外部性,"可保证生产商和周边区域将如实申报与其造成外部性及承受外部性相适应的税率"。但不能保证生产商的产品正好为社会最优水平的产量。即在科斯交易可行的情况下,庇古税导致的资源配置结果不一定是帕累托最优的。当产权界定允许生产商自由地产生外部性时,对生产商征收庇古税是不公平的(钟茂初,2007)。

2016 年 12 月 25 日,第十二届全国人民代表大会常务委员会第二十五次会议通过了《环境保护税法》,该法将于 2018 年 1 月 1 日起施行。关于这项举措的意义,全国人大常委会财政经济委员在审议时认为,"制定环境保护税法、推动环境保护费改税,有利于从根本上解决现行排污费制度存在的执法刚性不足、行政干预较多、强制性和规范性较为缺乏等问题"。

---

① 这些具体的规定主要包括:环保部发布的《关于加强重污染天气应急管理工作的指导意见》(下简称《指导意见》),对重污染天气应急管理提出了五项要求。国务院办公厅下发的《突发事件应急预案管理办法》,其目的是为了规范突发事件应急预案管理,增强应急预案的针对性、实用性和可操作性。环境保护部办公厅印发了《关于加强重污染天气应急预案编修工作的函》,要求"各地全面开展重污染天气应急预案的编修工作,制定更加科学、合理、有效的重污染天气应急预案"。

第三节 大气污染防治责任制度

自 1987 年《大气污染防治法》颁布（1988 年 6 月 1 日正式实施）以来，在历经一次修正、两次修订后，涉及大气污染防治法律责任的条款日益增多，由最初的 9 条，逐渐增加至 10 条、20 条、30 条。责任条款逐渐增多不仅仅是单纯数量上的改变，大气污染防治法律责任制度的内容也日益丰富，责任承担方式与类型也发生了较大变化。由于现有中文文献中较少有学者专门研究大气污染防治法律责任问题，因此，本节将依据自己的理解对我国大气污染防治法律责任的特点、主要内容、承担方式与责任类型做出相关分析，难免会有疏漏或不当之处。

一、大气污染防治责任的特点

大气污染防治责任是环境责任的一部分，大气污染法律责任具有主体的广泛性、客体的非财产性、对行为人主观方面要求的非限制性及客观方面的非限定性（高桂林等，2014）。这种特点概括完全满足传统法学中法律责任的四要件之说，不仅符合法律的规定，在法律认知和法律实践中也具有代表性。从一定意义上来说，大气污染防治责任与其他环境责任一样，具有明显的"民事责任行政化、两罚与多罚并重"[①]（王灿发，1992）与违法处罚轻量化的特征。这种现状所呈现出来的是，大多环境责任可能会被弱化与分散，最终被转化为一种社会责任，而不是个人责任，致使责任最终难以被承担。

首先，大气污染防治责任兼具综合性与广泛性。综合性对应于大气污染防治责任的整体性与连贯性，广泛性对应于大气污染防治责任的全面性与复杂性。大气污染防治本身是一个复杂的认知、分析、选择、应用、反馈与完善的过程，在这个过程中会交织不同的利益与不同的立场，我们需要对过程中的所有环节进行全面分析与论证，并最终得出相对科学的应对之策。从我国大气污染防治历程来看，兼具综合性与广泛性的措施在实践中的效果并不理想，《大气十条》的中期评估报告也显示：虽然全国城市细颗粒物（$PM_{2.5}$）、可吸入颗粒物（PM_{10}）浓度呈下降趋

[①] 两罚与多罚并重是指违反环境法或造成环境污染破坏的行为，除了追究直接责任人的责任外，还要追究行为人所属单位及其领导者责任。

势,总体预期能够实现规定的空气质量改善目标。但环境空气质量面临形势依然严峻,冬季重污染问题突出,个别省份的 PM_{10} 年均浓度有所上升[①]。在大气污染防治责任配置与承担中,如何调结构、理能源、布格局,仍需各方努力。

其次,大气污染防治责任具有多元复合性。大气污染防治的多元复合性是指承担大气污染防治责任的主体多元化、责任确立方式的复合性、责任承担路径复合性的总称。虽然其他类型或途径污染物的排放,除了会产生一次污染外,也可能会产生二次污染(或次生污染),但大气污染物排放所产生的次生污染与复合污染问题更复杂,如图 4.5、图 4.6 所示,责任类型与责任主体更难以确立。另外,由于具有污染源的多样性和介质的流动性等典型特征,使得空气污染在污染源方面呈现复合型特点、在空间布局上呈现跨区域特点(辜胜阻等,2014)。这导致在责任确立中具有多元性与复合性特征,责任内容与责任形式的设计会特别困难。

第三,由于大气污染具有显著的区域性特征,因此其责任除了具有传统意义上的个体责任外,还兼具空间上的区域性。区域空气污染预防与治理都是系统工程,不仅涉及整体产业布局的变迁、产业结构与能源结构的调整,更关系到区域经济社会发展、人口聚居模式、公众消费行为与模式的转变,我们只有从整体出发研究和处理区域空气污染问题,才能实现区域空气污染状况的有效改善。但在现阶段,这种责任负担的区域性明显与现有的法律责任的规定不吻合。如何在大气污染防治责任的负担体系中确立区域性政府的大气污染防治责任,并对其中所涉及的相关因素进行有效的梳理与定位,是我国将来大气污染防治法律责任制度改革的重点与难点。

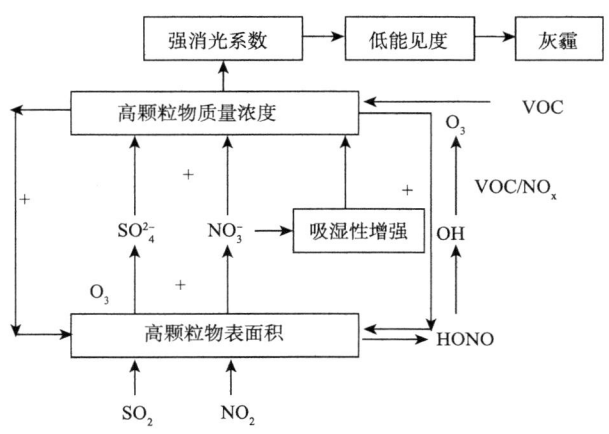

图 4.5 大气复合污染机理解释"城市灰霾"形成的概念模型(朱彤等,2010)

---

① 源自环境保护部《大气污染防治行动计划》实施情况中期评估报告。

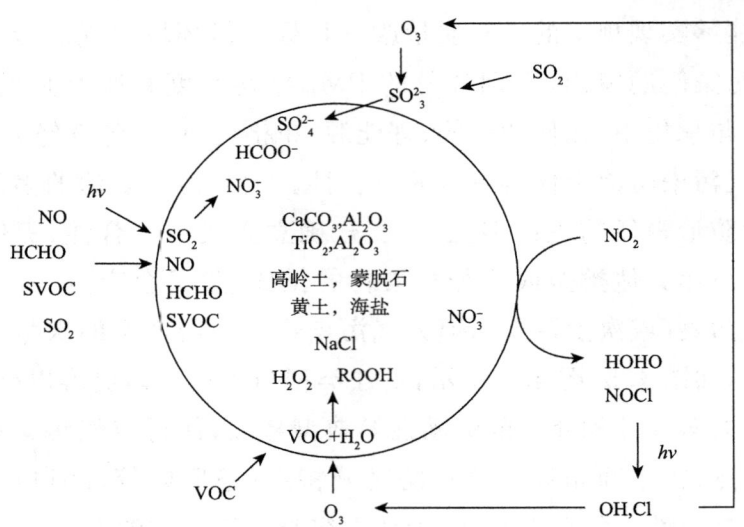

图 4.6　大气复合污染中二次污染物的生成与转化的耦合机制(朱彤等,2010)

相较于 2000 年修订的《大气污染防治法》,2016 年第二次修订则在区域责任的基础、形式与内容方面有了明显改进:一是突出了整体性污染防治的重要性,明确规定区域性大气污染防治中应以改善大气环境质量为目标,坚持源头治理、规划先行,转变经济发展方式,优化产业结构和布局,调整能源结构;二是明确了相关地方政府应推行区域大气污染联合防治与协同控制;三是明确规定省、自治区、直辖市人民政府制定考核办法,对本行政区域内地方大气环境质量改善目标、大气污染防治重点任务完成情况实施考核,大致明确了政府应承担的责任形式与主要范围;四是明确针对不同污染源的区域防治做出了规定;五是明确规定了重点区域大气污染联合防治机制及主要措施。

二、大气污染防治责任的主要类型

一是依据法律责任所适用的法律依据不同,一般将法律责任分为民事、行政与刑事三类。大气污染防治责任亦如此。大气污染防治民事法律责任是自然人、法人或其他社会组织向大气环境排放废气或其他有毒有害物质,致使大气环境遭受污染或损害大气环境,造成他人人身、财产权益受损以及环境生态受到损害所应承担的法律责任。一般包括大气污染侵权责任、大气污染生态损害责任等。就我国目前的立法而言,仍停留在大气污染侵权损害责任上,对于大气污染所造成的生态损害方面仍须进一步完善。大气污染防治行政法律责任是指行政相对人违反行政法律法规,违法向大气环境排放废气或其他有毒有害物质,致使大气环境遭受污染或损害了大气环境,造成他人人身、财产权益受损,一定范围内的生态环境受损所应承担的法律责任。相较于民事责任而言,违法性是行政相对人承担行政责任的前提和基础。大气污染防治刑事法律责任是指自然人、法人或其他社会组织违反刑事法律法规的规定,违法向大气环境排放废气或其他有毒有害物质,致使大气环境遭受污染或损害了大气环境,造成他人人身、财产权益受损以及一定范围内的生态环境受损所应承担的法律责任。相较于民事责任与行政责任而言,由大气污染防治所引起的此类责任相对较少。虽然有学者倡导"污染者负担责任制度"要求"污染物的排放者与污染的产生者"均要承担法律责任(刘超等,2008),但如何将这种责任具体落实起来,还有待法律制度的进一步完善。

二是依据法律责任主体的不同,可分为个体责任与非个体责任。非个体责任依据责任主体是否是政府机关可分为政府责任、其他组织的责任与国家责任。由于大气环境属于典型的公共物品,其保护的外部性问题很难处理,因此在大气污染防治中"搭便车"与"公地悲剧"的现象可能会同时出现,这使得大气污染防治中的非个体责任与个体责任很难明确区分。因此,相较其他单个主体的责任而言,我国的大气污染防治法律责任中的个体责任很难突破自然人、法人等个体的责任,而对于政府所应承担的区域大气环境保护责任、政府所承担的大气环境保护责任,则很难有具体的制裁性措施来对应。从 2016 年新修订的《大气污染防治法》来看,虽然提及了政府责任及约谈措施,但这种约谈相较于传统意义上的法律责任而言,其约束力与制约性还有待时间验证。

三、2016 年新修订《大气污染防治法》中政府责任的亮点——环保约谈与区域限批

2016 年新修订的《大气污染防治法》为了完善政府责任,规定了一项新的制度——环保约谈,同时巩固了区域限批制度在大气污染防治中的地位与作用。行政首长环保约谈与区域限批这两项内容都通过新修订的《大气污染防治法》第二十二条来予以规定,将这两项内容合并归入一个法条,其目的都是为了促进未达标地区的政府有效履行大气污染防治责任,更确切地说是为了确保重点大气污染物总量控制制度的履行。另外将二者列入同一个条款,不仅强化了政府责任,也在一定意义上明确了政府在环境监管中区域限批的应用条件。

环保约谈是指省级以上人民政府环境保护主管部门会同有关部门约见超过国家重点大气污染物排放总量控制指标或者未完成国家下达的大气环境质量改

善目标的地区人民政府主要负责人,依法进行告诫谈话、指出相关问题、提出整改要求并督促整改到位的一种行政措施(信春鹰,2015)。约谈是颇具中国特色的一种制度,一般是指拥有具体行政职权的机关,通过约谈沟通、学习政策法规、分析评讲等方式,对下级组织运行中存在的问题予以纠正并规范的具体行政行为。环保约谈是近年来环境保护部在大气污染防治中频繁采用的一种行政处理方式。这种制度虽然有别于行政命令式的干预,但却与其无实质性差别。因此,如何合理利用行政约谈的影响,如何界定行政约谈的合法性与合理性还有待进一步研究。另外,因约谈所产生的负面影响如何进行合理补偿与消除等配套的法律规定亦未明确。因此,此项制度的实施依然存在以下问题:一是行政干预过重与干预过轻均没有界定;二是制度合法性与合理性问题还没有得到法律的明确界定;三是约谈后的效果如何衡量;四是约谈后是否依然要承担相应的法律责任等。因此,要想充分发挥其效力,仍需要法律进一步规范。

　　大气污染防治中的区域限批是指对超过国家重点大气污染物排放总量控制指标或未完成国家下达的大气环境质量改善目标的地区,省级以上人民政府环境保护主管部门暂停审批该地区新增重点大气污染物排放总量的建设项目环境影响评价文件,直到该地区完成整改。区域限批只要满足以下条件之一即可成立:一是超过国家重点污染物排放总量控制指标;二是未完成国家确定的大气环境质量改善目标(信春鹰,2015)。区域限批作为一项制度正式确立首见于 2014 年《环境保护法》第四十四条第二款①,其实施主体是省级以上的人民政府环境保护主管部门。区域限批是环境影响评价审批过程中一个非常态化的现象(陈康嘉,2015),从本质上来看,这是对于行政许可行为的一种限制与对于具体行政行为的一种有条件的中断。虽然有人认为区域限批可以"弥补常规环评程序被架空所产生的漏洞、解决排污许可证制度程序滞后问题"(陈康嘉,2015),但国家管理者在称赞限批制度"立竿见影"式环境治理实效的同时,也必须看到制度本身对相对方权利的扩张性影响,并对其进行制度化约束。由此,有关环评区域限批的任何学理探讨都必须面对这样一个问题:环评区域限批的理论分析与制度构建能否兼顾上级环境保护主管部门对地方政府进行处罚的内部行政管理关系,以及限批行为对相对方个体权利所造成的侵益性影响。倘若不能兼顾,何以论证限批制度规制地方政府、破除环境地方保护主义的制度价值,以及现代国家行政控权、保障公民

---

① 　对超过国家重点污染物排放总量控制指标或者未完成国家确定的环境质量目标的地区,省级以上人民政府环境保护主管部门应当暂停审批其新增重点污染物排放总量的建设项目环境影响评价文件。

权利的法治理念(黄锡生等,2016)？环评区域限批制度作为一种典型的双重实施主体共同参与的"复合型限批"[①],通过停止审批环评文件,实际上剥夺了特定区域内新增污染的建设单位(即行政相对人)在一定时间内合法进行项目建设的权利(王社坤,2010)。

[①] 省级以上环境主管部门的限批命令和各级环评审批部门的同步限批行为为实施载体,其包含了双重行政主体的共同参与。

第五章　我国大气污染防治法律制度的实效性分析

第一节　我国大气污染防治制度的实施现状

　　经过多年治理,我国空气质量在整体上有所改善,特别是自《大气十条》实施以来,部分重点防控区域的空气质量也有所提升。全国城市细颗粒物(PM$_{2.5}$)、可吸入颗粒物(PM$_{10}$)浓度呈下降趋势(环境保护部,2016),虽然在《大气污染防治行动计划》实施情况中期评估报告中表明总体预期能够实现《大气十条》所规定的空气质量改善的奋斗目标:"全国空气质量总体改善,重污染天气较大幅度减少;京津冀、长三角、珠三角等区域空气质量明显好转"。但能否真正实现《大气十条》的具体目标以及使某些重点区域的空气质量好转,仍需要相关措施进一步落实。

　　从整体上来说,大气质量环境有所改善,但我国环境空气质量面临形势依然严峻,冬季重污染问题突出(环境保护部,2016),尤其是冬季的"雾/霾"问题严重影响了某些区域的发展,个别省份的 PM$_{10}$、PM$_{2.5}$ 年均浓度依然超标,大气染污防治形势依然十分严峻。例如,以北京市 2013—2016 年以来 PM$_{2.5}$ 的年均浓度值,以及一年中 PM$_{2.5}$ 污染最重月份的月均浓度变化情况来看,问题依然存在(具体参见表 5.1)。

表 5.1　2013—2016 年北京市 PM$_{2.5}$ 年均浓度与污染最重月的月均浓度变化表

时间	年均浓度 (微克/米^3)	一年中污染最严重的 月份	污染最重月月均浓度 (微克/米^3)
2013 年	89.5	2013 年 1 月	159.5
2014 年	85.9	2014 年 2 月	150.1
2015 年	80.6	2015 年 11、12 月	135.1
2016 年	73	2016 年 12 月	131.6

　　注:表中年均浓度值引自北京市环保局发布的《北京市环境状况公报》及相应月份的空气质量月报,详见北京市保护局网站(www.bjepb.gov.cn);污染最严重月份的月均浓度值除 2013 年 1 月是《北京市环境状况公报2013》的直接数据外,其他是依据月份的数据是依据北京市环保局所发布的"空气质量月报"计算得出。

依据《大气十条》要求,2017 年底北京市细颗粒物年均浓度应控制在 60 微克/米³ 左右,而表 5.1 中所显示的 2013—2016 这四年来的 $PM_{2.5}$ 年均浓度都未满足此要求,这表明从整体上来看,北京在这四年来大气中 $PM_{2.5}$ 的浓度总体上虽有所改善,但整体的空气质量还有待进一步提升,要达到《大气十条》的要求,还需要进一步释放能源结构调整、合理规划产业布局、科学有效应对各类综合性污染,进一步提升我们的污染削减潜力。此外,依据我国《环境空气质量标准》(GB 3095—2012)的要求,$PM_{2.5}$ 的年平均浓度不得超过 35 微克/米³,24 小时的平均浓度不得超过 75 微克/米³,北京市 2013—2016 年这四年来 $PM_{2.5}$ 年均浓度值与污染最重月的月均浓度值都不达标,年均浓度是国家标准的 2 倍以上,这充分表明局部区域内大气污染防治的形势依然严峻。

目前我国关于大气污染防治法律制度实施现状的实证研究不多,大多是从较广泛的理论角度来研究此问题,而结合 2016 年修订的《大气污染防治法》进行实证研究的更少。从实施情况来看,我国的大气污染防治法律制度的实施现状呈现以下特点:预防类制度难以落实,也难以被有效地量化责任;监管类制度落实相对较好,但受其他因素影响较明显;法律责任类制度的可操作性有待加强,但在特定情形下的行政责任落实较好。具体制度的实施情况将在下述有效性分析中进行论述。

第二节　我国大气污染防治立法的伦理审视

总体上,人类中心主义的环境伦理观对大气污染防治立法、具体制度的形成与实施都有着特别深远的影响。从大气污染的预防与治理历程来看,我国所采取的大气污染防治制度所面向的污染源不仅包括固定的点源,还包括了面源及移动源的污染。而对于大气污染物排放的监管不仅直接面向点源性污染物,还涉及了综合性大气污染物和移动源污染物的来源、构成、监管等,具体措施包括强化全国重点城市大气颗粒物来源解析、严格工业企业污染治理与机动车污染防治工作,自 2013 年开始全面部署并认真履行大气污染防治专项检查工作,自 2009 年起开展秸秆焚烧遥感监测,妥善应对重污染天气,制订并实施节能减排低碳发展行动方案等。

从目前我国大气污染防治制度执行情况看,大多制度的实际履行往往都会依赖于一些指导性政策。并且这些制度的履行大多与直接的行政行为相关,即这些措施的成败与一定行政机关的政策变更及具体行政机关是否作为相关,而不是一种真正意义上的法律制度的落实。大多针对面源性或分散性污染源所产生的环境污染没有直接的法律约束力且环境责任不能被真正落实,所以,在我国大气污染防治过程中会存在大量的执行不到位却责任不落实的情形。在我国,虽然投入了大量的人、财、物来防治大气污染,但效果不佳,除了制度本身存在问题外,制度不能被执行也是重要原因。

从大气污染防治立法的理念上看,虽然科学研究表明,污染物的排放只要超出了空气的自净能力都有可能会降低空气质量,然而,并没有直接证据或研究表明空气质量与污染物的达标排放之间所存在的必然的逻辑关联。事实上,只要有污染物的排放,或多或少都会造成环境质量的下降。在人类中心主义环境伦理观指导的立法是,只要大气污染物在浓度和总量上满足相应的国家标准、地方标准或行业标准,向大气排放污染物就无须承担任何法律责任或无须支付任何对价。很明显,此理念一方面是对排污主体传统排污权的一种认可,也默许了向大气排放污染物的正当性,更昭示出大气环境容量本身的价值难以被法律所确认。因此,从大气污染防治法律的发展趋势来看,这种立法本位观有待商榷。理论上,排污者向大气排放污染物(无论达标与否),其实质上都是在使用大气的环境自净能力来为自身获益,为何这背后有获益却没有相应的对价支付呢?也许有人会认为,但凡达标的排放都是经过科学测算,不会造成空气质量明显下降的排放,因此,其无需支付任何对价;当然也许还会有人认为,但凡达标的排放都是合法的排放,这是排放者的一种法定权利或自然权利。但作者认为,这种认知是不合理的,其原因如下:一是清洁的空气在当代社会具有稀缺性,任何向清洁空气中排放污染物的行为都具有不确定性,因此,我们既不能确保达标排放不具有危害性,也不能确定这种排放是否会对清洁空气的价值造成损害;二是向空气排放污染物既非法定的权利,亦非自然权利,这表明即便这种排放是符合现有法律规定的,但亦未必是一种天然合理的自然权利。

因此,我们的大气污染防治标准应以水污染为参照,确立谁排污谁付费的原则,无论其是否达标排放,达标排放仅意味排污者未违反相关行政法规的强制性要求,而应当然地免除其承担大气环境治理与生态保护的责任。另外,由于目前我国的大气污染除了一次污染中的点源污染与面源污染外,更难以掌控的是各行各业产生的大气污染物经过复合或者叠加导致的区域大气污染,此类污染防治若没有与大气环境质量相关的制度保障,则我国的大气污染现状很难得到根本改善,因此法律制度所产生的生态效果在制度设计环节就应该考虑到。

第三节　评价大气污染防治制度有效的维度

毫不夸张地说,几乎所有的环境问题都涉及科学不确定性、市场失灵、错位问题、认知偏差与被保护的利益这几方面的问题(詹姆斯·萨尔兹曼,2016)。污染防治问题亦涉及这五个方面的问题,如何确立相关法律制度的有效性是一项复杂的系统工程,它与制度对社会的影响、制度在社会中的角色、制度内容的完备性、履行制度环境、制度产生的实际效力等密切相关,我们需要结合不同法律体系下制度存在的质、量及实际作用效果等方面进行研究,才能更充分地揭示制度有效性的多向维度与多个层次。

目前,关于一般制度有效性研究的维度主要有政治稳定、政治合法性、影响有效性的因素以及制度本身的实效等(霍春龙,2008)。一般意义上,制度有效性是指制度对人的行为发生现实的影响效力及现实影响效力的大小(冯务中,2005),这是制度的第一性有效性——即对人的效力,以制度对人的作用力为基础。就环境而言,制度有效性应体现为制度对环境的实际或潜在影响效力与影响程度,这是制度的第二性有效性——即制度对环境的作用,以制度对环境的效益或生态环境所产生的长效影响为基础来进行衡量与取舍,而不是单纯通过制度对人的强制力来实现制度的功能(戈华清,2016)。当然这种设计必然会关联到如何保障这种环境有效性得以体现出来,更重要的是,制度对环境的有效性最终也是通过人的行为与人的选择来实现的。就环境法律而言,曾有人提出"法律规范有效性"并进一步提出了"法律规范的有效性的向度包括法律规范的体系有效性、法律规范的事实有效性以及法律规范的正当有效性三个方面"(朱春玉,2011),这一有效性的向度或维度的界定其实质上是从整个法律体系来进行的解读,而不单纯地就具体法律制度的适用而言。因此,在本书的研究中,在制度的完备性这一维度中,除了上述两个维度的有效性外,对于具体的制度所包括的法律事实的全面性等问题也进行了解读,完备性这一维度是作为法律制度存在前提的一种探讨。

理论上,环境法律制度的有效性应该全面剖析制度得以产生、实施的政治因素;事实上,法律视角下的有效性依然以制度实效为主。制度实效诚然重要,但并不能全面系统地衡量制度有效性的内容,所以当系统地评价某一类制度是否有效时,不能仅仅着眼于制度的实效,而是要全面考虑从制度内容、制度对相关人的影响及影响程度,而在环境污染防治中,特别要衡量制度对生态环境的影响。

本节尝试从三方面来分析大气污染防治法律的有效性。将制度内容的完备性作为制度有效性研究的前提,将制度对人的有效性作为第一性有效性,即制度对人之间的相互影响性;制度对环境的影响作为第二性有效性,这是由环境伦理学的发展而衍生出来的一种有效性,也是在人们对生态产品寄予更多需求基础上衍生出来的一种有效性,希望能对大气污染防治制度的构建提供相对科学的理论基础。

一、制度内容的完备性——制度有效的前提

基于法律制度自身的逻辑而言,制度内容的完备性应是制度有效性的前提,一个存在过多制度漏洞的法律体系是难以长久存续而不被改变的,因此,制度在运行过程中,首先需要的是其自身内容的完备性。制度的内容与制度的产生途径、社会效益、结构完备、权益均衡等各方面综合关联,其中最具决定意义的是制度内容自身的完备性与科学性,它涉及制度内容的全面性、综合性、系统性、可执行性,以及制度执行中的公平性与普遍性等。

在现有法律制度体系下,由于制度所承载的价值已经自然化(霍春龙,2008)或内化。在法治社会,许多人在遵守或执行法律制度过程中,很少有人会对制度自身的合理性有过质疑,即大多数人认为制度的存在即是正当与合法的,因而在法律制度的实践中往往把遵守制度视为理所当然、合乎规律的行动。其实这种角度的制度认识是一种理想状态的,实际上并非如此。虽然现有的法律制度会通过相应的强迫性机制、模仿机制与社会规范机制的综合应用来达成制度订立的目的,但在正式制度的建立过程中,由于受到信息不充分、形式不合理、程序不规范、利益不均衡、配置不透明等制约,可能导致形成法律而出台的制度内容自身可能既不完全符合社会需求与规制目的,也不能有效地均衡社会利益、平衡社会差异。虽然环境法律制度既反映了一定的社会伦理与环境伦理,但基于人们对伦理认知的理解与接受程度,制度的内容并非能完整地反映社会需求或环境目的。

首先,制度内容的完备性是其有效性的先决条件。一方面,制度内容主要通过两种方式影响制度相关人的行为,即为行为人提供"行为规范"与"认知模板"(霍春龙,2008)。若行为规范与认知模板不能完全反映社会需求与生态保护现状,则制度是有缺陷的,其有效性也是不充分的;若行为规范与认知模板不能有效规制环境冲突与环境需求,则制度是不完备的,其有效性也是不充分的。而我国大气污染防治制度的内容既不能完整地反映社会需求与生态保护现状,也不能有

效制约环境冲突与环境需求,所以其有效性是不充分的。另一方面,制度内容主要通过其稳定性与可预期性,让相关人来遵守并执行。不同社会主体接纳或认可法律制度的有效性,不仅在于许多制度本身体现了基本的人类价值,如自由、安全、公平、正义、宜人的环境,因为这些价值支撑着社会结合、巩固着社会结构(柯武刚,2008);也在于制度自身的稳定性和可预期性,它激励着人们在可预见的状态下去追求自己想得到的生活。

其次,制度内容的完备性与制度的产生、变迁、转化等影响相关联。虽然大多数情形下,大气污染所产生的环境利益及经济利益的损失是全社会的问题,是公共利益的损失,但这些损失并不是所有社会成员聚合利益的损失,而是表现为损失或收益承担的复杂性与非一致性。同时,在大气污染防治法律制度的确立过程中,必然会有不同利益代表的声音,有些法律制度可能在产生之初即可能被俘获,这导致有些有利于环境的制度从产生之初便是不合理的。而在我国,由于大气污染防治基本上是由国家或政府主导的,所以其制度的设计与政府利益的联系更紧密,制度的取舍也与政府的执法便利性、获益性等关联。所以,需要对制度的适用背景进行研究,主要包括从制度产生的文化、政治环境、社会习俗等方面来论证制度内容的有效性是否充分。

最后,制度内容的完备性还取决于不同制度相互间的关系,制度内容越完备,其制度间的互补性与互益性越强。制度完备能为相关人提供全面有效且普遍适用的参照模版,实现真正意义上的有法可依;制度互补能实现制度功能的最大化,尽可能发挥所有制度的功能,降低相应的社会成本;制度挤出则不仅可能造成制度资源的浪费,更可能会导致制度履行不充分或相互冲突;而制度不健全则可能会成为许多相关人逃避环境责任的合法原因,从而进一步导致我国大气污染防治后果不稳定、公众感知效果不显著。我国总量控制制度一直是大气污染防治制度的重要制度,但此项制度在实践中存在五大尴尬:与环境质量脱节、减排基数不科学、与达标排放冲突、造成片面污染减排后果、涉嫌成为数字游戏(孔令钰等,2015),若不能有效化解这五大尴尬,总量控制制度在一定意义可能会成为一种表面上无懈可击,但实质上毫无作用的一项制度。因此,从制度完备角度来看,大气污染的总量控制制度在设计之初即忽略了此制度履行可能出现的与其他制度之间的竞合与冲突问题,也忽视了不同制度间的目标合理性。

二、制度对人的有效性——第一性有效性

制度的有效协调与信任、保护个体权益、防止和化解冲突等功能表明制度对

人的有效性是其核心要素,能减少人们的"远期无知"(柯武刚等,2008)。对人而言,制度有效性不足则可能会导致"有令不行、有禁不止的现象,也就是诺贝尔经济学奖获得者缪尔达尔所说的"'软政权'现象"(同春芬等,2009),即制度在现实中不被遵守或不易执行,甚至是不被执行。制度对人的有效性,除了制度自身具有良好的品性外,还需要有良好的可遵守性或执行性,这是制度有效性的基础。

人的行为是制度与结果间的重要枢纽,所以制度相关人对制度的认知、接纳、遵守与履行,对制度的实效十分重要。制度对人而言,其有效性包含两方面内容:一是某种特定的制度是否有对于人的行为发生现实影响的效力;二是某种特定的制度对于人的行为发生现实影响的效力有多大(冯务中,2005)。这种理解符合法律制度运行中的有效性认知,是一种以制度作用的人为直接对象的理解,强调了各种正式或非正式制度对人的行为的规范性与直接或间接作用的程度,突出了制度的实效。制度对人的有效性既与相关制度所影响或作用的群体的偏好、权益取向、文化观念、政治环境等相关,也与制度作用对象在社会中的角色、地位等相关。

首先,制度对相关人规制的非均衡性与非正义性影响其实现程度。豪尔和泰勒认为,在相关人的行为与制度之间的互动关系的问题上,有两种回答,即"算计途径(calculus approach)"和"文化途径(cultural approach)"(彼得·豪尔等,2007)。"算计途径"显示,制度相关人会权衡其面临的各种选择方案,进而选出那些能够满足自身效用最大化的方案。这表明制度相关人在选择遵守、执行、服从或不遵守相关制度时,需要从自身利益的最大化出发衡量现实中的各种制度,若履行成本高于违法成本时,则很可能会选择违反或不执行。而"文化途径"显示个人选择会受到个人世界观的限制。这表明制度相关人在选择时并不单纯受利益支配,会受到环境的影响。所以,在制度产生、变迁等过程中,既要充分考虑到制度对相关人的实际影响程度和对相关人利益的损益分析,也要考虑到制度相关人的风俗习惯、文化传统、政治背景等。如在陆源污染防治中,若不充分考虑传统海陆海洋环境监管者的行政职能与政治格局,则可能导致制度很难实施或执行。

其次,制度相关人的利益分化影响制度的有效性。制度相关人从本质上说是一个十分抽象的概念,既包括制度的生产者、履行者,也包括制度的直接与间接作用对象。在不同的制度结构与影响力度下,制度相关人的利益分化是影响其有效性的重要内容。利益分化在人们对利益及利益最大化的竞相追求中产生,利益的分化产生法,而法则制约或促成利益的分化。法律制度对相关人利益的影响可以从以下三个方面表现出来:法律制度促使或阻碍利益朝一定方向发展、法律制度也能协调和实现利益、法律制度还有利于促进或保障某些利益的实现。一项新制度的诞生或适用自然会影响许多不同的群体,这种影响的大小也在一定范围内决定了制度的社会适应性与遵从度。同时,制度从酝酿产生开始便有了利益角逐,即便有利于环境公益,但有些制度在相关人的干预下迟迟不能出台;有些制度即便有损于环境与社会发展,但在相关人干预下,则很容易成为正式的社会制度,这种情形若长期存在下去,制度的适应性与可遵从性必会大打折扣,最终影响制度的激励或约束功能的发挥。

第三,制度相关人观念变化影响制度的有效性。随着政治、经济、文化环境的变化,社会观念也发生巨大的变化,社会观念要通过具体制度的实施对社会施加影响。由于制度相关人的社会观念发生了变化,使得他们对制度的理解与生成等有了不同于以往的认识。法律等正式制度调节功能的发挥,离不开文化传统、生活习俗、社会关系网络等非正式制度的支持(何显明,2007)。符合社会观念且反映社会进步的制度获得了有效性和活力的源泉,能得到相关人的接受和遵守;而不符合社会观念且很难通过强制改变现实的制度则很难得到相关人的密切配合。只有当恰当的主体行为假定比较接近法制现实时,制度安排才会顺理成章地形成均衡的权力(利)结构。

三、制度对环境的有效性——第二性有效性

法律制度中所研究的有效性主要是对人的有效性,并没有将制度对环境的有效性(或制度所产生的具体的生态效益与环境效益)充分地纳入制度的权衡中。"制度"按照所规约的领域加以分类,大致可以分为三类:第一类为规约社会成员之间的关系的制度;第二类为规约社会成员与社会整体之间关系的制度;第三类为规约人类社会与环境之间关系的制度(孙承诲等,2007)。作者认为此分类具有一定的代表性,也能反映环境保护制度设立的整体内容。目前,即便是为环境保护目的专门设计的制度,也很少将环境有效性纳入法律制度的评价体系。虽然规约人类社会与环境之间关系的第三类制度也在不断增加(孙承诲等,2007),但从制度有效性来看,人类所关注的依然是第一、二类制度对人的有效性,不仅对第一、二类制度对环境有效性没有充分重视,对第三类制度的环境有效性更少关注,在有些条件下,我们会想当然地认为第三类制度对环境均是有益无害的。基于陆源污染防治的长期性、艰巨性及公益性,除了研究制度对人予以规制的质与量外,还必须研究法律制度在实施中或实施后对生态环境的实际或潜在影响效力与程度。法律制度对环境的有效性,是一种以生态正义为基础、以人类可持续发展为

核心的全新视角,它既包涵了"生态人类中心主义"的理念,也是对可持续发展理念的一种实践,我们可以将此有效性作为规制人的行为之外的第二性有效性,更好地体现人类对环境的关注,更深入地研究制度的环境影响。

首先,制度对环境的有效性体现为制度设置的目的中是否具有长久的生态获益性,即生态环境能否从现有制度中获得相应的生态利益或改善恶劣的(或不适应人类可持续发展的)生态环境,且生态获益是否会长久地影响其他利益的取舍。如我国的生态环境保护与建设工程及其政策设计,由于长期规划缺乏、补助标准过高和部门利益倾向,造成退耕还林工程的扩大化,甚至使其演变成单一的造林工程,生态恢复没有与农民的长远替代生计很好地结合起来,在项目结束后,仍然存在着还林树木被砍伐和复垦的风险,从而降低了工程及政策的有效性与可持续性(中国科学院可持续发展战略研究组,2008)。这种制度的无效性与非长久性,往往来源于制度制定或执行中的非利益化的长久考量,没有充分考虑经济利益与生态利益得失之间的关联性及生态利益与其他利益之间的关联性。

其次,制度对环境的有效性表现为制度在多大程度上实现了生态服务价值,维持自然生态平衡。"自然科学有一个共同认识:生态系统的稳定性是其多样性的函数。这是生态系统性的特征,也是人类活动所必须维护的"(钟茂初,2007)。环境污染的外部性表现为:非市场性、决策伴生性、关联性与强制性,然而,现有陆源污染防治制度却没有充分考虑一些经济社会发展中的环境外部性,也没有充分考虑海洋的生态服务价值及海洋生态系统在人类生存发展中的作用。现有制度设计更多的是从环境监管便利性、制度运行中政府获益性等予以权衡。因而,污染防治制度的确立须充分考虑生态服务价值能在何种方式、何种程度下有效地体现出来。

最后,制度对环境的有效性更应体现人类应有的环境正义与环境公平,这是满足环境有效性的基础。当然,这种认知是以典型的人类中心主义为基准来探讨的环境正义与环境公平。在大气污染防治中,环境正义与环境公平的实现,在很大程度上体现为区域污染物与全球性污染物排放的预防、控制、治理与监管,如何既能体现生态利益的局部与整体性功能,又能实现人的基本权利是制度对环境有效性的权衡中最重要的因素(戈华清,2016)。

第四节　我国大气污染防治制度的有效性

经过几十年的发展变化,我国大气污染防治制度的发展呈现出以下几个特点：制度数量不断增多，呈现多元化、连续化趋势，制度结构逐渐完善，且制度规定的惩罚力度逐渐增大；大气污染治理机构的地位不断提高，合作机构日益增多，呈现多部门联合治理的趋势，地方政府和其他社会主体作用逐渐得到重视；大气污染防治制度的管制对象呈现以二氧化硫、悬浮颗粒物、氮氧化物等为主，多种污染融合治理的现象；同时对污染物的管制重点由浓度控制转为总量控制；大气污染防治制度的适用范围由全国范围为主转为重点区域治理，重视区域间联防联控（杨立华等，2016）。在大气污染防治法律制度的研究中，对制度内容（即制度自身的完备性）及制度对人的影响这两方面的有效性研究较多，相对成熟。但制度对环境的效力或效益，现有研究十分有限。对于大气污染给我们的生产、生活所带来的负面影响，大多公众虽然关注，但却大多仅有关注没有行动。政府虽然也在采取措施以应对，但对于某一段时间可能产生的严重污染也多是出于应急或政绩的需要而行动，因此大气污染防治制度在实践中总显得捉襟见肘就不奇怪了。为何在实践中会广泛存在政府出力、出资、出人，却收效甚微的结果呢？本节将结合上述理论分析，从以下三方面来逐一分析论述。

一、我国大气污染防治法律制度的内容不完备

首先，既有大气污染防治制度给行为人所提供的"行为规范"与"认知模板"兼具强制性与灵活性，在履行制度的行为人在不能合理认识到相关问题的情形下，制度难以发挥应用的效用。《大气污染防治法》实施近30年来，能得到较好的执行，大多都有赖于技术的进步与具体设施设备的应用，也即大气污染物排放监管总是与环境监测、环境科学确证密切关联的，这给制度的执行带来了一些意想不到的障碍。更值得深究的是，我国在大气污染防治法律制度的执行过程中，掺杂有过多的政策干涉、行政干预与经济制约，因此制度自身的稳定性与可预期性并不是很强，这导致所谓的"认知模板"与"行为规范"并不能在实践中得到认可，这也是许多制度难以在实践中被遵循的重要原因。例如，2016年修订的《大气污染防治法》根据城市规划合理控制燃油机动车保有量这一条款，明显是基于发展的需求而不是生态的需求，这表明制度设立之初便没有充分考虑环境承载力这一客观要求。这种指导思想下所产生的"认知模板"的科学性是有待进一步提升的，也向现实中各行政部门间的协调监管提出了挑战。

二、制度的不完备性是个难以一次解决的悖论

诚如上述,制度内容的完备性与制度的产生、变迁、转化等影响相关联。大气污染防治制度的产生、变迁、演化等都与人类对大气污染、大气污染物、大气环境质量等的界定相关。虽然《大气污染防治法》自 1987 年以来历经一次修正、两次修订,每次修订都引起广泛关注,每次修订中都会有新的制度内容产生,每次修订都会对大气污染防治进程有所改良,但从内容的完备性来看,我国大气污染防治法律有待进一步完善。这种不完备性从某一方面来讲是由大气污染物排放、扩散与清除等过程中的复杂性决定的。首先,排入大气的污染物质在与空气成分混合过程中,会发生各种物理变化与化学变化,产生一次污染或二次污染;其次,排放到大气的污染物,会受到大气中发生的各种物理过程的影响,使污染物在不同地区散布,并且使污染物深度随时间发生变化(蒋维楣,2003);最后,大气污染物最终在环境中被清除的过程与机制也是复杂的。因此,随着人类科技的不断发展变化以及对于自然利用关系的发展变化,人为影响大气环境质量的情况也会随之变化,所以并非一次法律的修订就能一劳永逸地解决所有的大气污染问题,也并非一次法律的修订就能彻底地改善或提升现有的大气环境质量。因此,大气污染防治制度的不完备性是必然的,也不可能在短期内通过某种或某些制度的变化得到根本改观。对于环境污染防治制度而言,这似乎陷入了一个悖论中,虽然不完备的制度需要进一步修订,但修订的制度依然是不完备的。

三、污染防治制度间的互补性与互益性问题探讨

制度间的互补性与互益性问题与制度设计的科学性与制度执行的高效性有关。不同制度间的相容性与互补性越高,说明制度被浪费或空置的可能性越低。2016 年第二次修订的《大气污染防治法》应成为"史上最严"《环境保护法》的细化和深化,也应当成为《环境保护法》在大气污染防治领域内的全面突破。但实际上,《大气污染防治法》依然秉承了环境领域的部门法具有相对独立特性的传统,没有和《环境保护法》进行更紧密的融合。在环境侵权的法律责任、环境民事公益诉讼及其知情权,以及公众参与的保障等方面没有进行更进一步的衔接和突破(周珂等,2015)。

第五节　大气污染防治法律制度对人的有效性

制度是人的制度,只有确定的主体来履行才得以发挥效用。因此,制度对人的有效性在制度有效性评估中是核心。《大气污染防治法》从制定到一次修正、两次修订都将人的有效性置于核心,并特别注重具体的自然人或法人在大气污染防治中的地位与作用。

一、制度对人的非均衡性与非正义性

对大气污染防治而言,具体制度对相关人规制的非均衡性与非正义性必然会影响制度实现程度。一定程度上,非均衡性与非正义性是相互关联的,这种非均衡性背后不仅仅是涉及具体的环境正义与公平,可能还会涉及部分人的实质权益,因此那些可能会减损部分人权益或不利于保住部分权益的制度,不仅影响制度的功能,也可能会影响具体人的权益。下面以我国大气污染物排放标准制度来说明之。自 1988 年以来,我国《大气污染防治法》中均明确规定,省级人民政府制定机动车船大气污染物地方排放标准严于国家排放标准的,已有地方排放标准的区域排放大气污染物的,应当执行地方排放标准。这无疑表明,地方标准更严格的区域可能会因为严格的环境标准而影响某些区域的经济发展,或者成为某种形式的环境壁垒。这种影响或壁垒,会进一步造成区域性的污染转移或产业转移,并进一步导致污染物的扩散或形成事实上的污染天堂。因此,为了避免环境标准实施所可能产生的区域间不公平、污染转嫁或污染天堂问题,2016 年修订的《大气污染防治法》中并未再有此类规定。虽然从一定意义上说,部分区域依据其具体的环境承载能力与污染物处理能力,决定提高其环境标准,具有科学性,但仅依此就认定其具有正当性与合理性,还需要进一步论证这种做法背后可能产生的相关社会影响、环境影响与经济影响。

二、利益分化对制度适用主体的影响

在大气污染防治中,制度相关人的利益分化影响制度有效性的案例特别具有典型性。大气污染物的排放与其他污染物排放一样,背后具有获益性与一定的合

理性,即排放污染物并非绝对的恶,在一定层面上能促进一定区域的发展并解决一些社会问题。例如,美国《清洁空气法》对酸雨的治理,即为此提供了一个很好的范例。美国中西部地区的发电厂燃烧了大量高硫煤,造成了美国东北部和加拿大地区的湖泊酸化和针叶林稀疏等环境问题。刚开始,中西部燃煤厂是规制的首选对象,因为这些电厂使用的高硫煤主要来自于阿巴拉契亚山脉北部与中西部。规制之初,电厂选择建造高烟囱以分散污染,这种做法虽然减轻了所在州小范围内的空气污染,但整体上酸雨问题更严重了,因为高烟囱导致了污染物的长距离运输。1977 年《清洁空气法》修正案迫使州实施计划将高烟囱排放的污染物也纳入规制范围。此时,削减硫化物排放的下一个最便宜的方式便是使用低硫煤,这对于以开采高硫煤为经济支柱的区域而言,是沉重的打击;但对于产低硫煤的区域而言,则是极大的利好。作为一种政治妥协,当时的修正案采用了一项统一的技术标准——要求所有新建污染源安装脱硫净化器,这种统一标准的使用对于低硫煤与高硫煤的工厂而言,所产生的效果与实质性环境影响是不同的。1990 年《清洁空气法》修正案废除了上述技术标准,制定了绩效标准和排污权交易(詹姆斯·萨尔兹曼等,2016)。从理论上来讲,排污权交易比各种对污染源的直接规制要更有效率,但却必须要有产权的充分性、交易成本与信息成本的合理性作为支撑。此外,排污权交易会造成"污染热灶(hot spot)"现象[①],这种因制度原因所导致的环境正义与环境公平问题还需要通过其他制度来进一步修正。当然,在相关大气污染防治制度的执行过程中,也可能会因为不同群体的影响而导致相关制度的履行会在执行中被异化或曲解。例如,依据我国 2016 年修订的《大气污染防治法》第五十四条的规定,产生含挥发性有机物废气的生产和服务活动,应当在密闭空间或者设备中进行,并按照规定安装、使用污染防治设施;无法密闭的,应当采取措施减少废气排放。此条规定应包含两种情形,但在有些地方的环保执法中会简单地理解为凡产生含挥发性有机物废气的活动均应在密闭空间或者设备中进行,没有"密闭空间或者设备"的一律不予审核通过。仅要求简单划一的设备或技术上可行,以利于执法简单化是行政主体效率的选择,但这种做法不仅没有全面理解法律,也给行政相对人(特别是一些企业)的生产活动造成了麻烦或相应的损失。

---

　　① "污染热灶(hot spot)"现象,即污染集中在某个区域,引发环境正义方面的担忧。因为排污权交易依赖市场而不是政府来分配排污(当然政府确定了排污总量),相邻的污染源更有可能彼此交易,这会导致污染集中在某个区域,而这些区域通常是贫困区域。

三、制度相关人观念变化影响制度有效性

对于大气污染防治而言,制度相关人的范围特别广泛,涉及生产、生活、经营、社会活动等过程中的自然人、法人及其他主体。不同的主体在不同的活动中会有不同的选择。从企业等大气污染防治的被管制主体方面来看,2016 年第二次修订的《大气污染防治法》对于企业等大气污染物排放源在生产、经营等过程中应当遵循的大气环境保护义务做出了大量的具体规定,在这个领域中的政府管制得以空前强化;从作为监督者的第三方主体的角度来看,尽管 2014 年新修订的《环境保护法》已经为其中各类主体分别规定了行使对政府环保履职和对企业履行环保社会责任的知情权、监督权和参与权的基本渠道,2016 年修订的《大气污染防治法》仍然结合大气污染防治工作的特点,在这方面有适度地发展(王曦等,2015)。这种新的规定如何对于不同主体产生应有的实效,仍需要实践来检验。

第六节　大气污染防治法律制度对生态环境的有效性

依据作者浅薄的理解,大气污染防治法律制度对生态环境的有效性与制度确立时的目的性是密切关联的,虽然 2016 年修订的《大气污染防治法》明确了"以改善大气环境质量为目标"而非"有计划地控制或者逐步削减各地方主要大气污染物的排放总量",但从相关制度内容来看,实施后所产生的效果对整体生态环境的保护并非是最有效的。

一、我国大气污染防治法律制度的设计中难以体现长久的生态获益性

2000 年修订的《大气污染防治法》第三条规定:"国家采取措施,有计划地控制或者逐步削减各地方主要大气污染物的排放总量。"这表明,主要大气污染物的减排是其目标导向,而在其目标设置中并没有明确大气环境质量的改善与生态保护的关联性。虽然我们不能否认污染减排可能会直接或间接提升生态环境质量,但没有明确生态目标的总量控制依然是以污染防控为基础的事实,这种以污染防控为根本的制度,其实施所可能产生的生态效益是难以保障的。2016 年修订的《大气污染防治法》第二条明确了"防治大气污染,应当以改善大气环境质量为目标",

这表明大气污染防治的目的不单纯是为了减少污染物排放,明确了其目标导向是为改善大气环境质量。很显然,这种修订在一定意义上满足了一定的生态要求,但单纯从字面意义上理解,这种生态目的性依然具有明显的目的二元论特征,其制度背后所体现的生态获益性并不明确。我们不难看出,制度设立的目的依然具有明显的经济与社会获益性,即制度确立的宗旨依然是满足一定的经济社会发展需求。

二、制度的生态获益性如何权衡

在制度设计过程中,若充分重视生态产品与生态服务的价值,则非市场价值的评估与衡量往往是制约制度生成的关键。但现实是非市场价值往往会被公众所忽略、轻视甚至假设为零,在这种理念主导下最终会导致制度所体现依然是市场价值或具体的使用价值,最终落入彻底的以人类中心主义为核心的功利的制度框架内,不仅导致生态保护目的不能被实现,还可能"使自然资源衰退"(Holland et al,2015)。虽然2016年修订的《大气污染防治法》明确规定了环境质量标准的制定应以保障公众健康和保护生态环境为宗旨,并规定相关部门应根据大气污染物对公众健康和生态环境的危害和影响程度公布有毒有害大气污染物名录,实行风险管理。这种规定仅仅提到大气污染防治与生态环境保护之间具有关联性,既未明确提及大气污染防治可能关联的生态系统保护问题,也未明确大气污染防治可能产生的生态效益与生态价值。

三、制度体现环境公平与生态正义

关于环境公平的定义,学者们存在较大分歧。无论从何种角度来看待环境公平问题,在环境制度的设计过程中,环境公平观在其中所具有的核心作用值得我们关注。环境公平观极大地丰富了传统公平观的内涵和外延,从时间角度分析,它涵盖代内公平和代际公平;从空间角度分析,包括社会个体之间的公平、社会群体或集团之间的公平以及国家、区域之间的公平;从内容维度分析,它包括资源开发利用的公平、环境资源收益的公平和环境保护责任的公平等问题;从伦理角度分析,它包括不同物种之间的公平,即人和非人类的其他自然体一样都有平等生存和发展的权利(蔡守秋,2005b)。然而,从2016年修订的《大气污染防治法》中对环境标准制度、区域联防制度及不同种类大气污染物的控制来看,要实现真正意义上的环境公平,还有待实践来验证与法律的进一步完善。相较于环境公平而言,在大气污染防治进程中,生态正义的实现还显得十分漫长。

在建设生态文明和经济新常态的背景下,虽然 2016 年修订的《大气污染防治法》在各种因素的影响下仍然存在一些立法遗憾,但是新法的颁布实施将在改善大气环境质量、强化大气污染监督管理、保障公众环境权益、转变经济发展方式等多个方面开创我国大气污染防治工作的新局面。

第六章　国际与国外大气污染防治法律制度

相对于气候变化这一议题而言,国际社会对大气污染防治问题的关注更多的是在区域性层面进行探讨。随着人类对全球气候问题关注度的提升,我们对与气候或大气环境质量相关的一些行为的探讨也越来越多。在人类社会与经济的高速发展背后,我们需要更多地关注国际大气污染防治问题,也需要更快速的行动来减少(或减缓)影响人类健康的气候污染物(如黑碳、甲烷、CFCs 等)的排放,要做到这些的关键是提高空气质量和减缓气候变化的速度。但在现有的规则应对中,将气候变化与大气污染防治、气候变化与污染物减排真正联系起来的还不多见。从国际社会来看,目前的大气污染防治主要以区域性的酸雨控制、全球性臭氧层保护以及气候变化的应对与适应这三个层面展开,但将气候变化问题与污染问题真正结合起来进行应对或处理的还不多见,将气候变化与大气污染直接关联起来进行预防或应对的也很少。与国际社会对大气污染防治立场、态度不同的是,相关国家大气污染防治立法则要相对发展得更快一些,这很显然与大气污染所危害的对象与损害的利益的直接性相关,也与区域性污染物排放相关。

第一节　国际大气环境保护立法

大气层环绕在地球周围,使其免受高能辐射,并吸收热量,形成适宜生命繁衍的气候。在地球演变的历史上,大气层状况并不总是与今天相同(郜若素,2009)。人类活动不仅正一步步影响着全球气候变化,也正一步步破坏着人类赖以生存发展的大气层。大气层是人类共同的环境资源,需要全世界各国的共同努力和国际合作才能得到有效的保护。地球的大气环境正处于进一步恶化的状态,主要表现为以城市为中心的空气污染、酸雨、臭氧层空洞(臭氧层空洞目前并没有作为一种典型的大气污染,只是将其作为一种大气环境损害的状况来看待)和地球温室效应引起的气候变化。

一、国际大气环境保护立法概述

在国际社会,大气环境保护是一项重要的任务,也是国际社会普遍关注的事项。这些年来,气候变化一直是国际社会关注的热点,特别是每年气候变化大会的召开都会产生较明显的社会反响。此外,臭氧层保护也是自 1985 年《保护臭氧层维也纳公约》通过以来国际社会关注的重点。除了气候变化与臭氧层保护这些年一直被作为国际社会大气环境保护立法的热点外,区域性酸雨、空气跨界污染等也曾一度成为某些地区的重要议题。

气候变化是人类面临的共同挑战,全球气候变暖问题位列世界十大环境问题之首[①]。以政府间气候变化专门委员会(IPCC)为代表的国际主流观点认为,人类活动所导致的地球系统碳循环变化是导致地球变暖的主因[②]。为控制以二氧化碳为主的温室气体排放,国际社会进行了漫长而艰巨的谈判,先后达成了《联合国气候变化框架公约》《京都议定书》《巴黎协定》等具有里程碑意义的国际公约。

1992 年,联合国环境与发展大会通过《联合国气候变化框架公约》,成为第一份防止气候变化方面的国际法文件,并于 1994 年 3 月 12 日生效。1997 年 12 月,联合国通过《京都议定书》,成为第一个以条约形式要求承担保护地球气候系统义务的执行性文件,并创新了清洁发展机制(CDM)和排放权交易制度。1998 年 5 月,中国签署《京都议定书》。2007 年,国际能源署(IEA)提出"450 稳定情景",即将大气中 CO_2 当量浓度长期稳定在 450 ppm[③] 左右,使全球温度平均升高值比工业革命前上升 2.4℃。2007 年 12 月,联合国气候变化大会通过"巴厘路线图"。

从《京都议定书》到《巴黎协定》历经 18 年,期间召开重要气候会议 20 次,达成多项成果[④]。这些会议成果或催生了碳排放权交易机制,拉开了全球运用市场手段控制温室气体排放的序幕;或促进了该机制的国际认同与传播发展,把控制

---

①　全球十大环境问题依次为:全球气候变暖、臭氧层破坏、生物多样性减少、酸雨蔓延、森林锐减、土地荒漠化、资源短缺、水环境污染严重、大气污染肆虐、固体废弃物成灾(钱易,2003)。

②　中国在《中国关于联合国成立 70 周年的立场文件》《强化应对气候变化行动——中国国家自主贡献》等文件中,已就气候变化应对问题发表了国家立场和主张。两个文件均指出,气候变化是人类面临的共同挑战;对此中方主张,按照"共同但有区别的责任"原则、公平原则、各自能力原则、共同推动巴黎气候变化会议如期达成新协议,建立公平合理、合作共赢的全球气候治理体制。

③　体积比浓度单位,1 ppm＝$1×10^{-6}$。

④　从 1995 年在柏林召开的第 1 次公约缔约方会议(COP1)到 2015 年于巴黎举行的第 21 次公约缔约方会议(COP21),先后达成了《柏林授权》《日内瓦宣言》《京都议定书》《布宜诺斯艾利斯行动计划》《波恩政治协议》《马拉喀什协定》、"巴厘路线图"、《哥本哈根协议》《坎昆协议》《巴黎协定》等谈判成果。

温室气体排放、应对气候变化与人类命运共同体的存续紧密联系起来。

二、国际大气环境保护立法

目前，国际上保护大气层的努力主要集中在以下三个领域：防治酸雨的国际合作、臭氧层的保护和防止气候变化的国际合作，同时国际社会在这些领域内签订了一些全球性和区域性的国际条约（黄锡生等，2005）。这些国际条约或区域性条约在全球大气环境保护中发挥了重要作用。

（一）防治酸雨的国际立法或区域性立法

酸雨是长期以来困扰工业化国家的大气污染现象，尤其在重工业比较集中的地区，酸雨现象更加严重，目前国际上防止酸雨危害的国际立法既有全球性国际公约，如人类环境宣言，又有大量的区域性国际公约，如欧洲的《控制大气污染原则的宣言》《远距离跨界空气污染公约》[①]（Convention on Long Range Transboundary Air Pollution）等。

《人类环境宣言》是联合国在 1972 年斯德哥尔摩人类环境会议上通过的较早提出跨界（或跨域）空气污染进行规制的国际法文件，其中第 22 条专门规定各国应防止对他们管辖以外的环境造成的污染和其他环境损害。这是酸雨受害国瑞典在会上把酸雨作为国际环境问题第一次提出来，引起大会对大气污染及其所造成的酸雨危害重视的结果。但《人类环境宣言》作为一种典型的宣示性软法文件，并没有对具体问题做出规定，只是将酸雨危害问题提到了国际议事日程上。

1.《远距离跨界空气污染公约》

《远距离跨界空气污染公约》是国际社会第一次对远距离跨界空气污染进行全面规范的区域性条约，于 1979 年由联合国欧洲经济委员会制定并颁布。《远距离跨界空气污染公约》是第一部关于空气污染，特别是关于远程跨国界空气污染的区域性公约，也是第一个几乎涉及整个欧洲及北美若干国家的环境立法规定，其宗旨是加强各缔约国之间在控制空气污染，尤其是在控制二氧化硫的排放和防止酸雨方面加强合作，因而在防治酸雨危害的国家协作中发挥着重要的作用。

该公约在 1979 年 11 月欧洲经济委员会在关于环境保护的高级会议上由其成员国和组织签署，1983 年 3 月 16 日正式生效。

---

① 该公约又被称为《长程越界空气污染公约》《远程跨界空气污染公约》《远程跨界大气污染公约》等。

　　该公约体系经过多年发展变化,已经扩充了八个议定书(参见表6.1)。这些议定书明确了缔约方所应采取的具体减少污染排放的措施,是使《远距离跨界空气污染公约》得以具体实施的重要保障。该公约不仅提供了污染物排放情况及相关减排要求[①]、措施与基础数据,还提供了污染物对生态系统、健康、作物与财产等影响的相关信息。

表 6.1　《远距离跨界空气污染公约》的八个议定书

议定书标题	实施时间	批准情况	主要内容
减缓酸化、富营养化与地面臭氧污染的 1999 年议定书与 2012 年修订书	2005-05-17	议定书及修订书	规定了四种污染物(硫、氮氧化物、挥发性有机化合物和氨)2010 年的最高排放限值;要求使用最佳可得技术使污染物排放量保持在排放限值之下
关于持久性有机污染的 1998 年议定书与 2009 年修订书	2003-10-23	议定书;修订书的附件 Ⅰ,Ⅱ,Ⅲ,Ⅳ,Ⅵ,Ⅷ	根据物质的风险标准,列出了一个含有 16 种物质的清单。这些物质构成了 11 种杀虫剂、2 种工业化学品和 3 种副产品或污染物。议定书规定立刻禁止部分产品的生产和使用,对另外一些产品规定逐步清除,严格限制三种产品的使用
关于重金属污染的 1998 年议定书与 2012 年修订书	2003-12-29	议定书及修订书	主要控制三种特别有害的金属:镉、铅和汞。要求缔约国逐步淘汰含铅汽油
进一步削减硫排放的 1994 年议定书	1998-08-05	议定书	对各缔约方规定了不同的硫排放量削减义务
关于挥发性有机化合物(VOCs)及其跨界流动排放控制的 1991 年议定书	1997-09-29	议定书	要求各缔约国控制和削减挥发性有机物的排放。议定书为缔约国提供了三种选择方案。缔约国可根据本国的情况选择其中之一
关于氮氧化物(NO$_x$)及其跨界流动控制的 1988 年议定书	1991-02-14	议定书	要求各缔约国采取有效措施削减氮氧化物及其越界流动的年度排放量,各缔约国必须对所有的新流动排放源适用国家排放标准

---

　　① 具体的污染物控制种类包括:二氧化硫、氮氧化物、非甲烷挥发性有机物、氨、细颗粒物(PM$_{2.5}$)、铅、镉、汞、二噁英/呋喃、多环芳香烃、六氯苯。

续表

议定书标题	实施时间	批准情况	主要内容
关于硫及跨界流动的排放至少削减 30％ 的 1985 年议定书	1987-09-02	议定书	要求各缔约国以 1980 年的排放水平为基线，将其全国年度硫排放或其越界流动至少减少 30％
关于欧洲空气污染物远距离监测与评估长期资助的 1984 年议定书	1988-01-28	议定书	对长期越界空气污染检测和评价合作项目予以长期资助。资金主要来自各缔约国按比例摊派的捐款和自愿捐款,此外,联合国环境规划署也提供一部分资助

该公约的发展历经近 40 年,在区域性空气污染防治方面积累了一些经验,其主要内容体现为以下几方面。

一是公约将远程跨界空气污染与一般的空气污染,包括近距离跨界空气污染区分开来。公约第一条 a、b 两款分别对"空气污染""远程越界空气污染"作出了规定。其中第一条 b 款规定,"远程越界空气污染"是指空气污染源全部或部分位于一个国家管辖范围内,而对他国管辖的地区产生了不利影响,且由于污染源和危害结果相隔距离太远,使人在一般情况下难以分清其因果关系的情形(戚道孟,2004)。基本概念的明晰对于后续相关措施与制度的实施具有基础性作用。

二是公约的框架性特征为后续 8 个议定书的出台及实施奠定了法律基础。《远距离跨界空气污染公约》本身并没有对欧洲和北美大气污染的防治规定多少实质性范围,但这一公约的签订对于控制欧洲地区的酸雨和其他大气污染有着积极的作用和意义,为以后在这一领域的条约规则谈判和发展提供了出发点。在随后的数年里,这一公约的缔约国又签订了几项议定书,具体议定书参见表 6.1,这些议定书在公约的框架内对一些具体问题做出规定(柳炳华,1997)。

三是公约后续的量化性实施在公约的实践中十分重要,尤其是污染减排种类的确定及减排指标的确定,为此区域性公约的法律效果的提升起到了十分重要的作用。公约秘书处会定期编制不同缔约国的排放义务设定要求,并在其官网进行公示。

四是公约还规定了控制和预防远程跨界空气污染的基本原则与主体框架内容。公约中所规定的基本原则是"保护人类及其环境免受空气污染的危害,努力限制和最大程度地逐步减少和防止空气污染"(UNECE,1979),这一原则表明防治空气对人类可能产生的危害是我们采取限制或防止措施的基础。此外,该公约还规定:应通过信息交流、磋商、研究和监测,尽快制定控制空气污染物排放的政策和战略;交流并审查缔约国有关控制空气污染物排放的政策、科学活动和技术措施;受远程跨界空气污染影响的缔约国和发源地缔约国应当要求及早进行磋商(邓力,2014)。

2.《美加空气质量协定》

《美加空气质量协定》(Canada-United States Air Quality Agreement)(王铁崖,2002)是国际社会关于酸雨防治的一部重要立法,本质上这是一部区域性的双边条约。在此协定书签订之前,1941 年的特雷尔冶炼厂仲裁案、1980 年美加双方签订的《关于跨界空气污染的意向备忘录》《关于酸雨特使问题的 1986 年联合报告》以及 1979 年的《远距离跨界空气污染公约》为美国、加拿大两国在酸雨问题的共同处理与控制方面奠定了基础,对后续两国签订并实施《美加空气质量协议》有重要意义。此外,美国 1990 年通过了《清洁大气法》修正案,该修正案第四章就酸雨问题设立了“酸雨计划(Acid Rain Program)”,规定对二氧化硫和氮氧化物等酸性气体实行总量控制(李振,2016)。该修正案对于因空气跨界污染所产生的酸雨问题的解决有重要的参考意义。由于加拿大并没有专门的关于大气污染防治方面的联邦立法,关于空气污染防治方面最重要的立法就是《美加空气质量协定》。

1991 年 3 月 13 日,美加两国正式签订《美加空气质量协定》。此协定就双方签署协定的目的、所要达成的一般空气质量目标与特定的空气质量目标、信息交换、空气质量委员会的设置及作用、争端解决机制、双方现有权利和义务等内容做出了全面的规定。其主要目的是建立切实有效的控制双边空气污染中的共同问题。同时载明了双方承担的限制和减少包括二氧化硫和氮氧化合物在内的大气污染的义务。这一协定在实施过程中具有较强的操作性,协定规定成立一个双边大气质量委员会,负责审查协定的实施情况,并定期向两国提交进度报告(邓力,2014)。协定还规定,美国、加拿大两国每隔五年对协定及其实施情况进行审查,并在此基础上考虑必要的修改(黄锡生等,2005)。此外,依据 1993 年《北美环境合作协定》建立的环境合作委员会(Commission for Environmental Cooperation,CEC),同样有权对包括空气污染在内的跨界或边界环境问题的解决措施提出自己的意见(邓力,2014)。

（二）臭氧层保护的国际立法

自从南极上空出现臭氧层空洞以来,如何保护臭氧层一直是国际社会关注的焦点,很多环境专家长期关注臭氧层变化,许多国家和国际组织也积极行动,召开一系列会议。1976 年 4 月联合国环境规划署在美国华盛顿召开了 32 国专家会议,制订了一项关于臭氧层行动的世界计划。该计划除了要求对臭氧层情况进行监测外,还要求联合国环境规划署建立一个臭氧层问题协调委员会。1981 年,联合国环境规划署建立一个工作组负责起草一项保护臭氧层的全球性公约,至此,保护臭氧层的国际立法正式起步。

经过多年的发展,目前有关臭氧层保护的国际立法主要有 1985 年的《保护臭氧层维也纳公约》、1987 年的《关于消耗臭氧层物质的蒙特利尔议定书》(以下简称《蒙特利尔议定书》),以及后来于 1990 年和 1992 年对蒙特利尔议定书的调整和修正。这些条约以《保护臭氧层维也纳公约》为核心,构成了一个保护臭氧层的立法体系。

1.《保护臭氧层维也纳公约》

1985 年《保护臭氧层维也纳公约》是由联合国环境规划署发起签订的。1981 年联合国环境规划署建立了一个工作组负责起草一项保护臭氧层的全球性公约,于是《保护臭氧层维也纳公约》便应运而生。

该公约是一项"框架性"公约,主要对缔约方的一般性义务作了规定,而对缔约国承担实体义务规定得十分笼统和概括,主要是关于一些程序性问题的规定。其中,公约并未对消耗臭氧层物质的使用规定明确的数量和时间限制。该公约的主要内容包括以下几方面。

一是相关概念的界定。公约规定,"臭氧层"是指行星边界层以上的大气臭氧层。"不利影响"是指自然环境或生物区域内发生的,对人类健康或自然的和受管理的生态系统的组成、弹性和生产力或对人类有益物质造成的有害影响的变化,包括气候的变化。"备选物质"是指可以减轻、消除或避免臭氧层所受不利影响的各种物质。此外,公约对"备选的技术或设备""缔约国""区域经济一体化组织"等概念也进行了界定。

二是缔约国的一般义务。公约规定,缔约国应当在其能力范围内通过系统的观察、研究和资料交换进行合作,以期更好地了解和评价人类活动对臭氧层的影响,以及臭氧层的变化对人类健康和环境的影响。

三是关于研究和观察臭氧层的规定。公约规定重点观察和研究的领域有:可能影响臭氧层的物理和化学过程;臭氧层的变化所造成的对人类健康的影响和其他生物的影响,特别是具有生物后果的紫外线太阳辐射变化所造成的影响;臭氧层的任何变化所造成的气候影响;臭氧层的任何变化及其引起的紫外线辐射的变化对于人类有用的自然及合成物质所造成的影响等方面。

四是关于法律、科学和技术方面合作的规定。公约要求缔约国应促进和鼓励其附件二里详细说明的、与本公约有关的科学、技术、社会经济、商业和法律资料的交换。同时公约还规定各缔约国应从事合作,在符合其国家法律、条例和惯例及照顾到发展中国家需要的情形下,直接或通过有关国际机构促进技术和知识的发展和转让。

除了以上四个方面的主要的规定外,公约还规定了关于递交资料、机构安排、有关公约或议定书的修正、附件的修正、争端的解决、公约的签署、批准和生效等问题。

2.《蒙特利尔议定书》

为了更好地执行《保护臭氧层维也纳公约》,缔约国于 1987 年签署了《关于消耗臭氧层物质的蒙特利尔议定书》,该议定书首次对消耗臭氧层物质的消费和生产做出限制,从而对臭氧层的保护赋予实质性的内容。该公约对控制物质和过渡性做了规定。

1987 年《蒙特利尔议定书》的附件 A 规定了两大类 8 种控制物质。该议定书在 1990 年调整和修正时增补了附件 B 和附件 C,其中附件 B 共规定了三大类 12 种物质,附件 C 规定了一大类 35 种氟氯烃物质。而且该议定书在 1992 年修正时为附件 C 增补了 34 种氟氯烃物质。此外,在 1991 年 6 月举行的第三次缔约方大会上对该议定书增补了附件 D。附件 D 对含有附件 A 所列控制物质的产品予以列举。另外,该议定书在 1992 年修正增补了附件 E,将甲基溴列为控制物质(戚道孟,2004)。

《蒙特利尔议定书》有两方面的规定值得特别注意,即关于限制缔约国同非缔约国之间贸易的规定和关于发展中国家特殊情况的规定。

一方面,关于限制缔约国同非缔约国之间贸易的规定主要由议定书的第四条规定:缔约国应当在本议定书生效后一年内不得从非缔约国进口或向非缔约国出口受管制的物质;缔约国应当制定一份"含有受管制物质的产品"的清单,作为公约的附件,凡是不反对该附件的缔约国一年内不得从非缔约国进口此类产品;缔约国还应确定禁止或限制从非缔约国进口"用受管制物质制造但不含有受管制物质的产品"的可行性;缔约国应当限制向非缔约国出口制造或使用受管制物质的技术。

对于以上一些歧视性规定,主要是由于臭氧层的损耗是一个全球性的问题,需要世界各国的普遍参与,因此利用贸易限制措施来迫使尽可能多的国家成为议定书的成员国,从而可以更好地实现保护臭氧层的国际制度。

另一方面,关于发展中国家特殊情况的规定由议定书的第五条规定:使用特殊规定的国家议定书界定为每年人均消费受管制物质在 0.3 千克以下的发展中国家。在开始实施管制措施时,这些国家可以用 1995 年至 1997 年的平均消费量或 0.3 千克为基础,而不必用 1986 年的消费量为基础;各缔约国对发展中国家还应承担一些义务,协助发展中国家缔约国取得环境上安全的替代物质和技术,向发展中国家提供津贴、援助、信贷、担保或保险等。

此外,《蒙特利尔议定书》及其修正案所确立的臭氧层保护制度还有一些重要创新。规定制度化的经济援助促使条约义务的履行,如 1990 年 6 月的《伦敦修正案》,增加了受管制物质的种类,还具体规定了对发展中国家提供财政和技术援助的机制。减少或消除消耗臭氧层物质的实施时间表被逐渐加快,在 1996 年第七次缔约国会议达成共识:加快削减臭氧层消耗物质,发达国家根除使用氟氯烃的时间从 2030 年提前到 2020 年,发展中国家将在 2040 年彻底禁用。不仅如此,另一重要创新支持在于监督实施机制。不能履行其义务的缔约国可以向执行委员会汇报情况,另外也可就其他缔约国不履行议定书的情况诉诸执行委员会,方式是向议定书的秘书处提交基于证据的书面通报。

(三)应对或适应气候变化的国际立法

目前,国际大气环境保护法的重点目标是控制和减少温室气体的排放,防止地球气候出现不可逆转的变化;控制、减少并最终消除耗损臭氧层物质的使用,保护臭氧层的完好以及控制并减少二氧化硫等各种空气污染物的排放,消除跨界空气污染。

保护大气的条约主要有 1992 年《联合国气候变化框架公约》及其 1997 年《京都议定书》、1985 年《保护臭氧层维也纳公约》及其 1987 年《蒙特利尔议定书》和 1979 年《远距离跨界大气污染公约》及其议定书。

1.《联合国气候变化框架公约》

《联合国气候变化框架公约》(United Nations Framework Convention on Climate Change,UNFCCC,以下简称《框架公约》)是 1992 年 5 月 22 日联合国政府间谈判委员会就气候变化问题达成的公约,于 1992 年 6 月 4 日在巴西里约热内卢举行的联合国环境与发展大会(全球首脑会议)上正式开放签署,共有 154 个国家签署了《框架公约》。在短短一年多时间里,《框架公约》就达到了文件要求的 50个国家的批准数目,于 1994 年 3 月 21 日正式生效。

《框架公约》是世界上第一个为全面控制二氧化碳等温室气体排放,以应对全球气候变暖给人类经济和社会带来不利影响的国际公约,也是国际社会在应对全球气候变化问题上进行国际合作的一个基本框架。

《框架公约》由序言、二十六条正文及两个附件组成。正文由定义、目标、原则、承诺、研究和系统观测、教育培训和公众意识、机构设置、资金机制、履行信息要求、争端解决、技术问题等几部分内容构成。

《框架公约》中"气候变化的不利影响"是指气候变化所造成的自然环境或生物区系的变化,这些变化对自然的和管理下的生态系统的组成、复原力或生产力,或对社会经济系统的运作,或对人类的健康和福利产生重大的有害影响。"气候变化"指除在类似时期内所观测的气候的自然变异之外,由于直接或间接的人类活动改变了地球大气的组成而造成的气候变化。

《框架公约》的最终目标是"将大气中温室气体的浓度稳定在防止气候系统受到危险的人为干扰的水平上。这一水平应当在足以使生态系统能够自然地适应气候变化,确保粮食生产免受威胁,并使经济发展能够可持续地进行的时间范围内实现"。这里没有包含具体的量化目标,内容笼统抽象。

《框架公约》为应对未来数十年的气候变化设定了减排进程,确定建立了一个长效机制,促使政府间报告各自的温室气体排放和气候变化情况。各国政府所报告的温室气体排放及气候变化的信息将定期检讨以追踪公约的执行进度。此外,发达国家同意推动资金和技术转让,帮助发展中国家应对气候变化。他们还承诺采取措施,争取 2000 年温室气体排放量维持在 1990 年的水平。

为实现上述目标,公约确立了五个基本原则。分别是:第一,代际公平原则和共同但有区别的责任原则的结合,它要求为人类当代和后代的利益保护气候系统,并要求发达国家缔约方先采取行动应对气候变化及其不利影响;第二,要求充分考虑发展中国家的愿望和要求;第三,风险预防原则和成本效益原则,它规定当存在造成严重或不可逆转的损害威胁时,不应当以科学上没有完全的确定性为理由推迟采取预防措施;它还要求应对气候变化要在政策和措施方面讲求成本效益,确保以尽可能最低的费用获得全球效益;第四,坚持可持续发展原则,并承认经济发展对于采取措施应对气候变化的重要性;第五,国际合作原则,它强调这种合作的目的是促进建立有利于各国特别是发展中国家的可持续经济增长的国际经济体系(史学瀛,2010)。

为实现公约的目的,缔约国在公约中做出一系列的"承诺",分为一般性承诺和具体承诺两类。

一般性承诺是指所有缔约国,不论其是发展中国家还是发达国家,都要履行的共同的承诺。《框架公约》规定，一般性承诺要考虑到各国共同但有区别的责任以及各国和区域发展的优先顺序、目标和情况。一般性承诺包括：编制、更新和公布关于《蒙特利尔议定书》未予管制的所有温室气体的各种人为排放和各种汇的清除的国家清单；制定、执行、公布和更新关于控制《蒙特利尔议定书》未予管制的温室气体的排放和汇的清除的国家方案和适当情况下的区域方案；在所有有关部门促进、开发、应用和传播关于控制、减少和防止《蒙特利尔议定书》未予管制的温室气体的排放的技术；促进可持续地管理和维护、加强《蒙特利尔议定书》未予管制的所有温室气体的汇和库，包括生物质、森林和海洋等；合作为适应气候变化的影响做好准备，制定关于可能受旱灾、荒漠化和洪水影响的沿海地区的农业生产恢复保护计划和水资源管理规划；在社会、经济和环境的政策和行动中考虑气候变化问题，并制定减缓或适应气候变化而采取的措施，防止对经济、公共健康和环境质量产生的不利影响；促进和合作进行关于气候变化的起因、影响、规模、发生时间和应对战略的研究；在有关气候变化问题的科学、技术、工艺、社会经济和法律信息方面进行交流，包括宣传教育和向缔约国大会提供信息（黄锡生等，2005）。

　　具体承诺不是所有缔约方的共同承诺，而仅仅是特定类型的缔约方的承诺。在《框架公约》附件一和附件二里的是缔约方做出的具体承诺。附件一所列缔约方的具体承诺包括：制定国家政策并采取措施，通过限制人为温室气体排放和保护、增强温室气体库和汇，减缓气候变化；在公约对其生效后 6 个月内，通过公约秘书处，向缔约方大会提供关于控制温室气体的人为排放和保护、增强温室气体的库和汇的政策和措施的详细信息。附件二所列缔约方的具体承诺包括：为发展中国家缔约方提供新的和额外的资金，以支付它们的编制国家关于温室气体人为排放源和各种汇的清单的费用和它们为履行其一般性承诺所引起的增加费用；帮助特别易受气候变化不利影响的发展中国家缔约方支付适应这些不利影响的费用；采取一切实际可行的步骤、酌情促进、提供便利和资助向其他缔约方特别是发展中国家缔约方转让或使它们有机会得到无害环境的技术，以便它们能够履行公约。《框架公约》还规定，在此过程中，发达国家缔约方应支持开发和增强发展中国家缔约方的自生能力和技术。

　　《框架公约》共设立了四个机构，即缔约方会议、秘书处、附属技术咨询机构、附属履行机构，此外，还创立了一个资金机制。缔约方会议是公约的最高机构，其职责是定期审评公约缔约方会议可能通过的任何法律文书的履行情况，并在其职权范围内做出有关公约履行的决定。秘书处的职责包括：安排缔约方会议和附属机构的会议并为之提供服务；汇编和传递报告及其他信息；与其他有关国际机构的秘书处保持联系和协调等。附属技术咨询机构的职责是就与公约有关的科学和技术事项向缔约方会议和其他附属机构提供信息和咨询,该机构开放供所有缔约方参加。附属履行机构的职责是协助缔约方会议评估和审议公约的履行情况。同时,公约还创立了一个在赠与或转让基础上提供资金,包括用于技术转让资金的机制,规定该机制的经营委托一个或多个现有的国际实体负责。目前,《框架公约》的资金委托全球环境基金(GEF)负责管理。

《框架公约》第 14 条对缔约方之间的有关公约的争端规定了解决程序。规定争端应以和平方式解决,解决方式有谈判、提交国际法院裁决、仲裁和调解(黄小喜,2012)。

2.《京都议定书》

根据《联合国气候变化框架公约》第一次缔约方大会的授权(《柏林授权》),缔约国经过近三年谈判,于 1997 年 12 月 11 日在日本东京签署了《京都议定书》(以下简称《议定书》)。于 1998 年 3 月 16 日至 1999 年 3 月 15 日期间开放签字,共有 84 国签署,《议定书》于 2005 年 2 月 16 日开始强制生效,到 2009 年 2 月,一共有 183 个国家通过了该条约,但是美国没有签署该条约。发达国家从 2005 年开始承担减少碳排放量的义务,而发展中国家则从 2012 年开始承担减排义务。

《议定书》确定了《联合国气候变化框架公约》中的发达国家(工业化国家)在 2008—2012 年的减排指标,工业化国家在 1990 年排放量的基础上减排 5%,同时确立了三个实现减排的灵活机制,即联合履约、排放权贸易和清洁发展机制。其中,清洁发展机制同发展中国家关系最为密切,其目的是帮助发展中国家实现减排,同时协助发展中国家实现可持续发展,由发达国家提供技术转让和资金,通过项目提高发展中国家能源利用率,减少碳排放,或通过植树造林增加二氧化碳吸收,碳排放的减少和增加的二氧化碳吸收计入发达国家的减排量。根据《马拉喀什协议》的有关协定,发达国家通过清洁发展机制造林和更新造林活动实现的年减排量不得超过其 1990 年排放量的 1%。

《议定书》包括 28 条条款和两个附件,其主要内容包括以下几方面。

第一,定量减排目标。《议定书》对《框架公约》附件一国家的温室气体排放量做出了具有法律约束力的定量限制。《议定书》第 3 条第 1 款规定:附件一缔约方应个别地或共同地确保附件 A 所列温室气体的排放总量(以二氧化碳当量计)不超过按照附件 B 中所登记的其排放量限制、削减承诺和根据本条规定所计算的其分配数量,并使这类气体的全部排放量在 2008—2012 年的承诺期间削减到 1990 年水平,至少减少 5%。以 1990 年的排放水平为基准,《议定书》为附件一缔约方确定了具体的、有差别的减排指标,如欧盟 8%,美国 7%,日本、加拿大各 6%,俄罗斯、乌克兰、新西兰维持零增长,澳大利亚、冰岛的排放量增长限制在 8% 和 10%。另外,欧盟成员国作为一个整体参与减排活动(韩良,2009)。

第二,灵活机制。基于发达国家,尤其是美国的坚持,《议定书》在上述硬性的减排指标之外,规定了三个灵活机制(又称京都三机制),即清洁发展机制(CDM)、联合履约(JI)和排放权交易(ET)。这三个机制体现了通过市场机制促进温室气体减排的主张。这些机制允许附件一国家通过相互之间及其同非附件一国家之间的合作,完成温室气体减排的承诺。其中,前两个灵活机制是以旨在减少温室气体排放的投资项目为基础,投资方可以得到相应的减排额度作为其实现议定书的减排指标的组成部分;第三个机制则是基于附件一缔约方之间温室气体限额的交易。为避免附件一国家利用这些灵活机制逃避对本国的温室气体排放量进行实质性削减的义务,《议定书》明确规定这三种灵活机制都是作为附件一缔约方国内减排行动的补充。

第三,森林的作用。《议定书》允许附件一所列每一缔约方在实现第三条所述关于其量化的限制和减少排放的承诺时,可以通过增加汇的清除量,冲抵其所承诺的温室气体的减排量。议定书第 3 条第 3 款规定:自 1990 年以来直接由人类引起的土地利用变化和森林活动——限于造林、重新造林和砍伐造林,所产生的温室气体源的排放和碳吸收方面的净变化,作为每个承诺期碳储存可核查的变化来衡量,应用以实现附件一所列每一缔约方依本条规定的承诺。

第四,履行机制。《议定书》要求《框架公约》缔约方制定适当且有效的程序和机制用以断定和处理不遵守本《议定书》的情势。

《议定书》的最大优点是它具有法律约束力,而它的核心指导思想就是如果不采取多边协定的方式约束缔约国的主权,就无法在对抗气候变化上取得显著进步。《议定书》的制度安排有以下特点:①有法律约束力的义务承诺,这表明其可执行性与可归责性的前提有了保障,具有典型的"准司法性"特征;②《议定书》在其国际遵约机制的设计上充分体现了成本—收益分析的作用,在国际法遵守机制的创新上可谓独辟蹊径,突出了施加给违约国的长期成本(李明勋,2009);③市场机制的引入与减排目标达成的多样化途径并举,降低了履约成本;要求全体成员方的集体行动达到减排 5.2% 的目标,同时给各缔约国规定了单独的减排目标(欧盟作为国家集团承担一个目标是特例);④坚持共同但有区别原则地实行,不对发展中国家设定量化义务,充分发挥发展中国家自主减排积极性。

尽管《议定书》的意义重大,内容的突破效应明显,但国际社会仍然对其存在的一些问题提出了批评。

其一,最主要的批评意见认为《议定书》对减少人为排放及其对全球气候变化的影响的作用具有明显的局限性,原因主要有以下两点(刘雅倩,2013):①《议定书》的有效时间太短(2008—2012 年),与气候变化问题的长期性完全不成比例;②美国作为温室气体的历史责任者和现时排放大户,拒绝签订《议定书》,将影响温室气体控制效果,并且明显影响发达国家向发展中国家提供资金援助和技术转让的积极性。

其二,批评者认为《议定书》在众多关键问题上并没有科学地制定政策和目标,缺乏科学性和客观性。以最重要的全球减排目标为例,《议定书》所确立的 5.2％的减排目标并没有科学数据支持,完全是缔约方谈判的结果。目标制定过于随意,对今后的谈判和制度发展带来不良影响。

其三,《议定书》的减排目标产生的"热空气(hot air)"问题该如何应对。所谓"热空气",主要是指《议定书》为各缔约国确定的排放目标并非都是需要做出努力才能达到的任务。按照规定,如果一个国家排放量低于规定额度,那么盈余的那一部分就可以拿来交易。对很多东欧国家以及正在向市场经济转型的缔约国来说,由于其在 1990 年后经济遭遇较大的滑坡,分配给他们的减排份额反而会有富余,这就产生了可以出售的"热空气"。而其他国家可以通过金钱支付的方式购买"热空气"来完成本国的减排目标。这种情况的实质会影响全球温室气体的减排效果(刘雅倩,2013)。"热空气"问题表明,在一定程度上,《京都议定书》机制为一些碳排放较少的国家提供可供交易的资源,无疑也为这些国家通过该机制获取一定的利益提供了可能。这是一种由制度变化所带来的收益。在《议定书》机制的第二期减排比例的谈判过程中,为平衡各方利益,虽然允许发达国家通过购买"热空气"来冲抵其 2％的减排指标,但此举并不能获得那些拥有"热空气"资源国家的认可。而"热空气"是一种因地域或地缘关系而产生的"主权财富",这种"主权财富"如何在《议定书》机制下更好地发挥作用,保障最基本的公平,仍是今后要考虑的问题。

最后,《议定书》要求强制减排的国家过少,会产生"碳泄漏"或"碳转移"的问题。即由于在义务国含碳产品的生产成本过高,会导致产品转移到非义务国进行生产。成员国规避《议定书》减排义务的行为,最终将会影响全球减少温室气体排放的效果,违背《框架公约》与《议定书》的根本宗旨。一直以来,"碳泄漏"被认为是跨国界的外部性问题,其成为发达国家要求对发展中国家征收碳关税以及其他边境调节措施的重要依据。为尽量减少由此造成的关税壁垒,建立全球性的碳排放交易体制对于发达国家与发展中国家而言并不是一回事。

第二节　国外大气污染防治立法与制度

第二次世界大战以后,西方资本主义国家由于经济的迅速发展,导致大气遭到了严重的污染(最典型的是 1952 年伦敦爆发的烟雾污染事件)。因此,大气污染引起了有些国家的重视,并开始制定大气污染防治法律来防治大气污染。资本主义发达国家早在 19 世纪就制定了防治污染相关的法律。例如,英国于 1863 年颁布了《制碱法》,1906 年扩大为《制碱工厂管理法》,这些法律法规对于会产生污染气体的行业进行了集中汇总和总结,列明了行业清单,以控制相关化工业在生产制造过程当中污染气体的排放。美国辛辛那提州于 1881 年颁布了《烟尘控制法》,1921 年全美 28 个人口超过 20 万的城市中,已有 22 个城市制定了类似的法律;法国 1917 年制定了《环境保护分类工厂法》,1948 年制定了《能源利用法》。随后的几十年里,由于社会经济发展引发的大气污染以及人们环境意识的提高,人们对环境的要求越来越高,许多国家逐步提高了对大气污染危害的认识,颁布了比较严格和完整的大气污染防治法律。例如,美国于 1955 年颁布了《机动车污染控制法》,1970 年修订了《净化空气法》;英国于 1956 年颁布了《清洁空气法》,1968 年进行了修改;法国 1961 年对《环境保护分类工厂法》作了补充规定,1963 年、1964 年、1969 年又分别对汽车排气、工厂烟囱高度和各类污染工业制定了法令,并于 1976 年修订了《环境保护分类工厂法》;日本于 1962 年制定了《煤烟控制法》,于 1968 年制定了《大气污染防治法》,并于 1971 年、1972 年、1974 年对《大气污染防治法》又做了三次修订;意大利于 1971 年制定了《机动车辆管理法》;联邦德国于 1974 年颁布了《联邦污染控制法》,1976 年又加以修订(黄锡生,2011)。

一、美国的大气污染防治制度

大气污染的产生与能源的不适当利用、人口的快速增长和工业化的发展有着密切关系,二战以后美国经济飞速发展,短短数载,美国成为世界工厂和经济强国,伴随经济的快速发展而来的是能源的大量消耗及空气的严重污染。在一些经济发展快速的州或城市,人们的生活环境非常糟糕,例如,圣路易斯很多出租车司机白天开车都需要开着车灯才能行使。20 世纪 40 年代,美国的洛杉矶光化学烟雾事件是美国当时大气污染的代表性事件(图 6.1)。当时人们认为导致洛杉矶光化学烟雾的主要因素是化工厂排放的废气,此后政府关停了市内主要的化工厂,并且禁止居民在市内焚烧垃圾。但这些措施并未改变当地日益严重的污染天气。随着经济发展和联邦政府权力的强化,美国政府开始重视大气污染的防治工作。

图 6.1　1940 年美国洛杉矶光化学烟雾污染

(一)美国应对大气污染的主要政策

美国应对大气污染的政策基本上都是围绕着以下几个范畴来规定的:一是温室气体的排放控制;二是能源效率与节约,减少化石燃料中的温室气体排放;三是碳储藏和碳截存;四是适应气候变化的政策,预见和尽可能减少气候变化的负面结果(赵绘宇,2008)。

美国政府在国际气候变化谈判前期发布的气候变化政策主要体现为:①实质性地促进减排的注册登记;②保护和供应减排的可转让信用;③如果有必要,将检查迈向目标的进展和采取除此之外的行动;④增加美国对气候变化承诺的资金;⑤采取针对科学和技术评估的行动;⑥实施全面范畴下新的和拓展的国内政策;⑦促进新的和拓展的国际政策来补充国内计划[①]。

这些气候变化基本政策都是一些"希望性的或是不明确的观点,而不是聚焦于强制性承诺义务、调控性的计划和法律化的要求"(Cinnamon Carlame,2006)。

为应对气候变化和发展低碳经济,美国在各重点领域也实施了一系列政策措

①　详见 US Global Climate Change Policy：A New Approach. Fact Sheet Issued by the White House on 14 Febmary 2002，http://www. us -gcrp. gov/u8gcrp/Library/gcinitiative2002/gccfactsheet. htm.

施,例如,在住房和商业领域,实施电器和商业设备标准计划、建筑物能效守则计划、净零能源商业建筑倡议、建筑美国计划、能源效率和保护资助计划,推广能源之星标签产品、能源之星商业市场、能源之星住宅市场。

目前的美国气候变化政策主要遵循以下几个原则(赵绘宇,2008)。其一,技术为先。美国坚持以发展气候变化的技术为先导,如 2006 年 9 月美国公布了气候变化技术计划(CCTP),这是美国新的气候变化技术计划战略规划,该计划中包含的技术有氢能源、生物提炼、清洁煤、碳储存、棱分裂和聚变能等。其二,发展经济。即要求温室气体的减排不妨碍美国的经济发展。美国对强制性温室气体减排的最大担心是来自可能对经济增长的妨碍。美国退出《京都议定书》之后,2002年又自己建立了一个温室气体指标——温室气体密度。具体目标是"到 2018 年将温室气体的排放量下降 18%"。可见,美国的温室气体指标并不像《京都议定书》中纯粹测算温室气体减少量,而是测算每单位 GDP 排放温室气体的量,主要侧重与温室气体相关的经济增长质量。其三,经济激励。美国对《京都议定书》中具有强制性的承诺目标非常排斥,在气候变化领域,美国承袭以经济激励机制为手段这一传统,尝试包括建立全球性的气候交易所、与国际开展交易合作、进行国际区域间的排放交易等。例如,世界上第一个以温室气体减排为目标进行贸易的会员式市场平台——美国芝加哥气候交易所,成立于 2003 年,会员分别来自航空、汽车、电力、环境、交通等数十个不同行业。

(二)美国应对大气污染的立法

1.《清洁空气法》

在美国众多的环境法律中,20 世纪 70 年代生效的《清洁空气法》(*The Clean Air Act*)在美国空气整体质量改善中发挥了重要作用。该法自成一体,条文众多(詹姆斯·萨尔兹曼等,2016),与国会通过的其他早期环境法律不同,《清洁空气法》倡导将众多广泛的污染物和污染源纳入统一的全国性标准。各州政府主要负责自己地区内的空气污染治理,联邦政府则针对全国性的问题进行处理,并督促各州政府及时有效地完成任务(蔡岚,2013)。

美国联邦政府和州政府、地方政府在污染防治的角色定位方面经过了漫长的博弈,从 1955 年开始,美国国会开始通过向各州政府提供技术和财政支持等手段,对空气污染问题进行回应。20 世纪 60 年代国会通过了一系列法律修正案,其内容允许联邦政府扩张它在行政领域的管辖权,从而直接干涉一些限定的跨州的污染问题,比如控制新生产制造的汽车的尾气排放,并对各州的排放控制情况进行监督与管理等。

在这一阶段,各州政府针对空气污染问题并没有取得实质上的进展,因此空气污染仅仅依靠州政府是不够的。空气污染具有流动性、扩散性、复合性的特点,依靠行政管理、政治上的边界划分区域来治理大气污染显然缺乏效率。国会重新调整制定新的空气污染控制战略,1970 年通过了《清洁空气法》,确立了联邦政府对于空气污染的管辖权,确立了控制污染的基本制度。同年,由美国总统尼克松颁布重组计划,把 15 个不同的部门整合成为一个独立机构,成立了美国国家环境保护局(Environmental Protection Agency,EPA)。EPA 是美国在环境保护领域的最主要管理机构,其任务是保护人类的健康和生活环境,建立一个更清洁、健康的地球环境。

1970 年确立的《清洁空气法》大幅度加强了美国联邦政府的职权。例如,第 111 条规定了强制的全国统一的新空气污染源的执行标准,第 112 条规定了全国统一的有可能导致疾病或死亡率上升的有毒有害空气污染源的执行标准……虽然第 107 条仍旧规定各州对保证其境内的空气污染问题承担主要责任,但是经过联邦政府的努力,州政府已经无法随意地忽视或敷衍这一问题了。《清洁空气法》第 109 条要求,EPA 针对威胁公共健康与福利的污染,应建立"国家外部空气质量标准"。每一种污染都将面临双重标准的制约,即为了保护社会公共健康免受任何已知或未知的负面影响的"第二标准"(梁睿,2010)。

《清洁空气法》生效于 1970 年,分别在 1977 年和 1990 年又通过了两个修正案。在美国,很多法学院教授会用一学期来介绍《清洁空气法》,它的的大部分条文可以看作是"合作联邦主义"的成果,即由联邦设定标准,各州具体实施。

《清洁空气法》的广泛适用,使美国形成了一个从政府到法令上的空气污染管理体系。在法律上,其根据不同的污染源,采取了不同的治理方式。以 EPA 成立和《清洁空气法》生效的 1970 年为界,大气污染排放源可以按照产生时间分成已存污染源(1970 年前产生)和新污染源(1970 年后产生,或在 1970 年后得到了修改的)。EPA 针对已存污染源和新污染源的不同特征,分别采用了不同的对待方式。

2.《国家环境空气质量标准》

《清洁空气法》主要目的是处理最常见的空气污染物,大部分《清洁空气法》的条文都涉及治理这些"标准污染物"(criteria pollutants)。"标准污染物"被定义为有着众多污染源,且会危及公众健康和福利的污染物,包括前文提到的臭氧污染物、氮氧化物、一氧化碳、颗粒物、二氧化硫和铅。《清洁空气法》要求这些污染物的浓度在所有公众可以接触的环境中不超过一个统一的标准水平。因此,该标准并不适用于室内或不对公众开放的室外区域。

《国家环境空气质量标准》(National Ambient Air Quality Standards, NAAQSs。以下简称《空气质量标准》)为每种标准污染物都设定了一个足以"保护公共健康"的标准,且需要留出"充足的安全边际"(adequate margin of safety)。但什么是"公共健康"和"充足的安全边际"呢?在"铅工业协会诉环境保护局"(Lead Industries Association v. EPA)一案中讨论了这些问题。美国国家环境保护局在设置铅的空气质量标准时选择了一个非常脆弱的目标人群——年幼的儿童。在该案中,法院认为,美国国家环境保护局有权酌情决定"充足的安全边际"。此外,空气质量标准必须完全基于健康考虑,而不考虑经济和技术可行性。法院不允许考虑非健康因素的观点在 20 年后的"国家环境保护局诉美国卡车运输协会"(EPA v. American Trucking Associations)一案中得到了重申。

缺乏灵活性的空气质量标准在实践中得到了调整和改善。美国国家环境保护局在全国范围内设定了环境空气质量标准,每个州则负责设定具体的污染气体排放标准以实现并保持规定的空气质量标准。每个州需要提交"州实施计划",说明本州将如何在法律规定的截止日期前实现空气质量标准设定的目标。理论上,各州实施计划时应该在空气质量达标的同时考虑当地的条件,因此允许一定的灵活性和地域性。在实践中,由于 200 多个"空气质量控制区域"的存在,各州实施计划的灵活性更大。简而言之,州政府在设计州实施计划时必须首先统计所在区域的污染气体排放现状,选择减排策略,然后通过计算机模拟模型证明州实施计划可以使当地空气质量达标(詹姆斯·萨尔兹曼等,2016)。

"非达标地区"是《国家环境空气质量标准》的专业术语。由于该标准较高的要求,1970 年的目标最后在很多州并没有得到落实。在污染治理面临的失败面前,1990 年《清洁空气法》的修正案将治理目标分解成了更为现实和循序渐进的步骤。不达标地区被分为了五类:轻度不达标地区、中度不达标地区、严重不达标地区、非常严重不达标地区与极端不达标地区。级别越高的非达标地区面临的治理要求相应更高。比如,在臭氧中度不达标区,每年必须完成 3% 的污染减排,建立交通管制措施,制订清洁能源计划以减少挥发性有机化合物。而在臭氧极端不达标区(如洛杉矶),除了上述措施外,还须通过减少其他的污染排放来抵消汽车尾气排放的增长。

通过分解空气治理目标,确立循序渐进的治理方法,空气质量不再只有达标和不达标两种。但是州实施计划需要证明"合理进展",即在法定期限之内实现达标的持续进展。

　　若未达标地区的污染情况超过了 NAAQSs 的规定,则其第 172 条规定了各州应当针对现存的污染源实施"合理可用的控制技术"。如果 EPA 经过判断,认为某州的标准不足以及时实现 NAAQSs 或"第二标准",则必须按照第 110 条的要求在两年内制定联邦补充计划,以保证其能够按时实现目标。即使事实上有些污染源的情况很严重,很难甚至不可能实现要求的标准,这些补充计划也必须按要求进行设立和发布。

　　NAAQSs 第 113 条规定,一旦 EPA 通过了一个州的"州实施(执行)规划"(State Implementation Plan,SIP),这一 SIP 就不仅是该州的法律,也是联邦法律的一部分。因此,如果一个州的 SIP 不能达到 NAAQSs 的标准,并且该州没有自行采取补救措施的话,那么 EPA 有权直接通过修正案对其进行调整。EPA 的这一修改对联邦是有法律约束力的。

　　EPA 针对一氧化碳、微尘、二氧化硫、碳氢化合物、臭氧和锌分别出台了各自的 NAAQSs,起初,NAAQSs 是 EPA 推动空气污染治理的主要动力。因为按照原来的 NAAQSs 约定,空气污染治理应于 1975 年完成。然而由于实际执行情况的落空,这一方案一直被不断修改和补充,并延后截止日期。逐渐地,这一标准的绝对权威性也受到了动摇。1982 年,EPA 以"不必要"的理由废除了碳氢化物的标准,继续保留了其他的标准作为其空气治理政策的主要方针。同时 EPA 在通过各州的 SIP 时,也常常会考虑到其他方面的政治经济因素。比如,1990 年酸雨和有毒污染比较严重,EPA 就通过了修正案,要求洛杉矶地区的汽车交通削减工作加速完成。

　　如上所述,1970 年《清洁空气法》针对当时已存在固定大气污染源和汽车污染物排放进行调整的主要方式,是通过由 EPA 制定 NAAQSs,然后各州根据NAAQSs 制定符合时间和内容要求的 SIP,再经过 EPA 批准实施而完成的。若按照此计划进行,经过规定时间的整治,不合格的旧污染源将按照时间表得到一定的处置,以完成污染治理(沈昕一,2012)。

(三)"新污染源排放标准"和"老祖父豁免"

　　前文介绍过,各州实施计划中允许各州对固定污染源(如垃圾焚烧厂、发电厂或工业区)设定排放限制。《清洁空气法》第 111 条要求美国国家环境保护局为来自新建固定污染源和改造固定污染源的污染排放设定一个下限,此排放下限的规定是该法中对新污染源排放标准的一个原则性规定。"新污染源排放标准"（New Source Performance Standards, NSPS）现在已被确定适用于 70 多种污染设施，涉及新的主要污染源和重大改造污染源。这些排放标准采用技术标准，反映了各行业现有的最佳污染控制技术。这确保了成本因素将间接地影响排放标准的制定，因为过于昂贵的控制技术在商业上并不可行。

正如其名称所体现的，所有新建的主要固定污染源都必须遵守"新污染源排放标准"，对现存污染源设施的重大改造也需要经过审批，这种施工前审批被统称为"新污染源审查"（new source review），审查程序和污染源所处位置有关。

如果污染源处在达标区，就根据下文将要介绍的"防止空气质量严重恶化"（Prevention of Significant Deterioration, PSD）进行审批；如果污染源处于非达标区，则根据非达标区许可程序进行审批。但不管位于达标区还是非达标区，美国国家环境保护局都需要和州环保机构确定个体污染源的具体技术标准，这些技术标准虽然昂贵，但对于保持空气质量至关重要。当然，被规制方对此避之不及。

第一种治理策略是确保所有来自于新建污染源和重大改造的现存污染源的废气都遵守法律规定的排放限制，但这通常是无法实现的。以达标区的 PSD 许可程序为例，如果一个普通污染源每年有可能排放超过 250 吨的管制污染物，或者一个特殊污染源每年有可能排放超过 100 吨的管制污染物，即可被定义为"主要排放设施"，其中，特殊污染源指的是被 PSD 项目列入名单的 28 种污染源，如石油冶炼厂等。而在非达标区，"主要污染源"指的是每年可能排放 10～100 吨污染物的污染设施，具体的门槛取决于污染物的种类和不达标的严重性。

第二种治理策略考虑了历史因素，它有一个有趣的名称，叫作"老祖父豁免"（grandfathering），针对的是《清洁空气法》生效之前的现存污染源。根据这个规则，现存固定污染源和新建固定污染源要区别对待。但既然两者都造成了污染，那为什么要区别对待呢？有人认为，对新建污染源采取更高的治理标准能够促进技术进步，迫使其采用商业上可行的最佳技术。但反对意见认为，对现存污染源采取严格治理标准同样也能带来这些益处。也有人认为，这其中涉及政治，通过将联邦标准局限于新建污染源，《清洁空气法》制定时就已经存在的污染源便可以享有"老祖父豁免"，这样就减少了法律所面临的阻力。除非"老祖父级别"的工厂进行了重大改造而增加了废气排放，否则不需要满足"新污染源排放标准"。"老祖父"发电厂可以比新建发电厂多排放 4～10 倍的二氧化硫和氮氧化物。通过这种方式，《清洁空气法》将治理空气污染的成本转移到了未来的市场进入者身上（詹姆斯·萨尔兹曼等，2016）。

（四）美国应对大气污染的环境监管政策

1. 监管的法律基础

美国针对监督性监测中的一系列过程,诸如监测授权、进厂监测、自行检测授权、应急授权、技术要求等都进行了法律规定。根据《清洁水法案》第402条规定,污染源排放(如城市污水处理厂、工厂、畜禽养殖厂)必须获得排污许可证;第308条规定,必须由联邦/各州环保局或企业自行监测两种方式对企业达标排放进行监测,同时还要授权监测人员进厂监测的权利——环境管理主管部门及其授权代表有权进入无燃油地点查看任何相关资料,同时对废水进行采样和监测。一般来说,监测人员在法律授权下对企业污染物排放进行采样分析的同时,允许企业进行平行采样,对比两者的分析结果(王海芹等,2014)。

2. 监督性检测类型

监督性监测主要针对两类企业进行:①重点污染源,其筛选原则主要考虑污染物排放类型和排放量,包括规模以上有毒有害污染源及规模以上固定源等,例如,每年排放10吨以上有害汽车污染物的污染源、100吨以上大气污染物的污染源均为重点污染源;②小污染源,重点污染源作为总体样本,并按照排放量从大到小进行排列,将累计占总量80%的那个重点企业排放量作为基线值,小污染源排放量或潜在排放量大于或等于该基线值的企业纳入检测范围。监督性监测信息主要来源于以下3种渠道:污染源自行监测记录和台账、由政府或第三方开展的检查、公众举报。其中前两种渠道是美国监督性监测信息的主要来源。

（1）污染源自行监测、报告和台账追踪

为保证监督性监测信息获得的经济有效性,企业自行的检测记录可以作为其环境行为的信息凭证,这不仅弥补了政府监测频次的不足,同时提高了企业的合法排污责任意识。企业自行监测记录除在个别情况下可直接作为监督性监测数据外,更多的是为了政府监测提供诸如监测重点和内容确定方面的参考。美国国家环境保护局和各州环保局对企业自行监测所应采用的标准程序、方法、仪器以及数据收集的最小频次做了规定。需要指出的是,点源在线监测在美国并没有得到广泛普及。企业或厂商自行委托有资质的检测机构进行排放污染物的监测工作,并自行编制排放状况报告上报给各委员会,同时将相应的信息发布在一些专门的网站上。企业自行监测信息必须是透明公开的,美国联邦政府与和州政府通过颁布相应的法律和法规以确保公民有权对这些信息进行审查和复核。

（2）检查

这是监督性监测的支柱手段。政府官员对企业的环境行为守法情况进行独立判断，主要要起到现场检查、明确特定环境问题、通报政府和企业、环境行为评估的作用。政府检查行为可以是因为质疑企业违法的"有利理由"监测，也可以是"日常"监测。一般是在预先通知企业的前提下进行的，一般可以节约时间，同时要保证企业相关重要人员的到场。当然，为了核实企业真实的生产情况和环境行为，也可以突击检查，尽管在绝大多数的法令中允许"检查"的进入，但是有时也须经过法庭的授权，因为美国宪法规定企业可以不同意未获法律授权的调查和查封。为保证有限监督性监测资金和资源的合理运用，美国国家环境保护局根据企业的规模以及潜在的环境危害，对主要污染源实行至少一年一次的监测，而小污染源则是两年一次的监测频次。其一般程序如下：双方参与公开会议、资料调查、与相关人员的谈话、企业现场勘查、封闭会议。

3. 监管机构设置

美国的环境监测体系是一个高度分散的"合作式"的联邦体系，即美国国家环境保护局负责制定国家标准，同时美国国家环境保护局也经国会授权保留了对州监测行为的监督权，最终负责这些目标的实现；有足够的人力、能力的地方环保局从美国国家环境保护局得到授权完成污染源的监测。目前，美国有 45 个州已经得到美国国家环境保护局全部和部分的水排放许可监测项目的授权。1984 年，美国国家环境保护局和各州签订了一个政策框架协议，已明确区分在环境监测中的地位和责任。各州和地方担负主要的权利和任务，一般来说，各州大概承担了70％～90％的监测任务。

美国的监督性监测是在地区层次上开展的。美国国家环境保护局在全国设有 10 个分支机构，或称为地区办公室，代表其行使管理职能。这些地区办公室由美国国家环境保护局的行政长官直接领导，对其管辖的各个州环保局实施管理，而各个州环保局有的是州政府的组成部门之一。对于美国来说，各州环保局由大气委员会、环境健康危险评价办公室、固体废物管理委员会、农药管理室、有毒物质控制室、水资源管理委员会这 6 个委员会组成，它们分别对管辖区域内企业排放的不同类别污染物的监督性监测实施管理。但是，这些委员会之间是相互独立的，之间并不干涉。

各地区环境委员会主要履行如下职责：①管理和监督，委员会官员负责环境保护项目的管理和评估，每个项目都由指定官员担任项目经理，负责项目监督、评估和上报；②监督性监测，委员会官员（有时是委员会代理）负责该地区的监督性监测,主要包括观察、现场咨询、污染物排放数据听证以及采样分析,一般各委员会都设有自己的实验室,可以承担监测工作,实验室也必须进行资质认证。此外,委员会也可以委托有资质的监测机构进行污染源的监督性监测。

位于丹佛的国家监督调查中心是一个灵活的以项目为导向的技术支持单位,它在诸如地表水监测、危险废物采样等广泛技术领域提供专门的技术和意见,以协助美国国家环境保护局和州环保局完成监督性监测工作。

4. 监督性监测实施的技术支持

对于美国的监督性监测而言,污染物排放总量采用流量与浓度乘积来进行计算的方法。以企业污水排放的监督性监测为例,污水流量是统计流量在线监测仪的月均值(未安装流量在线监测的排污口,则每月监测一次),污染物浓度也是当月监测结果的平均值。

美国的污染源实施在线监测的项目较少,特别是废气监测,因为废气的自动在线监测设备价格很高,同时数据质量不可靠。不过,对于污水处理厂,流量必须实施在线监测。对于无法实施在线监测的,污染物一般通过等比例采样(采集等时间混合样)后送实验室进行分析。

二、欧盟的大气污染防治制度

(一)欧盟应对大气污染的主要政策

1972 年,欧洲(经济)共同体(简称欧共体)[①]首次提出了在共同体内部建立共同环境保护政策的框架,标志着欧共体共同环境政策的形成和发展。保护环境和欧共体公民的健康是欧共体罗马条约的重要组成部分。它迫使欧共体各国保护和改善环境质量,争取在政策上给予环境和人类健康高水平的保护。经过多年的发展,如今欧盟大气污染防治立法的总体目标体现在欧盟空气质量框架指令的两个主要目标中:要在欧盟内"确定和建立一个环境目标,以避免、防止或减少对作为一个整体的人体健康和环境的有害影响";"保持空气的清洁,并对质量较差的空气抓紧改善。"其中,第一个目标包含的内容相当广泛,并体现在欧盟随后几年

---

① 又称欧洲共同市场,是德、法、意、荷、比、卢六国于 1957 年 6 月签订《罗马条约》,协议约定,自 1958 年 1 月 1 日起成立共同市场。是西欧国家推行欧洲经济、政治一体化,并具有一定超国家机制和职能的国际组织,逐渐发展成目前集政治实体和经济实体于一身、在世界上具有重要影响的区域一体化组织——欧盟。

制定的四个"子指令"中,要求子指令来设置基于效果的极限值。第二个目标则由指令适用地区来制定具体的补充适用规则。它明确指出,空气质量在欧盟任何地方不应该恶化。国家排放上限(NCEs)2001/81/EC 指令设置了不超过临界载荷的长期环境质量和健康目标,即"进一步完善环境空气质量标准和载荷,并对因空气污染给所有人造成的健康风险予以有效的保护"。总之,欧盟清洁空气法在环境和健康方面的总体目标为欧盟大气政策措施的成功实施和推行提供了基准保障。

(二)欧盟应对大气污染的立法

大气环境质量是人们主要的关注对象之一。从 20 世纪 70 年代开始,大气污染防治法就成为欧盟最活跃的立法领域之一,欧盟大气污染防治法的内容主要有三部分:空气质量法、大气污染物排放治理法以及与交通有关的空气污染治理法。

欧盟推进大气污染联防联控机制的主要方式是制定法规,包括各种条约、计划、指令、决定等。1970 年,欧洲共同体发布第一条大气环境指令——关于协调成员国防治机动车内燃发动机空气污染法律的第 70/220/EEC 号指令[①]。经过多年的发展,欧盟关于空气质量的立法逐步完善,主要包括《关于空气环境质量评价和管理的指令》(96/62/EC 指令)、《关于环境空气中二氧化硫、二氧化氮、氮氧化物、微粒物和铅含量限值的指令》(第一子指令,1999)、《关于环境空气中一氧化碳、苯含量限值的指令》(第二子指令,2000)、《关于环境空气中臭氧含量限值的指令》(第三子指令,2002)、《关于环境空气中砷、镉、汞、镍和多环芳烃含量限值的指令》(第四子指令,2004)、《关于在成员国内建立环境空气污染监测网和站点相互交流污染信息和数据的决定》(1997)、《欧洲环境空气质量和更加清洁空气指令》(2008)等(张平华,2002)。

欧盟把大气污染物排放源分为固定污染源和移动污染源,主要通过工业排放(污染综合预防与控制)指令(industrial emission directive, IED)与条例(regulation)的形式对固定源与移动源进行规范。IED 是对工业设施即固定源的排放控制要求,IED 未直接规定排放限值的行业、领域,由成员国通过国内立法补充制定排放标准,例如,德国将欧盟排放指令转化为《联邦污染控制法》及其系列实施条例,并配套制定了技术法规,规定了 240 多种污染物的排放限值。欧盟在固定污染排放源方面的立法主要有《欧盟关于限制大型火力发电厂排放特定空气污染物

---

① 欧盟的环境标准是以指令形式发布的。

质的指令》(1994,2001)、《关于从汽油仓库和从终端到汽油站运送过程中导致的挥发性有机化合物控制的指令》(1994)、《关于限制在特定活动和设施中适用有机溶剂倒置的挥发性有机化合物排放的指令》(1999)、《关于降低在特定液体燃料中硫含量的指令》(1999)、《废物焚化指令》(2000)、《关于国家特定空气污染物质排放最高值的指令》(2001)、《综合污染预防和控制指令》(2008)等。

移动空气污染源主要是指交通领域在使用的汽车污染源和船舶污染源。欧盟在这方面的立法主要有《关于汽车柴油质量的指令》(1998)、《关于修订 1998 年汽车柴油质量的指令》(2003)等。

欧盟于 2008 年颁布了《欧洲环境空气质量和更清洁空气指令》,该指令主要从六个方面对空气污染防治和维护空气环境质量做出规制,分为一般条款、空气质量评估、空气质量管理、空气质量规划、空气质量和污染信息报告制度等。在空气质量评估一章中,第一部分是对二氧化硫、二氧化氮和氮氧化物、微粒物、铅、苯和一氧化碳等作出规制;第二部分对臭氧的评估做出规制。在每一部分中,都包括有评估体制、评估准则、样本选择等内容。在空气质量管理一章中,首先对限值以下的污染物水平做出规定,然后区分出保护人类健康所需要的限值、警报阈值和临界值;对以保护人类健康为目的的 $PM_{2.5}$ 暴露削减目标、达标值和限值做出规定,划分区域和城市群,确定不同的臭氧浓度超出目标值和长期目标的要求,并规定了出现超标时要采取的措施,还考虑到自然资源对污染治理的贡献,冬季沙化道路或盐碱道路对空气污染的影响,同时也考虑到各区域的特殊情况,规定最后达标期限的延长以及遵守特定限值义务的免除。

欧盟在《欧洲环境空气质量和更清洁空气指令》中专门规定了空气质量和污染信息公开和报告制度,主要是公众获取相关信息和执行报告,各种环境空气信息包括环境空气质量信息、免除义务信息、延期遵守信息等,均通过包括互联网在内的多种媒体免费获得;各种执行报告包括所有污染物质控制的年度报告,报告内容包括超出限值、目标值、长期目标、信息阈值和警告阈值的水平等。

为了促进成员国之间的合作,欧盟建立了《成员国内环境监测网络和站点之间空气污染测量信息和数据交换指令》,使成员国能够及时获得空气质量和污染物的相关信息。

（三）欧盟大气环境标准制度

欧盟大气环境标准大致划分为环境空气质量标准、大气污染物排放标准和大气环境监测方法标准三大类。

环境空气质量标准依据环境基准制定,重点关注环境空气中的主要污染物含量对人体健康及生态环境的"剂量－反应"关系,不强调达标的技术可行性和经济成本。在欧盟的环境空气质量标准中,对各项空气污染物设定了极限值,是硬性的空气质量标准要求。例如,欧洲空气质量标准中对 SO_2、NO_2、PM_{10} 和 O_3 设定了 1 年或 3 年内允许超标的天数或小时数,从而在评价空气质量是否达标上具有一定的弹性空间;相反,对某些污染物的要求则非常严格,如 PM_{10} 和 $PM_{2.5}$ 的年均值,不允许出现任何超标天数(环境保护部大气污染防治欧洲考察团,2013a)。

大气污染物排放标准是依据各相关行业技术经济发展水平制定的,不从健康要求"倒推"。2001 年欧洲议会和欧盟理事会制定并颁布了《国家排放上限指令》(National Emission Ceilings Directive, Directive 2001/81/EC),对 SO_2、NO_x、VOC、NH_3 四种大气污染物进行排放总量控制,以 2010 年和 2020 年作为基准年,提出了各成员国上述四种污染物排放量上限控制指标(环境保护部大气污染防治欧洲考察团,2013b)。欧盟和各成员国对其规定达到的排放上限指令,可以自行决定执行方式和实现的途径。

欧盟的环境空气质量标准和大气污染物排放标准是直接具有法律约束力的环保技术法规,这一点与我国的环境标准制度具有一致性。大气环境监测方法标准是由技术人员研发并经过实践验证的技术方法,强调数据获取方式的规范性、准确性(环境保护部大气污染防治欧洲考察团,2013a)。

(四)命令控制手段在欧盟大气污染防治中的应用

与美国相比,德国控制 SO_2 排放的命令控制手段(汤姆·蒂坦伯格等,2011)完全不同。美国主要依靠排污权交易,而德国则采取传统命令控制型手段。理论上美国方法具有较高灵活性,可以大大降低实现目标的费用。从美国实践经验看,也确实如此,但原因绝非仅仅停留在理论层面。

由于大型化石燃料装置的大量使用,燃烧源面临着相对较短的状态,在一定时期内也大规模减少了 SO_2 排放的压力。尽管对排放的控制程度和规定以及须遵从的期限都非常严格,但德国 SO_2 的排放已经导致大面积的森林死亡。

严格的目标意味着污染源在控制排放上基本不能采取任何灵活的措施,只要有一项技术能够满足控制要求,那么所有被管制的污染源都不得不安装这项技术。即使工业生产公司安装设备后可以进行排污权交易,但它们交易前的边际成本已经非常相近。排污权交易的目标是使边际成本相等,然而大致相同的交易前其边际成本基本上未给交易预留出成本节约的空间。德国控制体系所具有的成本劣势并不是源于不相等的边际成本,而是因为命令控制型法规的时间缺乏灵活性。正如 Watzold(2004)所述:德国政府最近要求全国范围内所有大型化石燃料燃烧厂安装脱硫设施,由于设备需求剧增,其价格也快速上涨。并且,该项技术刚刚引进德国,相关使用经验还很少,还未获得任何学习效应;……在整个发电行业引入该套系统前,应该了解其可能存在的缺陷……然而,如今的局面是,直到整个发电行业大规模安装运行后,技术问题及缺陷不断涌现,相关部门才开始逐一解决这些问题。很明显,虽然这种由行政命令主导下的大气污染防治措施能产生相对良好的效果,但其在德国的实施中遇到了一些障碍。如何跨越这种单纯性适用行政规制所产生的负面影响,是在制度设计中必须面临并应予以解决的问题。德国的经验不同于美国,这与德国的法律传统和法律体系相关联。在美国控制体系下,允许储蓄排污权,进行排污权交易,不要求所有企业同时达标,这激励着一些企业早早达成减排目标,分阶段限期也使得消减控制设备安装的时间更加灵活。

(五)欧盟应对大气污染的环境监管政策

欧盟现行空气质量监测与管理体系基于欧盟 2008 年颁布的《欧洲环境空气质量和更清洁空气指令》(2008/50/EC)。该指令以明晰、简化和高效管理为目的,在空气质量标准、监测点位设置、污染物监测方法、空气质量评价与管理、监测信息交换和空气质量报告等各方面做出了技术规定,是欧盟成员国开展空气质量监测、评价和管理的指导性文件。

1. 环境监测

欧盟 2008/50/EC 指令的附录 VI 中规定了各项空气污染物的参考监测方法。根据 2010 年空气污染物监测方法的使用情况统计结果,气态污染物的参考方法被广泛应用,其中臭氧监测中紫外光度法占 93%,二氧化硫监测中紫外荧光法占 89%,二氧化氮监测中化学发光法占 88%,以及一氧化碳监测中非色散红外线光谱法占 86%。而针对大气颗粒物的监测中,采用参考重量法监测 PM_{10} 和 $PM_{2.5}$ 的比例分别为 22% 和 33%,普遍使用的是高时间分辨率的自动监测方法。同时,欧盟还允许成员国采用等效的方法,欧盟有权要求成员国提交等效方法测试报告,当成员国试用临时因子校正以达到等效时,欧盟需要对此进行确认或修正。同时要求校正系数可追溯,为保证与以往监测数据具有可比性(朱留财,2007)。

2. 空气质量评价

欧盟空气质量评价以区域和城市群为单位进行评价,以单项污染物评价为主,不一定涉及空气质量标准中规定的所有项目,以污染最严重的点为代表该区域或城市群的空气质量状况,以标准极限值来评价其对人体健康的影响,不做等级划分,不考虑"功能区"划分。在评价污染物极限值是否超标的同时,考虑部分污染物是否在允许超标的小时数或天数内。在提供充分依据的情况下,评价时可扣除自然源(如火山爆发、森林大火)的贡献值,以及冬季沙尘和道路撒盐对大气颗粒物浓度的影响。欧盟已于 2011 年 2 月出台以上因素贡献值扣除方法的指导文件。空气质量未达到标准要求的地区,可向欧盟申请延期,申请报告中应详细写明未来阶段实现空气质量状况或可能的变化确实进行评估,并综合考虑延期申请报告中行动计划的实效性,最后给出三种答复:同意、不同意或调整后再申请。申请被批准后,申请方将获得最多五年的延期。延期之后仍然达不到空气质量标准的地区,将被欧盟起诉到法庭,并处以高数额的罚金。

三、日本的大气污染防治制度

日本关于大气环境的法律法规主要有日本环境省的法规数据库、空气质量报告书、环境白皮书以及各类专题研究报告等。日本保护大气环境质量的法律体系主要分为现行法律和法规两个不同的层次。法律和法规在内容上各自发挥着不同的作用,却又相互联系和制约,既有横向上的联系,又有纵向上的关联。看起来杂乱的法律背后,又具有明确的关联性和逻辑性(邓力,2014)。

(一)日本应对大气污染的主要政策

受地理环境等自然条件的制约,全球气候变暖对日本的影响远大于世界其他发达国家。

日本积极参与国际气候谈判,以期在国际事务中展示自己的能力与影响力。在 1992 年联合国环境与发展大会上,日本不仅承诺限制有害气体排放,还承诺 5 年内为环保事业提供 10 000 亿日元的资金援助,远远超过欧盟承诺的 40 亿美元和美国承诺的 10 亿美元援助额。

除了积极参与国际气候谈判,日本还利用八国集团首脑会议(即 G8 峰会)等平台,试图发挥日本在制定全球环境保护规则等方面的主导作用。在 2007 年 6 月德国八国集团峰会上,日本提出了"美丽星球 50"的构想,即在 2050 年实现全球温室气体排放量减半的目标。2008 年 7 月,八国集团峰会在日本北海道召开,日本以"温室气体减排"为八国峰会主题,充分反映出其期望以倡导国际环境对话与合作确立气候合作主导权,实现日本"大国化"的战略理念。日本还积极从事气候外交,不仅注重与美国、中国和欧盟的气候变化合作,在非洲也展开了相应措施。在 2008 年 1 月举行的达沃斯年会上,日本决定将向非洲的马达加斯加和塞内加尔提供约 18 亿日元的无偿资金援助,用于购买防灾救灾及抑制温室气体排放所需的物品,资金援助还将扩展至亚洲、非洲及中南美洲的 41 个国家。由于日本民间和产业界对《京都议定书》所规定的日本温室气体减排目标一直颇有微词,因此日本希望在"后京都时代"的谈判中争取主导权,以减轻日本的减排压力。2008 年 1 月,日本在达沃斯世界经济年会上提出修改《京都议定书》确定的减排目标基准年,即不再沿用此前第一承诺期设定的 1990 年,此举引发很多争议(周珂,2014)。

(二)日本应对大气污染的立法

在日本,《公害对策基本法》与《环境基本法》是不同历史时期保护环境法律法规体系当中的重要法律,也是应对大气污染的重要法律。依据《公害对策基本法》的规定,企业有责任采取诸如妥善处理工业活动产生的烟尘等必要措施以防止公害,并且协调国家和地方公共团体实施防止公害的对策,避免其产品在使用过程中可能造成的公害;居民应努力以一切适当方式协助国家或地方实行防止公害措施。在《环境基本法》实施后,《公害对策基本法》废止(杜群,2002)。

日本《环境基本法》明确的三个基本理念在人类环境保护中有重要的里程碑式的意义。第一个基本理念是"环境恩惠的享受和继承",即认识到作为人类生存基础的环境是有限的且是全人类共有的,当代人在享受丰富的环境恩惠时,必须考虑到应当将它完整地保存好,使后代人得以继承。第二个基本理念是"建设对环境负荷小、可持续发展的社会",即为了保持丰富的环境恩惠,建设可持续发展的社会,应当把社会经济活动控制在公平负担之下的环境负荷比较小的水平,寻求对环境影响负荷小、健康的经济发展模式,环境保护必须要坚持防患于未然的原则。第三个基本理念是"积极促进建立在国际协调基础之上的全球环境保护",即发挥日本的国家实力,使之与其应有的国际地位相称,要在国际协调之下积极致力于保护全球环境(杜群,2002)。其中的第二个理念在不同国家与区域的大气污染防治立法中具有重要的参照意义,而第三个理念则体现了国际社会在大气污染防治与大气环境质量保护中应坚持的合作协调。

日本保护大气环境质量的法令体系十分复杂,综合来看,主要由固定污染源防治、移动污染源防治、恶臭污染源防治、全球气候变化对策、健康被害赔偿和酸雨对策[①]六个方面的内容,其中前三个分类与美国《清洁空气法》的相应分类体系十分类似,但日本将酸雨对策作为独立于大气污染防治对策以外的内容来对待。

1. 固定污染源污染防治

在日本,其固定源大气污染依据其产业发展特征与能源变化情况可分为三个阶段。第一阶段是始于二战之前的大气污染,以四大矿山的"烟害"和煤尘、煤烟问题最为突出,这种污染表现为典型的固定源污染与确定类型的产业污染,与日本当时的产业发展状况相关。第二阶段是战后高度经济成长期的大气污染,以石油燃烧产生的硫氧化物(SOx)污染问题最为突出(傅喆等,2010),特别是自 1955 年以后,日本经济进入了前所未有的增长期,能源的主角也由煤炭转为石油(1955 年能源消费中煤炭占 49.2%,石油占 19.2%;1965 年能源消费中煤炭占 27.3%,石油占 58.0%),此阶段除了能源消耗量增大与能源转型外,工业结构的重工业化和工业布局等国土利用的变化导致污染源集中(傅喆等,2010)。这表明除了能源消耗量大与能源转型外,工业结构与工业布局的变化,在日本的固定源污染防治中也是不容忽视的重要因素。要解决固定源污染导致的大气污染问题,能源结构、能源类型、产业结构与产业布局等都是必须全盘考虑的重点内容。第三阶段是自 1974 年以后,汽车尾气排放叠加在众多工厂、作业场所的排放之上,以氮氧化物(NOx)等为主的城市生活型大气污染成为大气污染控制对策的主要对象,这一时期仍沿袭了前期针对固定污染源采取的对策,在制定每辆汽车的尾气排放标准(单个排放源限制)、开发汽油车的尾气排放控制对策技术等措施方面获得了成功(小林料,2000)。

日本的《大气污染防治法》主要针对工厂等固定污染源。为了使全日本大气环境达到环保标准,该法对排放大气污染物质的工厂企业进行了规制。具体规制对象有五种:产生煤烟的设施、排放挥发性有机化合物的设施、产生普通粉尘的设施、产生特定粉尘(石棉)的设施以及与石棉有关的作业现场[②]。此外,还对其他可能产生有毒有害的作业及设施进行了规制。

总体上,日本通过采取一系列非常技术性的手段,对各种固定生产设施排放到大气中的污染物进行了控制。法律当中详细规定了对涉及污染物和排放污染源的定义,并根据不同种类的污染排放规定了不同的限制条件和排放标准,除明

[①]　日本的酸雨对策侧重于从区域性的角度来进行预防与治理,我国也是按照酸雨高发区来进行预防与治理,特别是"两控区"的确立更是反映出在酸雨控制中的区域性特征。

[②]　详见水·大気環境局大気環境課——大気汚染防止法の概要(http://www.env.go.jp/air/osen/law/index.html)。

确定义外,相关法律也对责任的划分做出了具体的规定。按规定,排污者需要进行污染总量控制,有义务自行测量排放污染物的浓度,并按期申报。政府有责任进行监控,并在必要时采取强制性措施和应急预案(陈平,2013)。

2. 移动污染源污染防治

日本是汽车制造大国,拥有多个世界著名的汽车制造品牌,随之而来的汽车尾气污染导致的大气污染问题在日本也十分严峻。总体上,日本关于汽车产业发展所可能导致的大气污染控制手段主要从汽车尾气排放与汽车交通运输过程中的污染物排放两方面展开。

为了防止汽车排放尾气中含有的氮氧化物(NO_x)及粒子状物质(PM)等造成的大气污染及噪声,日本的相关法规规定要对每辆汽车采取限制尾气排放、限制噪声及限制燃料品质的措施。此外,在交通拥堵、氮氧化物及粒子状物质引起的大气污染特别严重的大城市圈,要根据《特定地域机动车 NO_x 和 PM 总量削减特别措施法》,推进限制氮氧化物及粒子状物质的特别气体排放,以及调整和降低交通需求及交通流量的对策。另外,为了推广普及低公害车等尾气排放性能更好的汽车,采取资助和税制优惠政策等[①]。

日本《大气污染防治法》在第三章规定,环境大臣必须对汽车尾气排放做出具体的限制。1992 年,日本政府颁布了《特定地域机动车 NO_x 总量削减特别措施法》(简称《机动车 NO_x 法》),对日本关东和关西地域 196 个行政区的汽车尾气排放总量做出了限制。由于可吸入颗粒物对健康的危害性日渐凸显,日本政府于 2001 年修订了《机动车 NO_x 法》,强化 NO_x 规制的同时,颗粒物也被增加到规制对象中,成为现今的《特定地域机动车 NO_x 和 PM 总量削减特别措施法》(简称《机动车 NO_x · PM 法》)。在新的法律中,可吸入颗粒物被一并纳入法律的规制范围当中,总量控制的地域也得到了扩充,从原本的 196 个行政区增加至涉及首都圈、大阪兵库圈和爱知三重圈等的 276 个行政区(邓力,2014)。

完成汽油无铅化曾是日本面临的问题。四乙烯铅能够有效提高汽油抗爆性能且经济性较好,在日本市场上曾被广泛使用。但由于铅对人体有害,同时也对催化转换器产生不良影响,所以 1965 年在日本通产省的工业结构审议会下设置了汽车污染对策分委员会,并发布通告从 1970 年 1 月开始强化汽车汽油加铅量的限制;同时,在日本工业标准(JIS)中将加铅量的最大限值从 0.8 毫升/升改为

---

① 详见日本环境省《大气环境、汽车对策及水土壤基岩环境的保全》(http://www.env.go.jp/cn/air_water/index.html)。

0.3毫升/升。汽车污染对策分委员会还出版了一份包括汽油无铅化计划在内的与汽车污染对策有关的中间报告,并以此来推进汽油的无铅化,尤其是研究了与无铅汽油有关的阀座衰退问题。为了顺利实现汽油无铅化转变计划,还设置了无铅汽油推进协会。经过以上过程,日本通产省于1974年正式确定汽油无铅化对策,1975年开始生产无铅汽油,1977年开始生产适合无铅汽油的车辆,并解决了阀座衰退问题。另外,高级汽油也于1987年左右被无铅化。

此外,《道路运送车辆法》《特定特殊机动车尾气排放控制法》等规定了汽车行业设计制造环节当中必须满足相应的环保要求,特定汽车的尾气排放标准也应当达到设定的标准。《确保挥发油品质之法律》等则从汽车燃油的角度进行了规定。各法律从汽车运行的各个环节进行了规制,试图消灭汽车可能对大气造成污染的每一个死角。

3. 恶臭污染防治

日本的恶臭污染防治具有以下几个鲜明的特色:一是法律法规与相关规制内容相对完善,并通过相应的行业性标准或规范来规制日本的恶臭判定师这一独特职业;二是阶段性控制特点突出,在日本不同阶段的恶臭都有不同的控制对象与范围;三是有独立的《恶臭污染防治法》,并通过此法系统全面地对不同领域的恶臭污染进行规制。

自1972年日本开始全面对于恶臭污染进行防治以来,已经形成了相对全面的防治体系:气味监管对策(主要包括相应的法律法规)、臭味指数救援对策与指南、臭气判定师标准、气味对策。气味监管对策主要包括:《恶臭防治法》、《恶臭防治法施行规则》(2007年修正案)、《恶臭防治法2006年指南手册》、《臭味对策2002年行政指南》、恶臭防治法施行状况调查等。臭味指数救援对策与指南主要包括臭味指数规制方案、气味评价手册、嗅觉测定法手册等。臭气判定师标准主要包括臭味判定人员的相关从业标准[①]。

日本的恶臭污染防治主要分为1972年、1995年、2003年这三个不同的阶段,每个不同阶段中,人们对于恶臭的关注点都不尽相同。自1972年《恶臭防治法》颁布实施以来,人们对恶臭的抱怨逐渐减少;自1990年开始,人们对恶臭的投诉虽然在畜牧业与制造业方面减少了许多,但对于服务业与家庭等方面的投诉又开始逐渐增多,这既可能表明日本人对于恶臭的忍受限度在降低,也可能表明其他方面的恶臭污染越来越严重。自1998年开始[②],日本民众关于恶臭污染方面的投

---

① 详见日本环境省《かおりについて》(http://www.env.go.jp/air/akushu/akushu.html)。
② 此时间系作者自己从日本官网的臭气污染防治实施状况系列报告总结出来的,由于没有找到1998年之前的报告,此时间段划分可能未必正确。

诉并非呈现线性的上升或下降态势,不同的年份有不同的表现。1998年,日本官方受理恶臭投诉案件20 092件,2003年24 587件,2013年13 792件,2015年12 959件,这些年来对于野外焚烧产生的臭气投诉较多,而因企事业生产过程中产生的恶臭污染数量并不是最多的[①]。

日本的《恶臭防治法》于1971年6月1日实施,并于1995年修订,共计四章二十五条。改法根据相关条文对限制区域内的工厂或事业场的事业活动所产生的恶臭进行必要的限制。恶臭污染防治涉及水与气两方面的内容。该法通过规定具体的控制区域、在恶臭防治对策实施中不同主体所应承担的责任与义务、恶臭发生情况的报告与处罚等措施来保护生活环境和国民的健康。《恶臭防治法》的规范内容主要包括以下几方面内容:一是规定恶臭污染防治的管制区域(regulated areas),只有管理区域内的恶臭气体排放才受到控制,由地方政府依据当地的地理条件与人口状况来确定具体的管理区域,一般要管制的典型区域是人口稠密的学校与医院所在地的郊区;二是确定具体的规制标准,地方政府可依据法律的规定,选择通过以下任何一种方式来予以规制:规定恶臭物质的排放浓度或确定恶臭物质的排放列表。在日本,恶臭污染物浓度控制的物质种类较多,包括氨、甲基硫醇、硫化氢、二甲基硫、三甲氨等种类多达22种。从法律角度来看,日本的恶臭污染控制法律框架主要包括两方面的内容(图6.2):一是通过严格的规制措施与完整的规制程序来控制;二是通过不同主体法律责任的承担来达成减少或预防恶臭污染。

相比日本对于恶臭污染防治的关注与制度建设,我国《大气污染防治法》1987年制定时,其第二十六条规定了"向大气排放恶臭气体的排污单位,必须采取措施防止周围居民区受到污染。"并在第三十一条规定了相应的法律责任。多年来,我国对于恶臭污染持续给予了一些关注且相关法律规制内容也在不断变化,特别是近些年来养殖业及一些其他相关产业发展过程中,也会排放一些恶臭气体,导致大量的扰民事件。经过多年发展,2016年修订的《大气污染防治法》中对于不同种类的恶臭进行了规范。除了《大气污染防治法》外,我国于1993年发布了《恶臭污染物排放标准》(GB 14554—93,该标准于1994年1月正式实施),并规定了具体恶臭污染物排放的标准。近些年来,因禽畜养殖、再生资源利用、一些小型的散乱差企业无序排放等所造成的恶臭污染,一直是公众投诉的热点。我国会通过各种

---

① 详见日本環境省水·大気環境局大気生活環境室《悪臭防止法施行状況調査》(悪臭苦情の統計データ).(http://www.env.go.jp/air/akushu/index.html)。

不同形式的突击检查、联合执法与挂牌督办等方式对这种恶臭污染进行防治,虽在短期内能起到一定的威慑作用,但总体而言,因恶臭污染所产生的责任问题,追责机制等仍有待实践进一步检验。此外,我国也没有建立完善的恶臭污染防治机制,对于现阶段而言,恶臭污染排放的主体依然以企业为主,但企业所承担的责任形式与范围,以及责任的确立等都不明确。总体而言,近三十年来,关于恶臭污染防治方面的制度建设并未取得良好的效果。

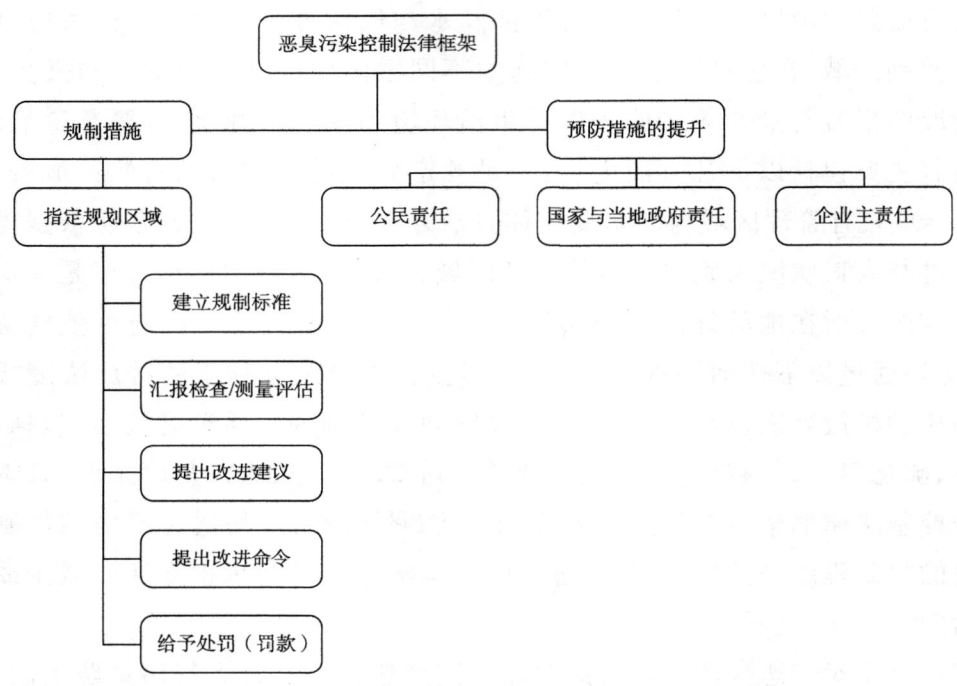

图 6.2　日本恶臭污染控制法律框架

(http://www.env.go.jp/en/laws/air/offensive_odor/index.html)

4. 健康被害赔偿

日本在环境健康被害(公害损害)赔偿方面具有以下几方面特点。

一是在政治上十分重视公害健康被害赔偿问题。环境问题在宏观上是一个对各国都具有重大影响的国家问题。在完善国内法之外,日本政府还为履行国际条约,颁布和修改了相关法律,采取相应措施与合作控制空气污染,以保护全球大气环境(傅喆等,2010)。日本战后经济的快速增长与发展让日本民众津津乐道,但他们同时也承受着伴随而来的严重的环境问题。饱受污染之苦的各地民众纷纷行动起来,展开了一系列的"反公害运动"和宣传,使社会各界都能听到他们的呼声,从而推动了日本环境保护法律体系的逐步建立与完善。日本的地方实行自治制度。主张公害治理的候选人获得了选民的喜爱和支持,大量被推选成为地方长官。他们上台后支持公害治理，推动了地方环境的改善。

二是参与对象广泛。20世纪60年代后，日本有良知的医学学者通过专业医学研究，在证明公害污染和公民健康被害之间的因果关系上获得了巨大的突破，这极大推动了相关公害诉讼案件的证明能力。与此同时，法学界的律师和学者等人士也积极提供了大量的司法援助，大量人力、物力的投入保证了环境诉讼的成功。

三是法律法规健全且环境标准严格。频频发生的公害污染诉讼在社会上产生了巨大的影响。日本政府随之颁布了一系列环境法规，制定了更加严格的环境标准，进一步限制污染物的生产和排放。日本的污染企业由于面临高额的损害赔偿负担，被迫在生产经营的过程中更多地将环境保护纳入考虑当中，有些因此大规模地试行污染防治措施，有些则是搬迁到更偏远的地区，有些甚至因为无法负担而倒闭。例如，著名的日本四日市哮喘案件中，涉案公司共支付了210.07亿日元的赔偿金，其后续用于污染防范治理的费用也高达147.95亿日元。

此外，日本的《民法》第719条与我国《大气污染防治法》第四章的内容都规定了大气污染的排放者必须对其造成的健康被害承担赔偿责任。《公害健康受害补偿法》进一步建立了公害损害赔偿的补偿制度，更好地帮助深受公害毒害的民众获得赔偿。《防治公害事业费企业主承担法》对污染企业以及相关的赔偿计算原则等做出了规定。《石棉污染健康受害救济法》规定了对因石棉污染所造成的公害病的补偿标准和方案。

四是规制形式多样化。徒法不足以自行。法律的实施，还需要相应的法规和行政管理规章的辅助。在日本法律体系当中，这主要包括了"命令""告示"和"通达"。"命令"指行政机关依职权制定的法规，是行政机关所制定的成文法的概称。其包括了政令、省令、府令（内阁）、厅令和规则共五种。其中，"施行令"和"施行规则"是为了法律能够顺利实施而颁布的补充细则和规定，为法律的附件，并不是其组成部分。"告示"和"通达"是伴随着法律的发表而发布的。其主要包括法律的内容、环境标准、技术规范等，内容庞大，种类繁多，涉及法律实施的方方面面。

五是公害防止协定意义重大。在日本的公害健康被害赔偿救济中，各种不同类型的公害防止协定发挥了重要作用。依据协定当事人的不同大致可分为两类（李玲，2007）：一类是所在地居民或民间组织与企业签订的，这里的民间组织多为农会、渔会、邻里协会或者爱乡协会，协定之内容大多以损害赔偿为主要内容，例如，日本某公司与其附近居民所缔结的公害防止对策协定，被害居民请求抚慰金，请求停止侵害请求权的事件；另一类是地方自治团体与企业签订的协定。公害防止协定与法律和条例并列,不仅成为第三种公害防止行政上的强有力的控制手段(原田尚彦,1999),也促进了工厂企业与政府及当地居民之间的良性互动,符合日本社会重视和谐、注重事前预防和疏通的传统(李玲,2007),为日本公害损害赔偿提供了新的解决途径与救济方式。更为重要的是,自此规定生效后,日本政府还通过一系列法令,规定了日本公害防止管理者的资格、培训证书的领取、公害防止管理者的配置,以及一系列特定工厂公害防止措施等[①]。这些规定法令集中出现于 1971—1976 年期间,这也正好弥补了当时日本公害损害健康救济多发且规范性不足的问题。

六是公害健康被害行政救济立法体系完善(表 6.2)。日本自 20 世纪 60 年代为救济"四大公害"受害人而建立并完善其公害健康损害补偿制度,较为成功地达到了公害健康损害行政救济目的,积累了丰富的经验和教训。在其完备的法律体系支持下,逐渐由"事后救济"向"事前预防"、"医疗救济制度"向"健康损害补偿制度"方向发展,能及时应对新公害病,并采取相关措施进行救济,这保障了公害健康损害人的迅速及时与全面有效的救济(罗丽,2009)。

表 6.2　日本构建的较为完善的公害健康被害行政救济法律体系

序号	时间	法律法规的名称	主要内容
1	1947-10-27	《国家赔偿法》	明确公务员违法行为与公共设施建设或管理不当行为等给他人造成损失的,国家或公共组织负责赔偿
2	1969-12-15 颁布,1970 年 2 月实施	《公害健康被害救济特别措施法》	首次确立了公害健康被害人的医疗费公费负担制度
3	1970-06-01	《公害纠纷处理法》	建立斡旋、调解、仲裁和裁定等制度,谋求迅速而妥善地解决公害纠纷
4	1973-10-05	《公害健康被害补偿法》(旧补偿法)[②]	为克服《公害健康被害救济特别措施法》在费用支付范围狭窄、财源费用分担上暧昧不清、公费负担较重、企业承担费用无保障等缺陷,颁布此法。确立公害健康被害补偿制度
5	1974-08-31	《公害健康被害补偿法实施规则》	为确保《公害健康补偿法》的有效实施,为制定具体的实施内容,主要内容包括公害健康被害人认定与申请、公害医疗手册的内容、未能有效支付公害补偿的请求等。该规则近期修订于 2013 年

---

① 详见日本环境省综合目次:公害防止管理者(http://www.env.go.jp/hourei/17/)。

② 自此法制定后,在 1988 年之前相继修订了 9 次,内容主要涉及补偿给付、看护移送、诊疗报酬计算等方面的问题。

序号	时间	法律法规的名称	主要内容
6	1974-08-20	《公害健康被害补偿法施行令》①	主要内容涉及第二类地域及疾病的指定、其他法律法规在此方面的调整、障碍补偿费的支付对象、保障程度等
7	1987年9月修订，1988年3月修订后实施	有关公害健康被害补偿等的法律（新补偿法）②	解除了第一类区域的全面指定，停止了对新患者的认定
8	2006-03-27	《石棉致健康被害救济法》	就指定疾病、救济给付的支付对象及救济给付的种类进行了规定
9	2009-07-08	《水俣病被害者救济特别措施法》	增加了"视野狭窄"等5项新认定水俣病症状，使不符合政府认定水俣病标准的手脚麻痹患者等更多受害者能够获得进一步救济

注：①《公害健康被害补偿法施行令》自制定以来，为有效满足公害健康被害补偿的实施，修订较为频繁，从1974制定至1977年就修订多次，内容涉及公害健康被害补偿指定区域、儿童补偿限额的调整、障碍补偿费的调整额度等问题。具体参阅：公害健康被害補償法施行令の一部を改正する政令の施行について（http://www.env.go.jp/hourei/14/000032.html）；公害健康被害補償法施行令の一部を改正する政令の施行について（http://www.env.go.jp/hourei/14/000031.html）；

②该法的主要目的是为了有效预防并弥补因大气、水等污染所造成的公众健康被害，并使健康受害主体能得到快速公正的保护。同时在该法的第二条明确规定了两类重要的指定区域。

(三)日本应对大气污染的环境监管政策

任何国家在经济发展过程中，都会面临如何协调经济发展与环境保护之间关系的问题，环境管理战略也要随着经济发展而转型。日本曾经面临严重的环境问题，后来在保护环境、构建循环社会等方面取得了巨大的成功，其独特的环境管理模式居功至伟。第二次世界大战后日本专注于恢复经济而忽视环境治理，造成了严重的环境公害事件，一度成为污染最为严重的国家之一。在环境公害事件引起广泛关注后，日本政府开始日益重视环境管理工作，其环境管理战略也随着经济发展而不断转型。

1. 系统的控制污染的法律体系

1964年，日本政府建立了一整套关于控制污染的法律环保体系，规范并引导企业进行环保型的生产经营活动。这一时期的环境管理战略有如下特点：第一，环境保护法律、政策与计划以解决公害为重点，制定了各方的排放计划、标准、环境责任以及公害赔偿问题；第二，环境管理专注于末端治理，管理活动也被限制在地区性环境法规范围内;第三,治理公害事件的前提是保证经济发展不受影响。此阶段的环境管理强调环境保护要与经济发展相协调,没有涉及防止污染发生的内容,在方法上具有被动性、后发应对性以及暂时性等特征。

1970 年,日本把保护自然环境作为政府的首要责任,根据修订后的《公害对策基本法》,环境立法的原则是关注国民健康,发展重点已经从经济优先转向环境优先。在这一阶段,日本的环境管理已从狭隘、消极被动的公害治理转向宏观、积极主动的环境保护,拓展了经济发展的范畴。此阶段,日本有效地遏制了环境恶化趋势,成为公认的环境管理先进国家。但此时的环境管理仍然属于事后补救型,还没有综合性的政策措施来对将来可能发生的公害事件进行预防(石淑华,2007)。

20 世纪 80 年代,日本国内经济呈现"大量生产、大量消费、大量废弃"的特征,全球环境危机开始恶化。日本环境管理战略进一步调整,把建立可持续的社会经济系统作为战略方向,开始强调在生产、消费环节的污染控制,通过制定环境政策来对产业结构进行调整,资本技术密集型产业开始代替资源密集型产业,向循环经济过渡。由于环境问题的共生性、跨区域性以及跨国界性等特征成为共识,日本公众环境意识得到了提升,产业界也开始自发实施环境管理。

2. 监管政策理念的转变

20 世纪 90 年代前,日本环境管理战略的重点是经济与环境协调发展。根据 1993 年《日本环境基本法》,"环境立国"正式上升为国家战略,环境管理的战略地位再次得到提升。管理思路从单纯的保护资源转向可持续发展,管理重点从被动的治理转向了主动的防控,关注经济活动的环境影响评价,可持续发展的理念得到了确立。由于整个日本社会的绿色环境理念逐步增强,绿色消费与绿色采购逐渐普及,企业的环境表现成为各方关注的焦点,促使企业主动实施环境管理措施。此时的环境法律法规也不再单纯限制污染行为,而是更多采取了市场化的环境政策。

3. 公众参与在污染防治政策执行中的地位提升

目前,日本产业污染排放被"环境标准"赋予了正当性,低浓度的污染物排放成为合理的、日常的行为,污染对于周边居民生活的影响从显在转为潜在;由于治理污染带来的城市空间结构变化,产业污染从空间上也与市民的视野渐远(高娜,2015)。日本四日市市的经验为我们展示的则是一幅"社会"在场的环境治理图景。日常的居民组织、职业行会、劳动工会、运动组织、有识之士团体、大众媒体、市民组织等,四日市市经验中的"社会"是多元的,而且"社会"在场贯穿污染治理数十年的过程。日本的这种以全社会多元参与大气污染防治的模式为我国的公众参与提供了良好的借鉴。

4. 环境标准的修订促进了日本大气污染防治工作

日本于 1970 年依据其《公害防治法》的相关要求,首次制定大气环境质量标准,开展空气环境质量监测,开始了治理空气环境质量的工作,是空气质量标准制定相对较早的国家之一。早期的空气质量标准所涉及的对象主要包括氧化硫(年平均值不得超过 0.05 ppm)、一氧化碳(8 小时平均值不超过 20 ppm,24 小时平均值不超过 10 ppm)、粉尘(年平均值不得超过 0.1 ppm)这三类(徐继林,1973),参见表 6.3。总体上,日本早期的空气质量标准均高于美国同期,这与日本当时的经济社会发展与环境状况相关。日本的空气环境质量标准体系见表 6.3。

表 6.3　日本空气环境质量标准体系[①]

时间	物质类别		环境状况
	大类	小类	
1973-05-16	一般大气污染物环境标准	SO_2	小时日均值不得超过 0.04 ppm,且每小时的均值不得超过 0.1 ppm
1973-05-08		CO	小时日均值不得超过 10 ppm,平均每小时值在任何连续 8 小时内不得超过 20 ppm
1973-05-08		SPM[②]	小时日均值不得超过 0.10 mg/m^3,且每小时的均值不得超过 0.20 mg/m^3
1978-07-11		NO_2	小时日均值必须控制在 0.04~0.06 ppm 之间或以下
1973-05-08		PO[③]	每小时的值不得超过 0.06 ppm
1997-02-04	有害大气污染物质(苯等)环境基准	苯	年平均值不得超过 0.003 mg/m^3
1997-02-04		三氯乙烯	年平均值不得超过 0.2 mg/m^3
1997-02-04		四氯乙烯	年平均值不得超过 0.2 mg/m^3
2001-04-20		二氯甲烷	年平均值不得超过 0.15 mg/m^3
1999-12-27	二噁英类环境标准	PCDDs,PCDFs 以及 PCBs	年平均不得超过 0.6 pg-TEQ/m^3
2009-09-09	微小颗粒物环境标准	$PM_{2.5}$	$PM_{2.5}$ 的年平均值应低于或等于 15.0 $\mu g/m^3$;24 小时的标准值应低于或等于 35 $\mu g/m^3$

注:本表中的所有数据资料来源于日本环境省网站,具体网址如下:http://www.env.go.jp/kijun/taiki.html,http://www.env.go.jp/kijun/taiki3.html,http://www.env.go.jp/kijun/taiki4.html,http://www.env.go.jp/kijun/dioxin.html 等。

---

① 详见日本环境省《大気汚染に係る環境基準》(http://www.env.go.jp/kijun/taiki.html)。

② SPM 即 suspended particulate matter,悬浮颗粒物。在日本,SPM 被定义为直径小于或等于 10 微米的颗粒物。

③ PO 即 photochemical oxidants,光化学氧化物,这是导致光化学烟雾的主要污染物之一,是指那些能产生光化学反应的物质,如臭氧等。

第三节　国际及国外大气污染防治法律制度对中国的启示

一、公众参与对中国的启示

大气污染治理问题上，一直存在着"政府主导"与"市场主导"之争。然而，纵观国内外的实践，仅依靠政府或市场治理大气污染，治理效果往往不甚理想。越来越多的学者提出，在如何保护大气环境，实现人与自然和谐发展的这个问题上，不仅政府与企业要承担责任，社会公众也要有保护大气环境、监督政府和企业履行大气环保责任的相应权利和义务（王曦，1999）。

（一）将公民的环境权写入宪法，明确公民的大气环境权益

大气环境权是一种特殊的"产权"形式，是公民进行大气环境保护的根源和保障。社会公众往往出于自身利益的需要而采取行动保护大气环境。任何一个私营主体都有大气环境权益，意味着他不但有权采取行动保护大气环境，而且还有权获得大气环境权益所产生的收益。大气环境权益作为一种延伸的环境权，其能否得到强有力的保障取决于环境权在我国法律体系内的地位。然而环境权在我国还不是一种法定的权利，宪法中并没有公众环境权这一概念，公民环境权益受损时经常得不到有力的保护，环境权只是作为一种应然的权利而被学者、公众疾呼。科斯在其1960年发表的《社会成本问题》一文中对权力配置进行了划时代的研究。科斯主张，法律对权力的配置应是产出最大化，即应以一种能避免较为严重的损害的方式来配置相应权力。公民环境权作为一项新型的、关乎人类社会能否可持续发展的权利，具有人权属性和社会属性，与其他权利存在重复，如发展权、资源所有权等权利。为了避免更为严重的损害，我国学者大都赞成对环境权进行初始的法律配置，但关于环境权如何初始配置却历来争议很大。纵观世界各国的立法现状，不难发现各国主要采取三种法律模式配置公民环境权：第一种模式是在其宪法中创设公民环境权，如俄罗斯、土耳其、韩国等；第二种模式是宪法中虽未规定公民的环境权，但规定了政府有保护环境的义务，以宣示宪法对环境进行保护，如希腊、泰国、芬兰、瑞典等；第三种模式是以对本国宪法进行司法解释的形式，保障公民依法获得环境权的宪法根据，如日本、德国等（曾传瑞，2012）。

（二）提高公民的大气环境保护意识

大气污染防治是环境保护的一项重要内容。如果公众没有一定的大气环境保护意识，无视污染破坏大气环境的活动，对"$PM_{2.5}$""温室效应""雾/霾""臭氧层破坏"等大气污染的危害性一无所知，何谈公众保护大气环境的责任感？环境法律知识和环境保护知识的厚薄，决定了公众参与环保能力的高低。近年来，我国公众的大气环境保护意识虽有所提高，但还远远不够。近年来，全国大范围的、持续性的雾/霾天气表明，我国的大气环境问题十分严重。社会公众是防治大气环境污染的基础性力量，我国应采取措施进一步提高公众的大气环保意识，使公众能够熟悉大气环境常识，了解自己在大气污染防治过程中享有的权利和义务，理解、支持、配合和参与政府的大气环保工作，法律法规应明确公民有提高自身大气环境保护意识的义务。这些措施包括：将大气环保知识纳入小学、初中课程，从小培育公众爱护大气环境的观念和习惯；改善宣传方式，注重发挥电脑、手机、公交车窗等移动新闻媒体平台对大气环境保护的宣传作用；增加大气环保宣传的主体，充分发挥一些具有重要影响力的环境非政府组织（NGO）及其他社团组织等的作用。

例如，新加坡政府特别重视环保教育。在学校教育方面，将环保教育列为学校课程的一部分，鼓励每所学校至少成立一个环境保护俱乐部，培养环境保护大使。在社会生活方面，新加坡政府鼓励人人参与环境保护活动，自1990年以来，每年都开展"清洁绿化周"活动，推动企业、学校和社会团体参与环境保护。值得一提的是，新加坡政府把新生水厂、垃圾无害化填埋人工岛等环境工程作为环保教育基地，要求各机构组织员工、学校组织学生进行参观，现场接受环保教育、一举多得。

（三）拓展公民获悉大气环境污染防治信息的途径

拓展公民获悉大气环境污染防治信息的途径，对于公众参与环境保护、监督政府履行环保职责具有重要意义。

由于化工产业和柴油车辆导致大气中二氧化硫和$PM_{2.5}$浓度超标，新加坡政府决定在这两年内逐步收紧车辆和燃油的排放标准，新加坡国家环境局从2012年8月24日起，每天三次公布$PM_{2.5}$浓度。新加坡也是东南亚地区首个每天公布$PM_{2.5}$的国家。虽然我国《环境空气质量标准》（GB 3095—2012）中规定此类标准自 2016 年 1 月 1 日起正式实施,但事实上,自 2011 年 1 月 1 日环境保护部发布《环境空气 PM_{10} 和 $PM_{2.5}$ 的测定重量法》以来,我国便开始了相关的监测,并于 2012 年开始向社会正式公布。将这一类污染物向社会公布既能体现政府在环境污染监测方面的能力,也能展现政府治理大气污染的决心。

如果缺少相关的大气环境污染防治信息,即使公众有了参与大气环保的意识也无从做起。目前,我国公众主要可通过国家、各省(自治区、直辖市)、区域或流域环境状况公报,直辖市、省会城市和重点城市空气环境状况周(日)报,企业环境信息公告,环境资源管理部门的网络工程等几个途径了解到大气环境污染防治信息。

(四)把公民纳入排污权交易主体范围

排污权交易制度在发达国家已被证明是有效解决大气污染问题的机制,其实质是构建一个新的市场,在该市场中,法律设定一个全社会的排污总量并赋予私营主体合法排放一定污染物的权利,并设定该权利是可以在市场上进行资源、对价交易的。排污权交易制度于 20 世纪 60 年代后期诞生于美国,最先由戴尔斯提出。戴尔斯认为,应通过市场交易和市场作用来替代原有的技术方面的法律规定以实现控制污染总量的目的。世界各国在治理本国环境污染的过程中纷纷借鉴戴尔斯的排污权交易理论,如美国、德国、澳大利亚等。

公众针对公害事故的自发性的反应是日本进行环境管理战略转型的重要推动力,而日本环境管理战略在转型中对公众权力的愈加重视又促进了公众监督与参与。公众对环境管理参与的能力,来自于政府对公众环境权利的保护。随着环境管理战略的升级,日本政府日益重视公众环境参与,其《环境基本法》首次确定了公众环境管理参与的原则与长期目标,并使之法制化、制度化,使公众能够参与全过程的环境管理,使环保政策与经济政策之间能够形成公众制衡的关系。通过公众环境管理的法律化,日本环境政策有了社会制衡的色彩:第一,决策的公众参与增加了政策的民主科学性;第二,公众提供的信息补充与增强了政府管理能力;第三,公众监督能最大程度地避免政府失灵与市场失灵。

公众参与大气污染防治已经成为现代环境法制的一个基本制度。我国《大气污染防治法》也提到:"任何单位和个人都有保护大气环境的义务,并有权对污染大气环境的单位和个人进行检举和控告。"欧盟为促进公众参与,专门立法,通过多种途径和渠道,免费提供空气监测信息和执法报告供公众获取,《欧盟环境空气质量评估和管理指令》的主要目标之一就是使公众获得足够的环境空气质量信息

（梁睿，2010）。

公众参与是对自上而下环境管理方式的有效补充。我国公众参与环境管理的程度很低，表现为公众环境保护意识的淡漠、环境知识的缺乏、利益诉求渠道的不畅以及参与权利与手段的缺失。为了提高公众参与，首先要普及环境知识，提升环境保护意识；其次是建立环境信息披露制度，使企业环境管理行为处于社会监督之下；最后是用法律来明确公众环境管理权益，使公众能够行使监督权力。

二、不断完善的规范性制度对中国的启示

首先，完备的法律体系是其环境管理战略得以成功、实现转型的基础。这在美国与日本的大气污染防治进程中体现得都很充分。1967 年，日本颁布了以污染防治为基调的《公害对策基本法》，并发布了相关实施细则，还发布了《水污染防治法》《大气污染防治法》等具有防治色彩的法律。随后《公害对策法》《自然环境保护法》等法律则体现了环境保护的理念。《环境基本法》《环境基本计划》等法律是日本环境管理战略转型的重要里程碑，与《推进循环型社会形成基本法》等宏观法律法规一起，把环境管理的中心从以防控为主转向为构建可持续发展的经济社会。在微观上，日本根据产业性质分类制定了详细的法规，包括《废弃物处理法》《家用电器循环利用法》等数十项专项法律。整体上看，日本的法律体系与其他发达国家差别不大，其环境管理战略转型成功的更重要原因在于其法律体系及相关制度的可操作性以及相关执行机构设置的科学性。美国自 1970 年《清洁空气法》实施以来，分别于 1977 年与 1990 年对该法进行了修订，且美国国家环保局分别通过一系列措施来执行此法，如 1992 年发布的《违法排放苯的环境执法行动计划》和 2000 年发布的《降低柴油中硫含量》（EPA，1990）。

其次，环境标准制度是大多数国家在大气污染防治过程中所坚持的重要制度。例如，严格立法确定的环保标准，对美国治理洛杉矶光化学烟雾事件起到了积极作用。美国从 1955 年的《空气污染控制法》到 1963 年的《清洁空气法》、1967 年的《空气质量控制法》等，再到 1970 年的《清洁空气法》修订，以及 1977 年修正案、1990 年修正案等，通过多次规范形成了一个完善的大气环境保护法律体系。诚如上述，日本与欧盟也在不断的发展中对环境标准制度进行了完善。从这些区域或国家的环境标准制度中，我们不难发现，随着人们环境意识的提升，法定的环境标准整体上是越来越严格的。正如上述关于欧盟、美国、日本等环境标准的介绍那样，环境标准制度在这些国家或区域的空气污染防治中起到了关键作用，其

在不利于环境保护的产品责任、生产设施的选择等方面均具有重要意义。

再次,明确具体且不断完善的污染物排放类型的确立是预防与治理大气污染的重要前提。就目前中国的大气污染防治工作而言,不断明确具体的大气污染物类别,并将污染物的更新与完善作为大气污染防治的重要内容,是保护我国大气污染防治工作得以顺利展开的基础。在对于污染类别的划分中,美国的做法值得借鉴。例如,美国将大气污染物类别分为三大类:一般空气污染物(主要包括 CO、地面臭氧、铅、NO_2、PM、SO_2)、温室气体与有害空气污染物。而日本则将大气污染物分为四大类(具体请参见表 6.3)。而我国《环境空气质量标准》($GB\ 3095$—2012)所列举的污染物类型中,缺乏有毒有害空气污染物及二噁英这两类,这表明我们在此方面还有待进一步研究。随着我国经济的发展,我国大气污染近年来呈现出新的变化,由原来的煤烟型污染为主逐渐演变为以臭氧、大气颗粒物、氮氧化物、二氧化碳、二氧化氮、挥发性有机化合物污染为主的复合型污染。形成这种变化的主要原因是由于城市机动车使用量剧增、生态环境持续破坏、成品油含硫量过高、高耗能、产能过剩等。但我国大气污染防治立法尚未包含针对这些污染物的法律规范,而欧盟早就针对这些污染物专门立法,如空气质量框架指令下的四个子指令(《关于环境空气中二氧化硫、二氧化碳、氮氧化物、微粒物和铅含量限值的指令》《关于环境空气中一氧化碳、苯含量限值的指令》《关于环境空气中臭氧含量限值的指令》《关于环境空气中砷、镉、汞、镍和多环芳烃含量限值的指令》)。我国可借鉴欧盟经验,考虑在立法中就每种具体污染物质制定部门规章或以法律附件的形式加以规则,如根据空气污染变化特点,增加针对 $PM_{2.5}$ 污染物、臭氧等空气污染物的规定。

最后,设计出具有可操作性的制度与可量化考核的具体责任体制是保障制度得以实施的重要因素。这些国家在各自的大气污染防治进程中,都十分注重这个问题。而我国《大气污染防治法》的一个突出问题是操作性不强。以《大气污染防治法》关于总量控制的规定为例,该法只是宣告了总量控制制度,但并未对如何实施该制度做出规定,在《大气污染防治法实施细则》中,则根本未涉及总量控制制度。而欧盟则非常重视法律的可操作性,例如,欧盟为执行大气污染的情报信息交流制度,专门制定了一部立法(2008/50/EC 指令),来促进成员国关于空气质量和污染监测网络和站点之间进行信息交流,该指令详细规定了针对哪些污染物质、交换涉及的监测站、交换涉及的情报信息和数据,以及交换的具体实施程序等问题。我国在环境信息通告方面,向社会公众、环保组织、敏感人群、消费者组织和相关卫生保健团体通报的制度不健全,应借鉴欧盟相关立法经验,针对《大气污染防治法》确立的可实施制度，建立切实可行的法律规范来贯彻落实（李青，2011）。

完备的环境管理法律体系是环境管理战略转型的基础，我国虽然也出台了多部防止环境污染的法律，但还缺乏一部能够表明国家环境治理原则的、具有方向指导意义的环境基本法。现有的《环境保护法》虽然处于基本法的地位，却仍局限于环境污染治理，其综合性有待提高。我国环境管理法律体系建设仍然任重而道远。

三、不断完善的市场手段对中国的启示

综合国外对市场手段的应用情况，我们发现国外在大气污染防治过程中主要围绕两方面展开：气候变化的减缓与适应、空气污染的排放控制。相比于命令控制机制，理论上，市场机制具有以下优势（王慧等，2011）：一是设计良好的市场机制实现"战略双赢"，即一方面确保无数的市场主体实现自由选择，另一方面实现社会预期的环境目标；二是市场机制具有经济效率优势和技术革新优势（Stephen et al,1999），前者是指企业能以最低的社会成本实现减排目标，后者是指市场机制推动企业进行技术创新，进而削减污染排放；三是市场机制减轻政府在命令控制型规制模式下本应承担的信息收集负担；四是市场机制有时可以为环境项目获得收入，比如环境税制度便是如此；五是市场机制有助于纠正现行体制的一个最大缺陷——环保机构无法及时有效地执行法规（Drayton,1980），比如排污权交易制度可以为有效监督和执行提供强有力的激励，因为环保机构可以从排污权交易中获得收入；六是市场机制有助于制定合理的优先顺位，我们面临的环境风险本质上是极其复杂多变的，管理这些风险的政策必须设定明智的优先顺位，将改善环境品质的资源加以最大化使用，鼓励环境友好技术，并避免对技术革新和投资进行不必要的处罚；七是市场机制既可以针对上游产品进行实施，也可以针对下游产品进行实施，所谓的上游产品主要是指石油、煤炭和天然气等，下游产品主要是指数量众多且难于监管的工厂、机动车等（Richard et al,2003）。正是因为市场机制在环境问题的应对中具有那么多的优点，许多国家都在探索不同的市场化的手段来应对气候变化或大气污染问题。

（一）气候变化的减缓与适应中的市场手段对中国的启示

应对气候变化要充分运用市场手段，市场手段的应用在提高能效、节约能源、

积极发展新能源与可再生能源等方面具有重要的意义与影响。同时,市场手段也应是大气污染物减排与大气污染监管控制中的一项重要手段。事实上,各类生态系统或自然存在的环境所提供的某些产品和服务是游离于市场机制之外的。例如,由于空气产权主体的缺失,使得空气污染行为的私人收益与社会收益不一致(杰弗里·希尔,2006)。这种不一致会进一步导致获益主体减少主动防治污染的动机,因此只有从根本上改变这一现状才能有效推动不同主体的改进环境技术的动机。

能源利用与气候变化之间的紧密联系,决定了气候保护立法应以能源利用为切入点。德国之所以能够成为全球温室气体减排的先锋,其全面系统的节能与可再生能源立法贡献甚大(廖建凯,2010)。而许多国家积极修改旧的能源法,或出台新的能源法说明发展新能源和可再生能源已成为国际社会控制温室气体排放的重要手段。如欧盟及其成员国都很重视可再生能源和节能技术的开发,如对太阳能、风能、生物质能、地热能、波浪能、潮汐能等可再生能源的开发,不仅有助于长期缓解能源供应的压力,而且有利于改善与能源相关的环境问题,促进社会经济的可持续发展。

美国的气候立法在减排的政策工具选择上注重市场机制的运用。一般认为,排放上限与交易机制和碳税制度都是属于为减少碳排放创造激励的以市场为基础的政策工具(周珂等,2010)。排放上限与交易机制是美国首创的,其核心是给污染物标上一个价格。该制度最初是为了解决美国的酸雨问题,并在实践中取得了成功。事实上,我国的酸雨控制问题主要不是通过市场类工具来解决的,但亦取得了一定成效,相比于美国的做法,我们所付出的执行成本与行政成本虽然更高,但我们的治理效率更高则是一个不可忽视的现实。当然,将该机制移用到温室气体的减排领域,其效果仍有待检验①。而碳税制度则可以建立在一个相对成熟的现有税收的管理框架基础之上,如对煤炭和石油开征的消费税。开征碳税的基础,即需要在能源及相关产品的价格中加入与其生产消费相关的环境成本,也是非常透明和容易理解的。但是,碳税制度也有其自身内在的缺陷。碳税的监督与执行在实践中是极端困难的,税收的实际效果难以评估。

对于我国来说,应对大气环境污染问题,需要充分运用市场手段,设计适合中国国情的减排制度。例如,可尝试实行"碳排放的总量管制与交易"制度,该制度

---

① 排放上限与交易机制是一种以数量为基础的工具,它设定排放的总量,并允许能源和能源相关产品根据市场力量进行波动。而碳税则是以价格为基础的工具,它设定化石能源的价格,并允许排放水平根据经济活动而变化。

的关键问题包括以下几点。一是关于碳排放的总量管制。为了碳排放总量管制与交易制度的有效执行,可以考虑将我国未来要达到的减排目标确定下来,在全国范围内要求企业减量排放温室气体,并完成设定的碳减排目标。二是关于碳排放的交易。欲排放温室气体的企业必须先获得排放许可证,由于政府发放的排放许可证额度是有限的,促使超额排放的企业在市场上向其他企业寻求剩余的额度,而有余额度的企业也乐意通过出售一部分富余的额度来赚取利润,因此碳排放市场最终就在买卖双方的推动下形成。三是碳排放交易制度可尝试从条件成熟的行业(如电力、钢铁、有色、建材、化工等五大高耗能行业)和地区开始,鼓励各地的碳交易市场进行竞争,在实践中逐步完善这项制度。

(二)大气污染防治中的市场手段应用对中国的启示

日本环境管理战略实现转型的基础动力来自于自愿施行减排措施的企业。20 世纪 80 年代,众多日本企业积极争取申请获得 ISO14001 认证,自愿公开环境会计,发行企业环境管理报告书,自觉构筑循环产业体系。日本企业如此积极履行环境管理责任的根本原因是政企之间是合作关系。政府环境部门在制定管理规则与质量标准时,与行业协会及主要企业代表进行互动与谈判。由于充分考虑到了产业界的需求,环境管理法规一旦出台,遵守率就能达到 100%。由于法规的制定遵循渐进性原则,消除了企业长期预期的不确定性,利于长期投资,降低了执行环境管理政策的交易成本(石淑华,2007)。

调整产业结构是德国取得大气治理成效的重要手段。为帮助鲁尔区摆脱大气污染,鲁尔工业区所在的北莱茵—威斯特法伦州政府于 1968 年制定了鲁尔发展纲要,是德国第一个产业结构调整方案。调整初期,国家投入大量资金来改善当地的交通基础设施,通过提供优惠政策和财政补贴对鲁尔区传统的煤炭、钢铁、化学、机械制造等重工业进行清理改造。继而,在良好的基础设施基础上,调整产业布局、开展生态环境综合整治、大力发展科研院所、吸引新兴产业落户。凡是信息技术等新兴产业在北莱茵—威斯特法伦州落户都会获得相应的经济补贴(周衍冰,2015)。

从发达国家的经验看,随着社会经济的发展,建筑和交通排放所占比重将逐步增大,我国大气污染防治的政策,除了抓能源领域这个重点外,还需要兼顾到建筑和交通等排放增长较快的行业领域。

四、不断完善的环境标准制度对中国的启示

环境标准制度作为环境污染防治过程中重要的监管类制度,在各国大气污染防治过程中都发挥了重要作用。关于环境标准在我国环境法律体系中地位,不同学者有不同的看法,因此,此项重要制度或手段的意义在环境法实践中仍需进一步明晰。有学者认为,"仅仅把环境标准作为环境法体系的组成部分是不全面的,因为环境标准仅是对环境保护的各项技术要求加以限定的规范,其本身不能确定自己的作用、效力以及违反标准要求的法律责任;它只有与关于环境标准管理的法律、法规结合在一起,才能构成完整的法律规范"(王灿发,1997)。还有学者认为,"强制性环境标准本身不属于法的规范,其具体适用须附于环境行政决定即公法上的判断……环境标准不具有判断或决定平等主体间是否存在环境妨害或者侵害的法的效力"(汪劲,2014)。这表明环境标准的履行与实施必须与其他相关的法律制度结合起来才能发挥应有的效力。在其他国家亦如此。

新加坡目前的空气质量已达到国际标准,其对于污染物排放标准的选择与审慎态度值得我们参考。经过多年的治理,新加坡的黑烟问题也已逐步改善,但空气中的两大污染问题——二氧化硫及悬浮颗粒物污染都有增加的趋势。机动车排放的污染气体是城市空气污染的重要来源,因而新加坡特别重视减少机动车的污染排放。为此,新加坡政府大力推广环保车,同时利用天然气来发电,如在新加坡大士南建造两座高效能天然气发电厂。1999 年由新加坡国家环境局制定燃油质量标准,在新加坡完全禁止使用含铅汽油,禁止任何车辆在行驶过程中排放可见气体或烟雾。与此同时,法律要求机动车的所有者执行各项措施确保每辆车遵守制定的标准,包括实行常规保养与维修,并保持完整、准确的记录。为确保车辆的良好状态,新加坡于 1981 年就建立了旧车强制检查制度,所有车辆在 3 年试用期满之前必须到指定的检测中心接受检查,此后的检测频率依车辆类型而异。检测中心对车辆的检测要确保每一部分都能正常运行,同时还要检验气体排放水平。通过检测的车辆予以颁发执照,并以此支付道路使用税,未通过检测的则不能上路行驶。良好的保养维护意味着减少污染以及因机械失灵而引起的交通事故(孙哲等,2013)。这表明这些经济手段或措施与相关环境标准结合起来,在解决移动污染源方面是具有一定效果的。

从上述其他国家环境标准制度的发展历程及其在环境污染防治中的地位与作用来看,我国的环境标准制度在环境法律制度的地位并不突出,很多情况下,我

们仅将其作为一项"重要的技术性规范"，由于其"缺乏法律规范的完整结构（主要是缺乏"法律后果"部分）而无独立的法律意义。这表明我国的环境标准自身并无法律效力，而只有被准用性法律规范援引后，方能被赋予实质性的法律效力与法律意义"（杨朝霞，2008）。而在其他相关国家（如美国、日本）或区域（如欧盟）均将环境标准作为具有重要法律价值与法律意义的规则来对待。这样既大大提高了环境标准的可执行性，也有利于具体标准在实践中的不断完善与改进。

我国应加大科技投入，加快应对大气污染相关技术的研发。科技的进步和创新，在人类应对大气污染的过程中发挥着至关重要的作用。因此，我国的法律要为应对大气污染相关技术研发及其所需资金提供制度性保障。

当然，无论是引入碳税还是排放交易体系，都需要精心设计、谨慎对待。我国市场经济还不健全，如果没有配套政策，一些基于市场的经济手段在实施过程中很可能出现各种问题，在现有条件下，行政命令类政策还是有存在的必要。此外，我国还需要确认和推进与市场机制配套的其他法律制度，包括低碳转型的规划和计划制度、温室气体目标控制责任制、碳排放标准制度、低碳产品补贴制度、阶梯价格制度、地方低碳防治促进制度、落后高碳产能淘汰制度。需要通过立法来进行积极推动的制度，包括气候环评制度，温室气体排放检测、报告和核准制度，低碳消费促进制度，低碳金融制度，林业碳汇交易或补偿制度，促进存量型社会建设制度，低碳技术发展促进制度，低碳标签和标识制度，碳减排政策制定和执行的外部参与和监督制度等。

总之，欧盟、美国、日本等国外大气污染防治法律法规在许多方面都有值得我们研究的内容，近年来我国的大气污染越来越严重，近年来在北京等多个地方发生的严重雾/霾已经给我们再次敲响了警钟，借鉴国外大气污染防治法的成熟经验，结合中国国情，对大气污染相关法律法规进行完善，是解决当下中国严重大气污染问题的可行性途径之一。

第七章　关于我国大气污染防治法律制度的进一步思考

　　理论上,任何一类污染防治法律制度所调控或规制的落脚点都会最终归位于利益问题,而在环境污染问题的解决过程中,我们认为"环境法领域内的利益冲突的解决不能用排除的方法来解决,只能用价值'权衡'的方法来解决,是两个正当利益优位性选择的问题,表现形式是基于可行条件和问题紧迫性的时空优先顺序的安排,并非对抗性的淘汰式选择,应当奉行'统筹''兼顾'和'双赢'的平衡理念,以期达至损失最小化"(李启家,2015)。因此,我们认为,去武断地探讨某一类制度的完善以求达成环境目的都显得不适宜,从根本上讲,大气污染防治法律制度问题应该是一个不断完善的动态过程,也是一个需要人们不断思考的问题。一方面,因"命令＋控制"规制效率颇高而在实践中取得一定成效(王清军,2016),大气污染防治制度可能仍需要有大量的强制性制度的完善与构建;另一方面,因高强度规制常常导致规制机关与被规制者呈现对立局面,影响治理绩效,"现代国家因行政任务之扩张致使可支配之管制容量受到排挤,进而产生'管制失灵'现象,尤其是传统高权命令型管制手段已逐渐失其有效达成管制目的之优点"(王清军,2016),如何充分发挥激励性规制措施的效果,"依循激励与约束并举、并重原则,持续推动自我规制制度实施机制探索"(王清军,2016),是我们大气污染防治制度设计过程中要不断重复考虑的重要问题。

第一节　关于大气污染防治法律制度的执行力

一、法律制度的执行力

(一)法律的强制性与制度执行力

　　在论及法律制度的效力时,我们往往会将执行力、强制性、制裁等术语与法律制度的效力问题关联起来。这种认知也表明，制度得以被执行或履行，需要有强大的国家机器与强制性制裁手段作为支持。正因为受这种认知影响，我们总习惯地将执行力的强弱与强制性的程度、具体的制裁措施与制裁方式统一起来思考。这种认知是否合理与正当呢？虽然这种认知影响深远，但其亦存在不合理之处：一是对国家强制力的过分强调容易忽视人类选择正当行为的自主能力；二是对国家强制力的过分强调容易导致权力崇拜；三是对国家强制力的过分强调不利于国家机关的法治定位；四是此观点刻意地强调了立法者和守法者的对立（张荣森，2012）。

　　事实上，一项制度在社会中被自动遵守并执行也是其执行力的重要表现，并非所有的制度都是依赖于强制性达成的，有些条件下，通过经济激励及其他激励手段也许比强制性更有效，特别是在涉及人们的消费习惯与环境行为选择时。诚如有学者所言，"环境法的升华与递进，是在多变复杂的世界里找寻新智慧，是可持续的实践智慧"（李启家，2015）。这表明，面对复杂多变的污染问题，仅靠被动的强制性或仅靠国家的制裁手段去保障其落实是远远不够的。而在我国大气污染防治法律制度的实施中，我们即存在严重的政府依赖性与被动执行性特征。

（二）法的稳定性与制度执行力

　　在我们论及法律制度的执行力时，自然亦会联想到法的稳定性特征，这是法律制度实施后的可预见性要求所决定的。法律制度的稳定性特征往往会与其僵化性及不灵活性联系起来，"法律以其稳定性制约着未来，但法律很容易退化为僵死的法条"（伯尔曼，2003），当其退化为僵死的法条时，便会在很多领域成为一种机械的纸本操作与被动实施，缺少灵活性。这一点在本书前面关于 VOCs 排放污染控制实践过程中即有涉及，基于环境问题的多变性与复杂性，我们（特别是执法机关）若不能及时做出合适的选择与判断，可能会将法条变成"壁垒""歧视"或有形的"准入门槛"，而给社会或公众增加不必要的负担，这种负担过重或过于繁杂，必然会影响制度的执行力。为何会影响制度的执行力呢？一是因为负担过重、程序过于复杂、要求过高，可能会出现一系列的问题，前面已经论及，这里不再赘述；二是因为这种不必要的僵化的负担会引发另一层信任危机，人们会怀疑法律的公正性与法律可能产生的社会效益，进而会通过不同的方式抵制其实施。我们在设计有执行力的法律制度时，如何做到"执法威慑与守法服务并重、义务（责任）加重与义务（责任）减免并重、权利（利益）赋予与权利（利益）限制并重"（王清军，2016）是关键，将政府的现场检查与执法督查、环境标准制定、排污申报许可、总量控制配额的分配与企业的自觉主动参与、达标排放、合法合规经营、排污权合法交易等有效结合起来,在提高政府的行政执法能力的同时提升企业的自我规制能力;将政府的罚款处罚、关停并转、禁止限制等行为与企业的履行能力、处罚认知情况、污染物处理状况等结合起来,在提高合理处罚力度的同时完善相关的正面奖励措施。我们只有全面做到这些才能真正提升制度的执行力。对应当建立自我规制制度却迟迟未予行动、业已建立自我规制制度却形同虚设甚至弄虚作假的企业(行业)采用财产处罚、声誉处罚和人身处罚相结合的组合拳处罚手段等进行多重惩罚。同时,对自查、自报和与规制机关合作行为实施责任减免乃至物质奖励的激励。

(三)人们对法的信任度与制度执行力

关于制度的执行力问题,我们不可忽视的是法本身及制度本身的可信任度问题。伯尔曼认为,"人们服从法律主要不是基于其强制力制裁,而信任、公正、信实性和归属感较强制力更重要"(伯尔曼,2003),这表明法律的执行与制度的实施并不是简单机械的,更多的是要执行主体与法律适用主体对于法律的认可与接纳。事实上,"法律的实现,的确不只是依凭国家的强制力,因为社会大多数成员之所以守法,并不是仅仅因为害怕遭受法律的制裁,而是内心认定法律要求做的或禁止做的合乎自己的道德信念,从而自愿守法。因为法律自身蕴涵着某些目的价值,而法律的目的性价值则是与超越理性功利的真理和正义的信仰有密切关联的"(范进学,2012)。法律制度作为法律体系构成的一部分亦是如此。若仅仅要求机械地执行或适用作为文本的法律,则制度的社会效果会大打折扣。

二、大气污染防治法律制度的执行力问题

在面对资源约束趋紧、大气污染严重且难以在短期内有效根治的严峻形势下,为了"从源头上扭转生态环境恶化趋势",只有将包括环境资源法在内的生态文明法律体系建设摆在我国各部门法律体系建设的紧迫地位,实行法律生态化,才能构建促进和保障生态文明建设的法律体系,才能从根本上扭转"政府环境失灵"和"环境法是软法"等"环境法律失灵"的状况(蔡守秋,2013)。

我们不能忽视的事实是,在法律体系生态化的进程中,想要在短期内让所有的法律制度都通过强制性来保障实施,不仅不具备条件,其科学性与正当性亦存疑。谈到大气污染防治法律制度的执行力时,我们必须要回答以下几个问题。一是大气污染法律制度执行力的保障问题,仅靠强制性的制裁手段是否就能构成充要条件?二是大气污染防治法律制度的执行力的评价问题,具体包括由何者来评

价、评价标准与评价手段是什么？三是大气污染防治法律制度执行力的法律效力问题，其法律效力是一个法律问题还是技术问题？四是大气污染防治法律制度的执行力的界定问题。五是长久稳定的法律制度是否必然会带来高的执行效率与认可度问题？这需要对每一类制度有效地跟踪评价并对该类制度所产生的生态影响进行长远分析才能得出相对有效的结论。六是人们对制度的认可度与信任度和制度的执行力之间是否有必然的关联？其中制度的强制性、持久性与制度的认可度和信任度都是最关键、最难以解决的问题。在论及大气污染防治法律制度的执行力时，虽然在理论上与制度的有效性问题有关联，但这两者并不尽相同。而要解决此问题，仍需要进一步研究。

三、大气污染防治法律制度执行力之政府行为规范性问题探讨

由于环境经济发展中存在过于偏重经济、环境规划不科学、环境影响评价监管不到位等各种因素的影响，"一些地方政府（和一些基层群众自治组织，如村民委员会）已经沦为'环境问题的制造者'"（王曦，2012）。而国家和政府又往往是强制力的垄断者，则垄断者自身所产生的问题由谁来予以纠正？这是环境保护中难以有效解决的瓶颈，也是大气污染防治中难以解决的问题。国家和政府对强制力垄断的重要意义还不仅在于约束个人的暴力行为，在减少社会暴力事件的频繁发生以及在全社会范围内抑制成员之间两败俱伤的相互残杀方面都起到了有效的作用（张康之，2001）。理论上，国家和社会对这种强制力的排他性占有是维持现存的政治关系和社会秩序的资本，也是保障具体法律制度得以实施的保障。但谁来监管政府的行为、谁来给政府确定责任？肯定的回答是法律。理论上这个答案似乎是完美的，但事实上并非如此。事实上，大面积、大范围的大气环境污染问题，往往与政府的产业规划、发展规划相关，"与地方的经济和社会发展的高昂代价相关，与地方政府招商引资决策相关，与地方政府相对较弱的行政能力相关"（王曦，2013）。这充分表明，在我国的环境治理进程中，存在着一定程度的"政府失灵"，"政府失灵"是违背政府存在的理由的（王曦，2013）。如此多的法律如何来制约政府、规范政府，如何保障政府环境行为与环境干预的合法性与合理性，是需要认真考虑的社会问题。虽然我们找到了万能的答案——"法律"来解决，但具体该如何来执行、执行的程度如何，执行后产生的社会影响与生态影响又该如何评估，这种政府既做运动员又做裁判员的角色分配在一定程度上是有违背于社会正义原则的。

尽管大多数国家的法律均规定了达标排放，但事实上，由于大气或空气作为

一种典型的"公众公用物",一般不经其他人(包括政府、组织、单位和个人)批准或许可,也不需要额外花费(即向他人交付专门使用费),就可以自由地、直接地、非排他性地使用(蔡守秋,2017)。这表明,法律所规定的"达标排放""排污权交易"等内容与人们利用大气的习惯或行为并不能完全对接起来,只要人们愿意,即便有法律的禁止性规定,人们依然可以畅通无阻地排污。法律的禁止性规定虽然可能会产生消极的法律后果,但这种消极法律后果的可归责性与担责性间依然存在较大差距。

第二节　我国的大气污染防治法律制度该如何完善

相对于其他法律法规或具体制度,环境保护法律制度具有变化较多、变动较大、变更频繁的特征。导致这种现状的原因,一方面与我国环境现状的恶化形势与环境需求的不断攀升有关,另一方面也与环境污染损害及环境法律制度自身的属性相关。因此,在城市化与全球一体化的大背景下,现代科技不断发展、环境认知持续更新、各种利益陆续重置、环境需求接连增长促使我们对于现有制度所取得的短期效果过分关注,反而忽视了制度背后的深层意蕴及制度本身所具有的稳定性与可持续性特征。从前面的分析中我们不难看出:从制度内容的变化情况看,我国的大气污染防治法律制度变更的速度与频率相对较高;从制度实施的可持续性来看,我国的大气污染防治法律制度的稳定性与持久性程度相对较低。这些频繁修订或变更的制度的确在我国的大气污染防治中起到了十分重要的作用,但我们应该如何看待此类制度的完善问题呢?

一、我们需要频繁地修订或更新法律制度吗?

一旦发生问题,我们更多地是去寻求制度的变革或制度的更新,去寻求一种新制度来替代旧制度,但这种频繁的制度变更并没有带来根本的变化,反而会使我们陷入"制度更新→制度适用→制度不匹配→制度再次更新→更新制度的适用→制度不匹配"的循环怪圈,这样做不仅会危及法律的尊严,也会让执法者与公众对制度熟悉与认知程度大打折扣。

（一）从"环保风暴"到"环保督查"

"尊严是法律的生命，没有尊严的法律是一纸空文"（何家弘，2000）。如果法律制度的修改过于频繁，那么会让公众质疑法律的严格性与法律的权威性。这也是许多大气污染防治法律制度难以有效实施，而在一次次的"环保风暴"过程中，政策性的措施却更能发挥其作用的要因。而在一次次更加密集的"环保督察"进程中，法律制度不被有效实施与不能被全面执行的事实暴露无疑。这些年，环保部所发动的以限批为核心的"环保风暴"和以从"督企"到"督政"转变的"环保督察"，无疑均反映出"制度失灵"在我国大气污染防治中是十分常见的现象。

2017年5月12—25日，23个督查组共检查京津冀周边4678家企业（单位），发现3419家企业存在环境问题，其中，"散乱污"问题企业1209家，超标排放的企业3家，未安装污染治理设施的企业415家，治污设施不正常运行的企业321家，涉嫌自动监测弄虚作假的企业10家，存在VOCs治理问题的企业267家。5月28日，23个督查组共检查京津冀周边的319家企业（单位），发现251家企业存在环境问题。存在问题的企业中，"散乱污"企业问题88个，未安装污染治理设施的企业27家，治污设施不正常运行的企业30家，存在VOCs治理问题的企业26家（环境保护部，2017）。2017年6月2日，环保部28个督查组共检查了京津冀周边的432家企业（单位），发现334家企业存在环境问题。其中，"散乱污"问题企业99家，未安装污染治理设施的企业24家，治污设施不正常运行的企业14家，涉嫌自动监测数据弄虚作假的企业1家，存在VOCs治理问题的企业38家。在上述环保部的通告中，我们发现其所检查的企业中，有73％以上的企业存在环境问题，这不能不说"部分城市基层政府部门不作为"（环境保护部，2017）、环境行政执法不严是普遍现象。在我国的大气污染防治制度中，环境监管制度的内容最多、类型也最丰富，我们不能屡次均以执法力量不足、环境信息掌握不到位来推诿法律适用不严格的问题。虽然我们不能据此妄言地方政府存在普遍的环境不作为，但当环境规制问题与其他问题交织在一起时，行政主体在对不同的风险进行权衡并做出决策时，"分裂的规制体制通常无力有效地解决风险权衡，当人们孤立解决某一特定环境风险带来扩大其他环境风险的效果时"（理查德等，2016），风险权衡问题在环境规制方面会出现严重偏差。这也难怪一旦出现比较大范围的严格环境执法时，便会有另一类声音——"这会影响当地经济发展和百姓就业增收"，"严格的环保执法'扰民'是监管过度"出现，这种声音的出现，实际也反映了地方政府在环境问题上的懈怠与失职。为何会出现此类问题，归根结底还是责任不明晰。因为缺乏相应的机制或计划对现行的环境规制体制的绩效进行系统的监督与评估,这种影响与实际效果如何评估、怎样评估、评估哪些等都没有具体的规则。

(二)"环保督查"的路该走多远?

事实上,在实际的环境执法与环境法律制度的实施中,制度具体落实情况的绩效分析与实效考核一直是被我们所忽视的问题,没有结果考量的制度就是没有牙齿的老虎,就成了一种摆设。这种摆设过多,往往会导致社会成本与行政成本的不断增加,最终崩坍的是整个制度体系与政府的环境信用。每次环保部的督查为何会发现那么多企业的环境问题? 如此普遍的环境违法行为为何能持续存在? 如此多的"散乱污"企业为何以"企业集群"的形式出现?"治理'散乱污'问题企业为何如此难,是谁漏报、瞒报了'散乱污'企业集群?"(邓尤福,2017)谁最有能力回答清楚这些问题? 答案很清楚,但要将这份答卷做满意却不容易。因此,要解决我国的大气污染防治问题,目前最为关键的应是如何做到严格执法、全面履行法律规定的义务。

2014 年之前是以"督企"为核心的环境监管体系,2014 年之后是以"督政"为核心的环保综合督查(陈海嵩,2017),这一转变无疑正好顺应了对于政府行为监管的要求,其成效显著。但我们不能仅仅因为成效显著而忽略掉法治国家的基本原则。从目前所发生的一些典型案例来看,特别是从京津冀及周边地区大气污染防治强化督查所反映的情况来看,克服"运动型治理"弊端的必备之策、是确立依法治污防污的基本立足点,如何从法律层面厘清这种带有运动型与常态性兼具的督查中找到不同政府部门之间的法理依据、法律依据、执行依据,是我们必须要弄清楚的问题。但很显然,《环境保护督察方案(试行)》不属于具有正式规范效力的"党内法规"和"行政法规",而是属于最低档次的"党内规范性文件",及"行政规范性文件",在规范效力等级上显然较低,尽管在党政体系内部具有实际约束力,但与严格意义上具有普遍适用效力的国家立法和党内立法在制定程序、表现形式、可预测性和内容严谨性、权威性上都有较大差别,某种程度上仍然具有通过红头文件开展"运动型治理"的传统行为特征,更体现出领导个人意志而不是现代国家组织中"非人格化"的任务目标,不利于环保督察制度的持续和稳定开展(陈海嵩,2017)。更重要的是,若我们的政府习惯于通过此类方式来促进法律制度的全面履行,不仅会导致公众对于政府的严重依赖,更可能会导致政府环境执法行为的政策依赖性,最终会损及法律的尊严,并与法治的路径相关有所违背。

二、技术性规则在制度选择中应占多大比重？

现代社会,人们往往会将"环境风险与科技失灵、环境治理与技术标准"这些原本不具有特殊关联的词汇连接在一起。科技进步推动经济社会各方面的发展,但这种发展也可能对环境产生不利影响(肖巍等,2008),这种科技发展的两面性是环境保护与生态系统维护中不得不认真考量的问题。在环境治理或环境问题的应对过程中,许多方面都有赖于科技推动,有些情形下甚至是依赖于科技进步,特别是具体环境标准的制定、环境监测方法与监测设备的应用、环境评估手段的更新等对于科技的依赖程度更高,但科技推动并不是环境治理进步的唯一支持因素,科技发展也不是环境保护的唯一促进因子。与这种理论上辩证关系的理解不一样的是,由于环境立法的零碎特性,以及为了满足降低信息收集和决策成本的需要,规制者针对不同类型的污染源、废弃物与环境媒介采用了不同的规制措施,并未对它们进行协调处理。为了决策和信息收集成本经济化,规制者偏好基于最佳可得技术(best available techniques,BAT)的技术标准而非基于废弃物残留限额的绩效标准(绩效标准是满足环境空气质量标准、其他环境指标或实现预期的污染总量目标所必需的)。相对于绩效标准而言,BAT 比较容易监督和执行(理查德等,2016),而对于技术性要求相对较弱的最佳环境实践(best environmental practices,BEP),规制者则不那么钟爱,因为此类规则对管理者的要求更高,对于政府的执行能力与应对能力要求更高。规制者偏好基于 BAT 的技术标准而非基于废弃物残留限额的绩效标准,在我国的环境监管中十分常见。我们在大气污染防治中,往往过于重视环境标准特别是污染物排放标准的应用,虽然有总量控制标准,但此总量控制标准并非基于污染物排放进入特定环境后的评估,而是在污染物排放进入环境前的标准确立,这种环境标准制度从行政监管上看,具有明显的可操作性与可执行性,但其所产生的环境影响与环境效益却很难得到忠实于环境自身的评估与衡量。这种典型的基于 BAT 的规制,即是以技术指导与技术支撑为基础的规制,而不是基于废弃物残留限额的规制。这表明在这种理念指导下的规定大多具有明显的科技依赖性,这种科技依赖性要求有相对严格的环境影响评估或实质损害认定,由于其具有事实认定上的科学性与程序上的合理性,往往会被许多政府所接受。也是目前许多国家所广泛接受的一种重要的规制方式。

事实说明,在我国,大气污染防治制度的设计、适用与具体实施等对于技术类规则的要求与依赖性过高,在很大程度上抵消了制度进步所带来的收益。因此,在出现污染问题时,不是绝对化地修订标准、增加治污设备或设施,也不是武断地上马某类项目或增加某种产品的净化装置。对于环境污染而言,最重要是预防。当某一区域在产业结构规划、产业类型选择等方面没有充分考虑环境需求时,仅靠行政手段去"减限禁控"依然是难以杜绝污染物累积的。因此,污染物排放的减少不能单纯地依赖于技术的发展,更不能以技术设备或设施的缺陷来回避制度执行不到位的问题。尽管我们认可"缺乏环境科学技术支撑在环境法中规定的环境保护要求(包括目标、任务、技术、标准、方法等)缺乏正当性"(蔡守秋,2010),但我们在现实中的认可往往过偏,往往会将这种科技支撑片面理解成科学技术的实际运用问题,或将科技进步或技术利用的可实现性直接与所有制度的实施有效性或可执行性关联起来。狭隘地理解技术有用性,会导致不恰当地依赖。这会直接导致在大气污染防治中,没有环境标准便不能确定是否有污染;在污染防治执法实践中,没有监测数据便不能确定法律责任。这种"技术片面化""技术依赖化"的实践方式其实是一种不作为或消极的应对方式。

第三节　我国大气污染防治中的风险规制问题

在修订的《大气污染防治法》于 2016 年 1 月 1 日生效实施之前,即有学者对大气污染防治中的风险预防原则的适用与存在问题进行了探讨,并进而认为,"因我国环境法中未确立风险预防原则,不能在缺少确实的科学证据证实风险的情况下为行政机构采取风险预防措施免除举证责任,《大气污染防治法草案》做出风险预防的规定不妥"(王子灿,2015)。但该原则在 2016 年修订实施的《大气污染防治法》的第七十八条与第一一七条[①]依然做出了相应的规定。这是在我国大气污染防治中首次以直接规定的形式引入此项原则。

---

① 《大气污染防治法》第七十八条:国务院环境保护主管部门应当会同国务院卫生行政部门,根据大气污染物对公众健康和生态环境的危害和影响程度,公布有毒有害大气污染物名录,实行风险管理。

排放前款规定名录中所列有毒有害大气污染物的企业事业单位,应当按照国家有关规定建设环境风险预警体系,对排放口和周边环境进行定期监测,评估环境风险,排查环境安全隐患,并采取有效措施防范环境风险。

第一一七条:排放有毒有害大气污染物名录中所列有毒有害大气污染物的企业事业单位,未按照规定建设环境风险预警体系或者对排放口和周边环境进行定期监测、排查环境安全隐患并采取有效措施防范环境风险的。由县级以上人民政府环境保护等主管部门按照职责责令改正,处一万元以上十万元以下的罚款;拒不改正的,责令停工整治或者停业整治。

一、大气污染防治中的风险预防原则

风险预防原则,作为一个明确的法律概念最早出现于德国。早在 1970 年,德国的空气清洁法案的第一次草案中便提到此原则。最初此原则的核心是要求社会通过认真提前规划和阻止潜在有害行为来寻求避免环境的破坏,主要包含四个要素:损害应该避免、科学研究在确定威胁时的重要作用、预防危害的行动是最基本的(即使在缺乏因果关系证明之前)、所有的技术发展应当满足不断减少环境负担的要求(朱建庚,2006)。在美国《清洁空气法案》的实施过程中,风险—收益分析于 20 世纪 80 年代在美国开始受到行政部门的重视。1984 年美国国家环境保护局正式批准风险分析和管理作为环保局决策的基本框架性工作;1987 年,美国国家环境保护局一个内部文件宣称该部门的基本任务是"减小风险";到 20 世纪 80 年代末,"风险"一词成为美国国家环境保护局"环境政策分析和管理的首要语言",而正式的风险—收益分析已经成为美国国家环境保护局决策必须经过的基本测试(周卫,2008)。从理论上讲,虽然"风险—收益衡量有助于揭示在追求环境利益的同时应当考虑高昂的经济代价本身所导致的人类健康、福利和文明发展的不利后果",但事实上,美国《清洁空气法案》在风险预防原则适用过程中,依然存在着"有效规制、过度规制、有限规制"(Gary,1995)等关于风险规制的合理度量与把握尺度的问题。事实上,在美国《清洁空气法案》实施过程中,社会团体或公众很少批判美国国家环境保护局在保护空气质量方面存在过度规制的问题,大多数情况下都会认为政府在一些方面存在着风险认知不充分与规制不足的问题(Dockery et al,1992)。随着美国空气质量从整体上的改善,目前《清洁空气法案》中风险规制相对而言更具弹性、非限定性与可实施性特征。单就我国《大气污染防治法》中的风险规制而言,我们的规制仍局限于一定范围内的有限规制,至于风险规制的有效性与尺度大小问题仍需要进一步研究。

德国与美国都是较早将风险预防原则应用于空气环境质量保护实践的国家。在美国,由哥伦比亚特区巡回上诉法院审理的著名的 Ethyl Corp. vs. EPA 案中[①],法院在审查《清洁空气法案》时,第一次明确了支持"在环境影响尚未确定的情形

---

① 该案全称是 Ethyl Corp. v. Environmental Protection Agency,该案上诉方分别为:ETHYL CORPO-RATION、PPG INDUSTRIES, INC. 、E. I. duPONT de NEMOURS & COMPANY、NALCO CHEMICAL COMPANY、NATIONAL PETROLEUM REFINERS ASSOCIATION,被告方系美国 Environmental Protection Agency。具体案情请查阅 https://h2o. law. harvard. edu/collages/15557。

下采取积极的预防措施"的司法立场(Peter,1991)。该案起因于 1971 年 1 月 31 日美国国家环境保护局的一项即将提交的法案通知中宣称将对汽油添加剂实施控制措施,因为这些添加剂对健康存在潜在的危害①,且这些添加剂与新开发的催化转化器排放控制系统不兼容。很快,该法案于一年后(1972 年 2 月 23 日)得以颁布实施。国会之所以通过该法案,其明显的目的是针对"汽油中所含有的添加剂是铅",并将铅作为一种在大气环境中存在且对暴露于其中的人们产生不良影响的污染物。该案中对"'将危及生命'的预防特征"(the precautionary nature of "will endanger")的探讨即反映出在可能危及人们生命健康权时适用风险预防的必要性。在此后的有毒有害空气污染物的控制与监管中,美国开始逐渐采取风险评估、风险衡量与风险规制措施来应对。虽然美国《清洁空气法案》中所制定的统一标准在实践中备受质疑,认为可能存在"过度保护""过度规制"及"州际恶性竞争"等问题(詹姆斯等,2016),但为了有效控制铅污染所带来的健康风险,美国国家环境保护局仍然于 1978 年制定了铅的空气质量标准。在后续美国的有毒有害空气污染物的风险管理中,日渐趋向于实践。例如,美国国家环境保护局在 2014—2016 年的财务年度中,即致力于削减有毒空气污染物(hazardous air pollutants)排放中的污染物排放总量的控制、各类污染物种类的确定与具体标准的确立,并将风险规制目标确定为以下两方面内容:一是削减因泄漏或爆炸所导致的有害气体污染物的非法排放;二是减少相关设施在运行过程中对空气质量或社区环境有重大影响的污染物过量排放(EPA,2004)。这表明,风险预防原则在实践应用过程中,谨慎地采取相应行为与对策在这些国家是具有指导意义与实践价值的。对于我国风险预防原则在大气污染防治中如何实现有效规制,如何合理平衡不同风险背后的利益,如何制定动态的评估准则等都仍待实践来检验和落实。风险预防规制的规范化问题既需要我们对具体污染物自身毒性的认知进一步加深、对这些污染物危害的了解进一步深入、对这些污染物在环境中的作用机制进一步探索,也需要我们能及时地将污染物的危害与污染物的排放监管有效串联起来。

二、我国《大气污染防治法》中的风险预防

依据我国《大气污染防治法》第七十八条、第一一七条的规定,风险预防原则主要适用于"影响或危害公众健康和生态环境的有毒有害大气污染物",且这些有

---

① 此潜在的健康危害主要是针对汽油中添加剂中所含有的铅。

毒有害大气污染物通过具体的名录制度来予以确立。很明显,该法这两条关于大气污染物风险管理原则的确定真正意义的风险预防原则仍存在一定差距,这是一种典型的"封闭式的技术规范进路"(杜辉,2015),这种规范进路也表明该管理措施的实施在很大程度上依赖于科技进步与环境风险评估。但无论如何,该法的这种规定首次确定了此项原则在大气污染防治中所适用的具体范围与相关措施,这一点是值得肯定的。当然,由于此项原则刚被法律正式规定不久,关于有毒有害空气污染物风险管理过程中所涉及的不同污染物风险认知、风险评估、风险规制程序、风险规制的具体措施等仍有待后续规则进一步完善。

诚如前述,在我国大气污染防治中的风险预防具有以下特征:主要以有毒有害污染物的风险管理为主要适用范围、以排放有毒有害大气污染物的企业事业单位及对这些企业事业单位实施监管的行政部门为主要适用对象、以技术支持为基础的"名录"制度为其主要实施路径、以"企业义务"为责任落实形态的适用保障。这些特征表明,我国在环境风险管理中所遵行的是以弱可持续发展为基础的谨慎原则,这一原则背后所考量的主要是污染物可能潜在的对人的危害,因而其风险管理执行的前提应是相应名录制度的健全与完善,无疑具有典型的技术依赖性。这一实践模式的优势由于目前的研究有限、信息有限,笔者难以对此做出评价,因此在此仅作讨论:在我国大气污染防治过程中,是否有必要扩充风险规制的范围?

风险预防原则的前提是科学不确定性,即科学知识对某一环境问题的危害和因果关系等并没有足够的了解。这正是风险预防和损害预防原则的根本区别所在。但问题在于:在科学知识欠缺的情况下,如何准确计算特定行动的成本和收益(陈海嵩,2011)。而我们对于风险预防或风险管理范围确定中所遇到的难题也正是如何准确计算特定行动的成本与收益。

依据《大气污染防治法》规定,环境风险行政规制是一种主要的风险管理手段,这一手段具有明显的"断裂特征"。这一"断裂特征"会导致"社会将基于资源的有限,只能主动选择部分风险进行规制,进而忽视风险的整体性,影响到环境风险规制的整体效果"(刘超,2013)。因此,笔者认为,在我国大气污染防治中,断然选择某一类污染物来实施风险管理,也会影响大气污染防治制度实施的整体效果,我们应该在如何实施全面规范、系统控制风险方面做出更理性的规定。

第四节　我国大气污染防治中的环境"纳污能力"权利化问题

在讨论大气污染防治法律制度适用中的"制度失灵"与"规制无效"时,往往会有许多学者会提出从经济上来解决大气污染问题的有效性。因而,许多学者将通过经济手段来解决环境问题作为重要议题来予以研究。经济学上,人们常常把造成污染的原因归结于"成本外溢"的外部不经济性,需要依靠政府采取预防措施对市场机制的运行过程或运行程序加以纠正。我国传统的末端污染预防制度安排,体现为达标制度和环境影响评价制度、"三同时"制度。这些义务性预防制度在实际操作中,却处于一个尴尬的局面:作为污染企业仅仅满足于达标排放,不愿进一步提高污染控制的水平;而源头预防的义务和权力性制度(排污权或生态利用权等)安排,就成为我们的理性选择。为了解决此问题,环境"纳污能力"权利化这一术语便应运而生。

从字面上理解,"纳污能力"是指一定范围内的环境因子能够承纳(接纳)污染物的能力,其实质是对一定区域范围内某类或某些环境因子的集合对于污染物的净化能力,这是对于环境容量与环境承载能力的另一种理解。而环境"纳污能力"权利化是指结合具体区域范围内的环境承载力,将其对污染物的接纳能力作为一种权利配置给合适的主体,并由这些适格的主体来享有这些权利的一种途径。

首先,就"纳污能力"权利化这一术语的确定与制度设计而言,环境"纳污能力"权利的初始配置或交易必须以政府为主导,其他主体很难有这种宏观的掌控能力,也很难享有配置这些权利所需的信息。有人认为将"纳污能力"权利化在一定意义上等同于排污权的二级交易市场配置与运行,作者认为,这种理解的科学性有待商榷。这种理想的模型看似能完满解决大气污染排放中的污染者,但要实现"纳污能力"权力化仍需要较多的研究与更有力的科学支持。在空气"纳污能力"权利化进程中,污染物排放清单、一定区域范围内的环境容量、"纳污能力"权力化的内生制度支撑等都是我们必须解决此问题的前置性问题。要回答的第一问题是,这种"纳污能力"是基于一定区域内空气质量的纳污,还是基于一定区域内污染物排放总量控制的纳污额的分配?此问题目前还没有找到对应的解决方案。虽然我们已经从理论上认清了"单一污染物的'排放—环境质量浓度'响应关系无法回应复合大气污染的减排要求"(雷宇等,2016)。但如何将一区域内所排放的不同种类的污染物综合评估,并确定具体的权利主体,在技术上很难实现。这一点恰好与下述所讨论的政府主体观点相关。

其次,环境"纳污能力"权利化从一定意义上讲,是对污染(或污染物)排放权的一种产权确认。"产权是一个社会最基本、最重要的激励机制,因为在许多情况下,它是将社会成本和社会收益内部化的最有效的手段,其他的法律措施通常只能起到补充作用或矫正作用。如果没有产权的分配,外部性将导致严重的效率损失"（张维迎，2003）。"纳污能力"的权利化从另一个层面来讲，也是对污染损害的交互性作为大前提的确认，在损害交互性问题的认知上，我们应承认"避免对乙的损害将会使甲遭受损害"（高永周，2016），这表明在环境污染问题的解决中没有双赢，我们需要解决的真正问题是：是允许甲损害乙，还是乙损害甲，还是双方分担损失，关键在于避免较重的损失。在这个问题的解决中，只有明确双方的权利才能进一步确定损失。

一、环境"纳污能力"权利化的设置问题

如何进行环境"纳污能力"的权利设置呢？关键在于必须对抽象的环境"纳污能力"进行有效的价值定位和分配，将环境"纳污能力"变为具有经济价值的物品。要实现上述目标，我们必须将环境"纳污能力"权利化，因为只有当环境"纳污能力"权利化时，任何使用"纳污能力"的人都必须以等价获得使用许可。要实现环境"纳污能力"的权利化，必须使环境"纳污能力"具有可衡量性、可分性和排他性，因为任何权利只有具备这三个条件时，才可能成为权利。要将大气环境（或空气）的"纳污能力"转换成可衡量的、可拆分的且具有排他性的一项能力或资格，在实践中十分困难，这首先需要我们对这种能力进行定性分析，然后再确定其所要满足的上述三个特征。

相对而言，在水污染防治中，水的"纳污能力"在定性方面要容易确定一些，自1995 年以来即有关于不同区域、不同水域、不同环境条件下水的纳污能力的计算、权利配置等的研究。而对于空气如何确定其所有权或管理权的主体，还需要我们进一步研究。首先，究竟谁该享有大气或空气的"纳污能力"，谁能作为适格的权利主体并能对这种权利得以维持与持久利用？这是一个必须要明确的问题。虽然有学者很有创见地提出应科学评估大气资源的承载能力，开展大气资源产权制度研究，构建我国大气资源产权制度（吴世彬，2012）。也有学者对"气候资源"[①]进行了界定，但如何将气候或大气转变成可进行交易且具有排他性的一种资源权或资源，仍需要进一步研究。谁是权利主体？谁是维持这种权利得以存续的主体？谁有权力对这种权利或能力予以确认或划分？所有这些问题都需要有一个相对明确的回答。但目前均没有。其次，我们还需要明确大气或空气的"纳污能力"如

---

① 气候资源是一种重要的自然资源，是指气候要素中可以被人类利用的物质和能量，包括阳光、热量、风力、降水、大气成分及其运动。气候资源具有物的一般属性，能够成为法律关系的客体。气候资源可被视为全体公民的"公共财产"和"共享资源"，国家或政府是这一公共财产的受托人。参见曹明德（2012）。

何界定。是将这种"纳污能力"与具体的环境容量或自净能力关联,还是将这种"纳污能力"与污染物排放者的相对权利联系起来,还是将这两者关联起来。这在目前的法律体系与规则体系中很难找得到答案。

要实现环境"纳污能力"的可衡量性、可分性和排他性,必须对抽象的环境"纳污能力"进行人为的定量设置与定性考查。由于环境"纳污能力"具有公共性,它不仅能同时满足两个以上人的需要,而且还使建立在共享基础上的各种满足存在着天然的相互依赖性。如果将缓解"纳污能力"的所有权赋予任何一方,都会不公平地剥夺其他方的权利,损害其他方的利益。因此,公共性决定了环境"纳污能力"不应被作为"私人物品"看待,而应作为"公共物品"看待,由政府代表全体公民行使所有权。国家受全体公民的委托,作为环境"纳污能力"的权利代理人,在对环境"纳污能力"进行人为地定量设置后,为实现环境"纳污能力"的经济价值,必须对定量化的环境"纳污能力"进行权利交易,建立权利交易市场。理论上,环境"纳污能力"的权利化似乎是可行的,但通过上述分析,我们发现在现有条件与制度体系下,要全面实现"纳污能力"的权利化还很困难。因此,我们只能在局部范围或某一些区域范围内,以既定的污染物排放为基础开展实践意义上的"纳污能力"的权利化配置。下面两方面的论述也是基于局部的、有条件的、既定范围的纳污能力配置及排污权交易来展开的。

二、环境"纳污能力"权的初始配置与交易必须以政府为主导

诚如上述,环境"纳污能力"权在使用过程中,虽然从理论上来讲具有延续性,但若要使此项权利得到确认并被广泛应用于市场环境,必须由政府主导。从理论上讲,政府主导体现在以下三个方面。

(1)该项权利或利益的设置必须通过法律予以确认。环境"纳污能力"权的法律属性、适格主体、交易对象、具体内容等都必须由法律予以确定,否则此项权利仅仅只是一种政府应急的临时性手段。通过抽象化权利的方式由政府统一来行使似乎能明确其法律属性,但政府作为一个虚置的法律主体如何行使这项权利、如何分配这项权利依然具有很大的不确定性。此外,环境"纳污能力"权的具体内容是什么?这是制约此项制度内容难以有效落地的最大障碍。如果将"纳污能力"权理解为排污权交易或污染物排放指标的分配,则似乎此项制度的设立与存在便失去了实际意义。

(2)交易标的由政府强制规定。环境"纳污能力"的人为定量额,可以理解为

使整个区域边际社会成本与私人成本相等的最优污染物排放额。由于"自利"的排污企业具有过度排污的冲动本能,因此为保证这一最优污染物排放额的实现,政府必须根据各个排污企业的实际排污状况进行强制性排污额度的分配。这种排污额度分配的原则理论上是应使企业的私人成本与社会成本相等。实际上,已逐步实施的总量控制制度应视为实现这一目的而进行的制度设计。

(3)交易费用由政府强制征收。环境"纳污能力"与私人物品不同,具有公共物品的属性。所谓公共物品是指在消费上具有非排他性的物品。非排他性是指只要存在公共物品,就不能排斥该社会任何人消费该种产品。而私人物品具有极强的排他性,一个人消费某种物品,另一个人就不能同时消费这一物品。由于排他性,任何人不通过有偿交易,就不能取得对该物品的使用权,因此私人物品完全可以通过市场的自由交易来实现其经济价值。但对于环境"纳污能力"这一公共物品而言,即使排污企业没有取得排污额度,也很难阻止企业不使用环境"纳污能力"进行排污。也就是说,对于公共物品,采取市场自愿交易的方式,很难使公共物品的价值得以实现(理查德,2003)。因此,环境"纳污能力"的初始有偿交易,必须借助国家强制力才能得到实现。实际上,我国正在实施的排污收费制度应是实现环境"排污能力"初始有偿分配的强制性制度安排。但由于我国对此制度的性质一直未明朗化,很多人将该制度理解为消除"成本外溢"外部不经济性的制度安排。这种理解有失妥当。在本书中,我们已谈到达标排放或排污收费都是消除"成本外溢"外部不经济性的方法。在总量控制制度下,达标排放制度已由过去的浓度控制转化为总量控制,也就意味着只要排污企业按照分配的排污额度进行排污,也即在此效应下,如果我们按照强制实施的排污额度进行排污,就不会产生"成本外溢"的外部不经济性。与此,如果我们仍然把同时强制实施的排污收费制度理解为抵御"成本外溢"外部不经济性的制度设计,对排污企业显然不尽公平,因为这时通过收费外加给企业的成本,已远远超过企业应该承担的那部分治理污染的社会成本。此时的排污收费制度只有理解为排污企业向国家缴纳取得环境"纳污能力"的使用权——排污权转让费的制度设计才具有合理性。因此,总量控制下的达标排放制度、排污收费制度等这些义务性制度的安排构筑了"纳污能力"由公共物品转化为私人物品、由公共性权利分解为个人性权利的市场基础。

三、环境"纳污能力"权的二级市场必须遵循权力交易的自愿原则

诚如前述,环境"纳污能力"权不能等同排污权,但在其二级市场运行过程中,

大多数情形下都是一种排污权的交易。而我们在明确这种交易市场秩序的情况下,应该明确二级市场必须遵循自愿原则。因为在排污权交易过程中,排污企业可以通过交易将在达标基础上进一步提高污染控制水平所带来的社会环境效益转化为个人经济收益。企业"收益外溢"的外部经济性得以内部化。这就使排污企业总是对降低污染物的排放量感兴趣,其污染控制也将自发地呈现出源头预防的趋势,义务性污染预防制度引发的尴尬局面得以消解。但在排污权交易中,我们还必须确立一个特殊的权利交易主体——政府。因为在排污权交易中,只有当需要排污额度的买方企业出价高于卖方企业节余排污额度所花费的成本时,卖方企业才愿意出让排污额度;或者只有当出让排污额度的卖方企业索价低于需要排污额度的买方企业使用排污额度得到的收益时,买方企业才愿意购买排污额度。这就使得发育不充分的排污权交易市场,极易出现"权利交易主体"的缺位。交易主体的缺位将导致我们希望借助排污权交易来实现污染源头预防的愿望落空。在这种情况下,需要政府作为特殊的权利交易主体,而非权利主体,向排污企业提供一部分财政资金购买其排污额度,或者让渡一部分财政收入抵消企业"收益外溢"所带来的收益损失,促进企业在排放达标的基础上进一步减少污染物排放,提高污染控制程度。因此,排污权二级市场的制度设计,需要排污权交易制度和政府补贴、税收减免等经济刺激制度共同构筑。

"十二五"以来,我国的环境管理模式已经随着经济发展有所调整,第二次全国环保科技大会曾明确指出要加快实现环境管理战略转型。在管理实践中,我国将重金属污染及$PM_{2.5}$大气环境污染列为重点关注对象,环境管理战略正在从总量控制的末端污染治理模式向质量改善以及风险控制模式转型。但我国仍面临许多严峻的挑战:环境管理长期停留在污染治理阶段、对市场化的环境政策制定以及公众环境利益重视不够、环境管理动力缺乏,阻碍了环境管理战略转型升级。

第五节　关于我国大气污染防治法律制度确立依据的初步思考

大气污染防治法律制度是将大气污染防治法的基本原则付诸实践,并对大气环境质量产生实质性影响的一系列具有可操作性与实效性的对策或措施的总称。一般由保护、规制、调整或改善大气环境质量的一系列法律规范明确规定的一系列行动准则或具体规程所组成。

一、大气污染防治应以预防性制度的构建为核心

若说基本原则强调其指导性与概括性,基本制度则更强调实用性、可操作性。基本制度的确立一般以其法律原则为直接依据展开。在大气污染防治中预防是根本,也是基础,因此从源头上减少或控制大气污染物的排放是根本。预防一般包括风险预防与损害预防这两类,在大气污染防治中,风险预防是重心,损害预防是重点,这表明,风险预防比损害预防的作用更大。注重源头治理、规划先行、转变经济增长方式并优化产业结构、着重调整能源结构是预防性制度构建的核心理念。仅靠一部《大气污染防治法》不足以全面有效地防治大气污染。

理论上,预防性制度设置的根本目的是要减少或消除各类废弃物与污染物的产生,致使所排放进入环境的废弃物不会破坏环境的吸收能力(absorptive capacity)。废弃物往往是生产生活中排放的有用物质,有的甚至是人和生物必需的营养元素,在环境自净能力范围内的排放并不构成环境污染或生态破坏。但若没有充分利用而大量排放,或不加以回收和重复利用而肆意排放,就会在环境中形成污染。因此,向空气中排放的某些或某类物质成为污染物,必须在特定的环境中达到一定的数量或浓度,并且持续一定的时间。数量或浓度低于某个水平(如低于环境标准容许值或不超过环境自净能力)或只短暂地存在,则不会造成环境污染。如何合理地控制污染物排放,保障所排放的废弃物或污染物不会超出大气环境既定的浓度或标准,是预防性制度中必须要解决的问题。而污染物一旦排放进入环境中即需要人类通过合适的途径或方式予以消除与控制,便需要相应的治理措施与管理手段予以监管。

预防性制度在理论上至少应包括污染预防与生态损害预防两方面。

(一)污染预防——末端污染预防与源头污染预防

对于大气污染防治制度的完善或构建而言,污染预防是重点。实际上,污染预防在大气环境质量的保护过程中应处于前置性地位。作为源头减少或消除废弃物的手段,是"末端治理"方式向"前端预防"的转变。这意味着废弃残留物的产生被当作一个策略性变量来控制,而不是在污染产生后进行处理。其内涵主要表现在:①污染预防主要是针对单个经济主体,通过最小化或消除废物,促进环境风险控制;②污染预防政策主要是由政府制定或监督;③污染预防将效率看作是完成目标(降低环境影响)的手段;④在防止环境危害方面,污染预防比管理或处理

污染成本更低、效率更高;⑤污染预防是在生产过程的上游预防污染源,而不是在下游控制危害,污染预防将取代环境控制(巩天雷等,2007)。

就污染预防而言,预防原则从制度安排的角度看可分为以下两类。

一是末端污染预防,属于义务性预防制度安排,体现为排放污染物的禁止或限制制度、达标排放制度和环境影响评价制度、"三同时"制度。诸如此类义务性预防制度的实施虽然有助于消除外部不经济性,但在实际操作中却带来了一个尴尬局面:作为污染企业仅仅满足于达标排放,而不愿进一步提高污染控制的水平。这使我国的污染预防呈现"少排放"的末端控制,而非"少产生"的源头控制特征。造成这一尴尬局面的原因主要是:对于污染企业而言,在项目通过环境影响评价或达标的基础上进一步提高污染控制水平,对于企业就会产生所谓"收益外溢"的外部经济性,因为企业不可能阻止社会其他人不去享受环境改善带来的好处。也就是说,企业增加成本带来的环境效益只能转移给社会,不能转化为企业个人收益。作为"经济人"的企业,是不会做这种"亏本买卖"的。这就导致污染企业一旦排污达到了标准,就不愿进一步减少排污量(王蓉,2003)。当然,若通过制度改进,促使企业减少排污量的同时能给其带来丰厚的经济利益则另当别论。因而,从一定意义上说,这种末端污染预防为基石的义务性预防制度,并非绝对的无效制度,在很大程度上发挥了重要意义,也减少了污染物的排放。自1987年《大气污染防治法》实施以来,在我国大气污染物的控制与减排过程中,我们可以看出,这类末端预防类制度在我国酸雨控制方面的确发挥了很重要的作用(表7.1),总体上,高频率(酸雨发生频率75%)的酸雨发生率在城市明显减少(图7.2),酸雨的影响范围也逐年减少。

下面将结合表7.1中的内容以我国酸雨污染防治来阐述问题。我国从1990年开始实施《关于控制酸雨发展的若干意见》,1992年在两省九市开展征收工业燃煤二氧化硫排污费和酸雨综合防治试点工作。"八五"期间,酸雨污染区已由"七五"时期的我国西南等少数地区,扩展到长江以南、青藏高原以东的大部分地区及四川盆地。污染区域的扩张使我们进一步认识到了预防酸雨的重要性。自1997年开始,我国有针对性地以区域性酸雨污染防治为基础开展研究与防治工作。由于"我国酸雨的形成是以当地污染源排放二氧化硫的影响为主,同时受到周边较远距离污染源输送二氧化硫的影响,因此,控制我国的酸雨污染必须实施区域内二氧化硫排放总量控制,即对包括酸雨污染最严重地区及其周边二氧化硫排放量较大的地区一起进行控制"(刘炳江等,1998)。基于该理论指导,环保总局(今环境保护部,下同)于1997年开始实施"双控区"措施。

表 7.1　2000—2016 年中国酸雨发生频率及主要分布区

年份	监测城市数量	出现酸雨的城市比例	酸雨发生频率75%以上	酸雨发生频率50%以上	酸雨发生频率40%以上	酸雨发生频率25%以上	酸雨区面积占国土面积百分比	酸雨主要分布区
2016	474	38.30%	3.80%	10.10%	—	20.30%	12.70%	长江以南、云贵高原以东地区,主要包括浙江、上海、江西、福建的大部分地区,以及湖南中东部、广东中部、重庆南部、江苏南部和安徽南部的少部分地区
2015	480	40.40%	5.00%	12.70%	—	20.80%	14.00%	在长江以南、云贵高原以东地区,主要包括浙江、上海、江西、福建的大部分地区,以及湖南中东部、重庆南部、江苏南部和广东中部
2014	470	44.30%	9.10%	—	—	26.60%	17.40%	长江以南、青藏高原以东地区,主要包括浙江、江西、福建、湖南、重庆的大部分地区,以及长江三角洲、珠江三角洲地区
2013	473	44.40%	9.10%	—	—	27.50%	10.60%	在长江沿线及中下游以南,主要包括江西、福建、湖南、重庆的大部分地区,以及长江三角洲、珠江三角洲和四川东南部地区
2012	466	46.10%	12.00%	—	—	28.50%	12.2%	在长江沿线及以南、青藏高原以东地区。主要包括浙江、江西、福建、湖南、重庆的大部分地区,以及长江三角洲、珠江三角洲、四川东南部、广西北部地区
2011	468	48.50%	9.40%	—	—	29.90%	12.9%	长江沿线及以南、青藏高原以东地区。主要包括浙江、江西、福建、湖南、重庆的大部分地区,以及长江三角洲、珠江三角洲、湖北西部、四川东南部、广西北部地区

续表

年份	监测城市数量	出现酸雨的城市比例	酸雨发生频率75%以上	酸雨发生频率50%以上	酸雨发生频率40%以上	酸雨发生频率25%以上	酸雨区面积占国土面积百分比	酸雨主要分布区
2010	494	50.40%	11.00%	—	—	32.40%	—	在长江沿线及以南、青藏高原以东地区。主要包括浙江、江西、湖南、福建的大部分地区,长江三角洲、安徽南部、湖北西部、重庆南部、四川东南部、贵州东北部、广西东北部及广东中部地区
2009	488	52.90%	10.90%	—	—	33.60%	12.5%①	在长江以南、青藏高原以东地区。主要包括浙江、江西、湖南、福建、重庆的大部分地区,以及长江三角洲、珠江三角洲地区
2008	477	52.80%	11.50%	—	—	34.40%	—	长江以南及四川省、云南省以东的区域,包括浙江省、江西省、湖南省、福建省、重庆市的大部分地区,以及长江三角洲、珠江三角洲地区
2007	500	56.20%	13%	—	—	34.20%	—	长江以南及四川省、云南省以东的区域,包括浙江省、江西省、湖南省、福建省、重庆市的大部分地区,以及长江三角洲、珠江三角洲地区
2006	524	54%	16.60%	—	—	37.80%	—	长江以南及四川省、云南省以东的区域,包括浙江省、江西省、湖南省、福建省、重庆市的大部分地区,以及长江三角洲、珠江三角洲地区
2005	696	51.30%	—	—	—	—	—	长江以南及四川省、云南省以东的区域,包括浙江省、江西省、湖南省、福建省、贵州,广西、重庆的大部分地区

---

① 该数据从该年公报中显示的酸雨区面积(约 120 万平方千米)除以国土面积(约 960 万平方千米)计算出来。

续表

年份	监测城市数量	出现酸雨的城市比例	酸雨发生频率75％以上	酸雨发生频率50％以上	酸雨发生频率40％以上	酸雨发生频率25％以上	酸雨区面积占国土面积百分比	酸雨主要分布区
2004	527	56.50％	—	—	30.10％	—	—	主要分布在华中、西南、华东和华南地区。湖南和江西是华中酸雨区酸雨污染最严重的区域。华南酸雨区主要在广东以珠江三角洲为中心的东南部和广西东部。西南酸雨区以四川的宜宾、南充及贵州的遵义和重庆为中心，华东酸雨区分布范围较广,覆盖江苏省南部、浙江全省、福建沿海地区和上海
2003	487	54.40％	—	—	28.40％（总体）①	—		酸雨区范围基本稳定,湖南、浙江、江西、贵州的部分区域进一步加重,华中酸雨区与西南酸雨区污染程度相对稳定
2002	555	50.30％	—	—	—	—		长江以南、青藏高原以东的地区和四川盆地
2001	274	58.80％	—	—	—	—		酸雨区范围和污染程度相对稳定,南方地区酸雨污染严重
2000	254	61.80％	—	—	—	—		主要分布在长江以南、青藏高原以东的广大地区及四川盆地。华中、华南、西南及华东地区仍是酸雨污染严重的地区,北方地区只有局部出现酸雨

注:本表中所有数据来源于环保部发布的 2000—2016 年的《中国环境状况公报》。

　　自环保总局发布并实施《酸雨控制区和二氧化硫污染控制区划分方案》(环发〔1997〕634 号)以来,我国相继通过修订《大气污染防治法》、颁布《燃煤二氧化硫排放污染防治技术政策》、批准《两控区酸雨和二氧化硫污染防治"十五"计划》、发布

---

　　① 酸雨控制区的酸雨发生频率 40％以上的比例为 53.7％。表明酸雨控制区的酸雨危害与污染更严重。一般条件下,我国酸雨控制区的酸雨都要比非酸雨控制区更严重,这表明"双控区"的划分与管理是有针对性的。

《排污费征收使用管理条例》、颁布并修订《火电厂大气污染物排放标准》、制定《国家酸雨和二氧化硫污染防治"十一五"规划》等一系列法规与政策来落实酸雨控制问题。

"双控区"从总体上属于我国大气污染物排放总量控制制度的一项措施,且该措施具有明显的行政强制性。该措施实行多年,虽然出现酸雨的城市比例在所监测的城市中所占比例没有特别显著下降,但从总体趋势来看(图7.1～图7.3),出现酸雨的城市在日渐减少,特别是酸雨发生频率在75%以上的城市明显减少,这不仅表明酸雨严重污染的情况已经有所改善,更表明酸雨控制在大方向上是有效的,而控制酸雨的一些措施或对策大多是以末端预防为主的一类预防性制度和以命令控制为主的监管类制度。特别是自2010年以来,出现酸雨的城市明显减少且再没有回弹至50%以上的概率。这些主要得益于以下具体措施:一是"双控区"的划分及相关方案的实施;二是对排放二氧化硫的工业污染源实施达标排放与二氧化硫排放总量控制相结合;三是对于煤碳工业的开采实行严重的标准与控制;四是禁止在大中城市城区及近郊区新建燃煤火电厂;五是产业结构调整与清洁生产相结合。这些措施多具有命令控制性与末端义务预防性特征。这种具有明显末端治理特征的预防"在环境管理发展过程中是一个重要的阶段,有利于消除污染事件,也在一定程度上减缓了生产活动对环境造成的污染和破坏的趋势,但往往未涉及资源的有效利用,不是彻底治理,而是污染物的转移,并且运行费用巨大"(刘伟明,2014)。这也从另一方面证明了"三同时"制度、落后产品与落后设备的淘汰制度等是一种处于污染治理末端的预防类制度,此类制度在大气污染防治中的作用虽然在执行良好的情况下能保障短期内效果显著,但其作用的有限性依然十分突出,特别是这些污染物的处理设施设备淘汰或不能运行后的处理成本所产生的废弃物处置问题及资源化问题依然很难解决。

虽然我们从上述酸雨控制成效的分析看出,一些末端预防类制度的确取得了很好的污染防治效果。但我们不能忽视的事实是:酸雨分布区域范围在近20年并没有发生明显变化,这表明区域性污染与酸雨污染依然是叠加的,且攻克难度较大;从2011—2016年酸雨区面积占国土面积百分比(表7.1)来看,占比面积从2000年的61.8%缓慢下降至2016年的38.3%,虽然这表明酸雨的影响面积的确减少了许多,但不能忽视的事实是,酸雨的防控在一定程度上仍然属于单一污染物的排放控制,其监管或防控的污染物主要是SO_2,而不是针对污染物总量排放的削减与复合型污染的有效预防。

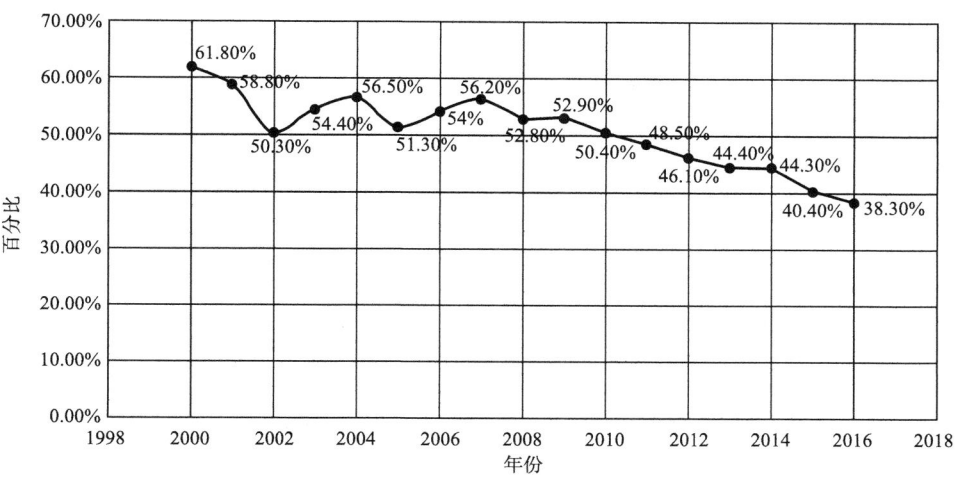

图 7.1　2000—2016 年间出现酸雨的城市占监测城市的百分比

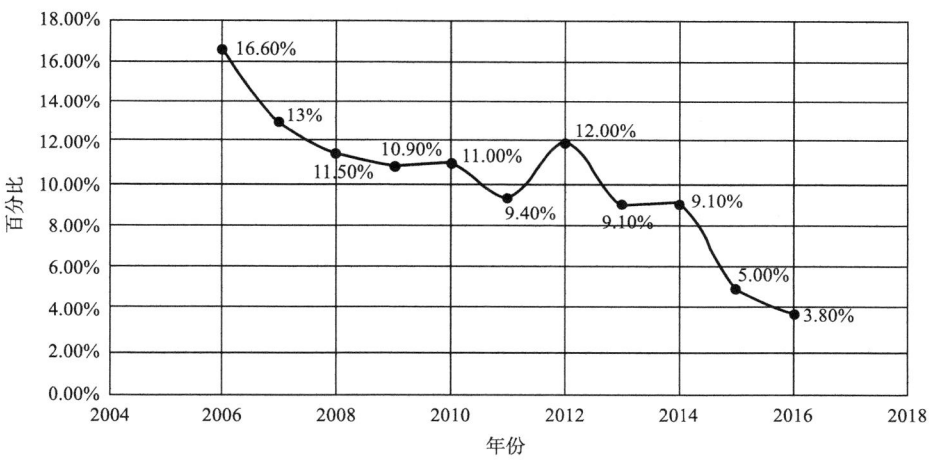

图 7.2　2006—2016 年酸雨发生频率 75％以上城市占监测城市的百分比

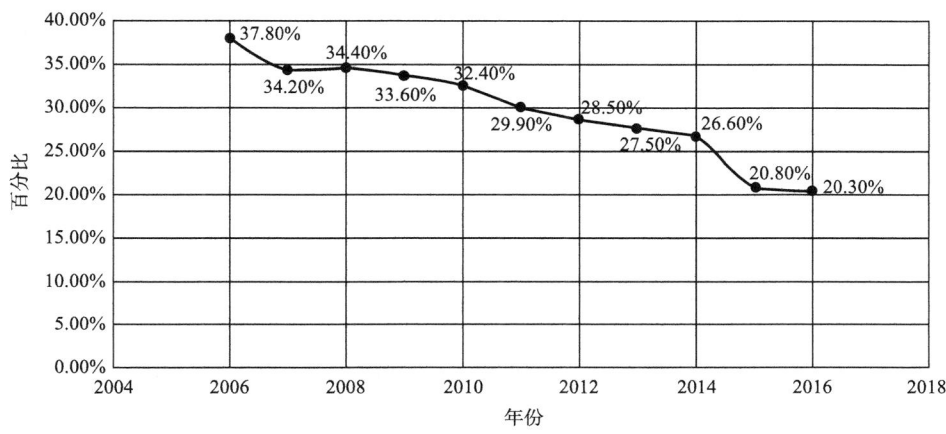

图 7.3　2006—2016 年酸雨发生频率 25％以上城市占监测城市的百分比

　　二是源头预防,源头预防应是理想化的预防,在实践中主要体现为以生态系统保护或以环境自我修复限度为基础的义务性和权利性制度安排,而体现在具体制度上则主要通过环境影响评价制度与环境规划制度来落实。在污染防治过程中,有学者认为,源头预防的重点是将环境"纳污能力"权利化,这是一种以义务分配为核心的权利性制度安排。"纳污能力"权的初始交易必须以政府为主导,排污权的二级市场必须遵循权利交易的自愿原则(王蓉,2003)。虽然"纳污能力"权利化在污染排放与环境自净能力的相关信息充分了解的情况下,既可有效减少因污染权配置不合理导致的纠纷,也可充分利用环境的自净能力服务于人类发展。笔者认为,"纳污能力"权利化只是确定了污染排放权的配置问题,其并没有完全解决如何从源头预防污染物的产生或减少污染排放,从根本上看,这种认识依然是一种以"人类中心主义"为基础的认知。

　　除了从"纳污能力"权利化来论证源头预防外,还有学者从"末端治理"与"源头控制"经济效益对比分析的角度,对"源头控制"进行了解读。"末端治理"虽然对经济增长具有阻碍作用,但可以为"治本"赢得时间;在长期内,"源头控制"方式才是"治本"的关键,"治标"只能为"治本"服务,而不能作为"治本"的替代。在"源头控制"情形下,企业将按照严格的环境标准推广清洁技术、不断改革创新,随着人力资本的积累和清洁生产技术的运用,就可能实现平衡增长路径和经济增长、环境保护"双赢"的目标(刘伟明,2014)。

　　"纳污能力"权利化与"源头控制"理论无疑都是从经济激励正当性与合理性的角度论述了源头预防的重要性,但就目前的制度研究而言,并没有绝对意义上的"零排放""零污染"的预防。所谓的预防应是一种比较视角下的预防。因此,环境影响评价、环境规划、循环经济、清洁生产等可以作为一种比较视角下相对弱化的源头性预防类制度,但在这些制度中,由于后三类制度的宣示性强、强制性弱,实践中的执行往往会与一些政府决策或政策执行导向相关。因此,从源头预防的角度来看,战略环境影响评价、规划环境影响评价无疑是一项有效的源头性预防制度,目前,此类制度的真正实施还有赖于各级政府间的合作、公众环境意识的提升与企业环境责任的强化。

　　2016年2月24日,环保部发布的《关于规划环境影响评价加强空间管制、总量管控和环境准入的指导意见(试行)(环办环评〔2016〕14号)》(以下简称《指导意见》)提出,规划环评应充分发挥优化空间开发布局、推进区域(流域)环境质量改善以及推动产业转型升级的作用,并在执行相关技术导则和技术规范的基础上,将空间管制、总量管控和环境准入作为评价成果的重要内容。无疑该份文件通过

"强化空间管制,优化空间开发格局、严格总量管控,推进环境质量改善、明确环境准入,推动产业转型升级"这三大举措来真正推进源头预防措施在环境污染防治中展开。整体而言,空间管制、总量管控和环境准入是解决结构性、根源性、全局性资源环境与生态问题的途径与政策工具。这也是规划环评在制度设计上力图从决策源头控制环境问题的初衷(杜焱强等,2016)。但该《指导意见》的试行决定了其在源头预防中发挥的持久效力有待法律法规进一步确认,而该《指导意见》的操作性不强也决定了其执行力有限。如何在我国真正让"源头预防"的理念落地重生根并开花结果,仍需要我国主体功能区的空间规划、环境规划制度、环境影响评价制度等相应配套措施的细化。

(二)生态损害预防——累积性污染预防与次生污染预防

在大气污染防治中,生态损害预防往往是最易被忽略的内容。特别是累积性污染物[①]与次生污染所产生的环境影响不易于明确,其造成的人身健康损害或财产损失可能在一定时间内能被意识到并通过设立相应的环境标准而得到控制与保护,但其造成的生态损害则很难完全弄清。对于大气污染物排放最终导致的生态损害问题,在现有的以人类中心主义为核心的环境正义观主导下,具有极大的局限性,"属人性是环境正义最鲜明的特征,这种内嵌的人类中心主义倾向只能导向"同心圆理论"。环境正义作为社会正义的重要组成部分,盲目追求分配正义,缺失矫正维度,可能导致人与人之间对于自然对象的道德合谋,从而造成更大的生态破坏以及更为严重的对于正义的背离(薛勇民等,2015)。事实上,一些区域环境质量、污染物排放标准等的制定也是以人的需求、利益为核心的。因此,环境正义以个体为出发点的中心主义价值范式从根本上无益于问题的解决,相反可能导致问题的日益复杂。生态正义则扬弃了环境正义的个体中心主义,主张自然的内在价值与价值主体的平等性,坚持无中心的整体主义,追求生态"理想国",开辟整体正义的实践路径(薛勇民等,2015)。从哲学层面来理解这种开辟生态整体正义的实践路径似乎很容易,但要真正形成相关的制度并得以实施,还需要对科学认知—原则认可—制度生成之间的同步性问题展开进一步研究。就目前而言,正在形成与发展中的生态实践理性则为实现这种生态整体性提供了一种参考。因为生态理性既体现了人类的生态科学认识的理性进

---

① 累积性污染物是指环境对其吸收能力弱或环境不能吸收,且随着时间不断累积的污染物。一般包括不可降解的塑料制品、重金属、持久性有机污染物等。

步,也反映了人类对于生态价值和生态伦理道德的社会追求(柯坚,2014)。就累积性污染预防制度而言,从一定意义上讲,可能需要现有的环境影响评价制度、环境标准制度进一步细化与匹配起来;而就次生污染所可能产生的生态危害或损害而言,不仅需要相关自然科学的进一步发展,更需要人类生态观的提升。因此,如何预防累积性大气污染的排放所造成的生态损害必将是未来研究与解决的重点问题。

我国的预防原则具有不纯粹性,即我们的预防原则依然是建立在有损害或明显可能发生的损害基础之上。在真正落实此项原则中,会受到多重利益与多重因素的制约,最终导致预防性制度在我国大气污染防治中的比例较低且履行状况不佳。

(三)污染预防在大气污染防治中该如何完善

大气污染是一个动态变化且复杂流动的过程,如何预防大气污染不仅仅是某一类或某一项制度的构建与完善即能达成的事情。我国大气污染防治制度摆脱失灵困境的唯一途径显然是制度变迁。一般意义上,制度"变迁"是指制度创立、变更及随着时间变化而被打破的方式(道格拉斯,1994)。因此,大气污染防治标准应以水污染防治为参照,确立谁污染谁负担的原则,无论其是否达标排放。达标排放仅意味排污者未违反相关行政法规的强制性要求,而不应当然地免除其承担大气环境治理与生态保护的责任。另外,由于目前我国的大气污染除了一次污染中的点源污染与面源污染外,更难以掌控的是各行各业产生的大气污染物经过复合或者叠加导致的区域大气污染,此类污染若没有大气环境质量相关的制度保障,那么我国的大气污染现状很难得到根本改善,因此,法律制度履行后所产生的生态效果在制度设计环节就应该考虑到。

为了有效实现大气污染防治中的预防原则,有不少人提出应"建立大气环境预警制度、健全移动源燃料标准的法律规定、建立大气环境风险评价制度"(江莉,2013)。的确,此类制度的完善特别重要,也在一定程度上缓解了大气污染现状。作者结合我国大气污染防治状况,认为应从以下四方面来考虑具体措施,更能体现预防性特征。

1. 将区域产业规划、经济发展规划与生态环境保护真正关联起来

从预防大气污染的源头上讲,我们不能仅以某一行政区域、某一产业类型、某一经济发展区内的大气污染物的排放量为污染排放清单,制定某一单一区域的污

染物排放及自净能力量化表,我们应从大区域范围以生态系统为基础来设计。这样才符合整体性预防的要求,也才能有效地预防各种累积性污染或污染损害。国务院发布的《"十三五"生态环境保护规划》明确提出"自 2018 年起,启动省域、区域、城市群生态环境保护空间规划研究"。这一倡导性建议若能真正落实到具体的法律制度与政策中,那么大气环境保护中的生态空间管理理念便会在实践中得以一步步落实。但在我国规划实践中,由于"规划体系庞杂,内容冲突、各类规划自成系统,难以协调、空间资源浪费严重,生态空间蚕食",导致生态空间规划中的污染防治规划目标难以达成;另外,空间中所涉及的管理体制差异,"价值取向的分歧、技术标准不统一"(石坚等,2017)等原因,制约着污染防治规划很难进入顶层设计的视野,即便进入也可能会由于多种原则而难以被真正设计到具体的规划中去。因此,针对此类现状,我国的法律制度必须要明晰以下几方面的内容:第一是生态空间规划与区域产业规划、经济发展规划、生态环境保护规划等相关规划或发展计划间的关系如何定位,在这些规划相冲突或竞合时,以何者为判断依据;第二是能否在所有规划中明确生态环境规划的核心地位或设置为必要的规划项目,并要求不同规划确立所达成的具体环境目标或标准;第三是规划主体、规划内容等相关内容的法律属性,特别是规划主体与规划执行主体的法律具体要求与法律责任如何确定。

2. 调整产业结构,重视环境规划在实践中的应用

产业结构、产业布局等都应该纳入生态空间的范围内进行统一布局,但事实并非如此。我国目前的大气污染物排放状况、污染损害状况无不与产业布局、产业结构的合理性问题相关。从我国区域大气污染防治排放情况来看,依据"十一五"期间我国 $PM_{2.5}$ 在各季节的浓度分布"真实情景"部分,超标地区仍集中在"三区十群[①]"。我国东部和东南部大部分地区 $PM_{2.5}$ 常年超标,其中京津冀、长三角、山东半岛、武汉、长株潭、成渝等地区四季 $PM_{2.5}$ 月均浓度均高于国家二级标准,并且已形成我国东部和东南部区域 $PM_{2.5}$ 污染带(师定华,2014)。这表明工业污染防治在我国的大气污染防治中应占据重要地位,因此,不断减少关键区域的工业增加值比重是长期治霾的关键措施。而我们从表 7.2(陈优良等,2017)来看,长江流域的大气污染物以 $PM_{2.5}$、O_3 为主,且具有明显的时间性特征。O_3 分布呈现东高西低的分布格局,且较发达城市的 O_3 含量相对较高,这和大城市的工业废气排

---

① "三区十群"是指京津冀、长三角、珠三角这三个区域以及辽宁中部、山东、武汉及其周边、长株潭、成渝、海峡西岸、山西中北部、陕西关中、甘宁、乌鲁木齐城市群。

放、汽车尾气排放有密切关系(陈优良等,2017)。从现有的生活模式及公众的汽车消费行为来看,短期内减少机动车总量是不现实的,限制机动车牌照发放也并不能达到减少尾气排放的目的。因此,经济发展是改进雾/霾治理的根本,短期内能迅速改变的因素是节能环保支出,但其敏感系数较小,其显著性并没有通过检验。因此,"调结构、减排放、强治理"(吴建南等,2016)不失为有效的重污染天气应对机制建设的有效选择。

表 7.2　2015 年长江三角洲地区 17 个城市的首要污染物月分布

城市	月份												全年
	1月	2月	3月	4月	5月	6月	7月	8月	9月	10月	11月	12月	
上海	$PM_{2.5}$	$PM_{2.5}$	$PM_{2.5}$	O_3	O_3	O_3	O_3	O_3	O_3	$PM_{2.5}$	$PM_{2.5}$	O_3
苏州	$PM_{2.5}$	$PM_{2.5}$	$PM_{2.5}$	O_3	O_3	O_3	O_3	O_3	O_3	$PM_{2.5}$	$PM_{2.5}$	O_3
无锡	$PM_{2.5}$	$PM_{2.5}$	$PM_{2.5}$	O_3	O_3	O_3	O_3	O_3	$PM_{2.5}$	$PM_{2.5}$	$PM_{2.5}$	$PM_{2.5}$
常州	$PM_{2.5}$	$PM_{2.5}$	$PM_{2.5}$	O_3	O_3	PM_{10}	PM_{10}	O_3	O_3	PM_{10}	$PM_{2.5}$	$PM_{2.5}$
南京	$PM_{2.5}$	$PM_{2.5}$	$PM_{2.5}$	O_3	O_3	O_3	O_3	O_3	O_3	$PM_{2.5}$	$PM_{2.5}$	$O_3,PM_{2.5}$
镇江	$PM_{2.5}$	$PM_{2.5}$	$PM_{2.5}$	O_3	O_3	O_3	O_3	O_3	O_3	$PM_{2.5}$	$PM_{2.5}$	$PM_{2.5}$
扬州	$PM_{2.5}$	PM_{10}	$PM_{2.5}$	O_3	O_3	O_3	O_3	O_3	O_3	$PM_{2.5}$	$PM_{2.5}$	O_3
合肥	$PM_{2.5}$	$PM_{2.5}$	$PM_{2.5}$	PM_{10}	$PM_{2.5}$	$PM_{2.5}$	$PM_{2.5}$	PM_{10}	$PM_{2.5}$	$PM_{2.5}$	$PM_{2.5}$	$PM_{2.5}$
芜湖	$PM_{2.5}$	$PM_{2.5}$	$PM_{2.5}$	$PM_{2.5}$	$PM_{2.5}$	PM_{10}	$PM_{2.5}$	$PM_{2.5}$	PM_{10}	$PM_{2.5}$	$PM_{2.5}$	$PM_{2.5}$
马鞍山	$PM_{2.5}$	$PM_{2.5}$	$PM_{2.5}$	$PM_{2.5}$	$PM_{2.5}$	O_3	O_3	O_3	$PM_{2.5}$	$PM_{2.5}$	$PM_{2.5}$	$PM_{2.5}$
杭州	$PM_{2.5}$	$PM_{2.5}$	$PM_{2.5}$	O_3	O_3	O_3	O_3	O_3	O_3	NO_2	$PM_{2.5}$	$PM_{2.5}$
湖州	$PM_{2.5}$	$PM_{2.5}$	$PM_{2.5}$	O_3	O_3	O_3	O_3	O_3	O_3	$PM_{2.5}$	$PM_{2.5}$	O_3
嘉兴	$PM_{2.5}$	$PM_{2.5}$	$PM_{2.5},O_3$	O_3	O_3	O_3	O_3	O_3	O_3	$PM_{2.5}$	$PM_{2.5}$	O_3
绍兴	$PM_{2.5}$	$PM_{2.5}$	$PM_{2.5}$	$PM_{2.5}$	O_3	O_3	O_3	O_3	$PM_{2.5}$	$PM_{2.5}$	$PM_{2.5}$	$PM_{2.5}$
宁波	$PM_{2.5}$	$PM_{2.5}$	NO_2,O_3	O_3	O_3	O_3	O_3	O_3	O_3	NO_2	$PM_{2.5}$	O_3
台州	$PM_{2.5}$	$PM_{2.5}$	$PM_{2.5}$	O_3	O_3	O_3	O_3	O_3	O_3	PM_{10}	$PM_{2.5}$	O_3
舟山	$PM_{2.5}$	O_3	O_3	O_3	O_3	O_3	O_3	O_3	O_3	$PM_{2.5},O_3$	$PM_{2.5}$	O_3

3. 完善环境标准,在重点区域提高行业准入标准

我们认为环境标准作为兼具技术性与可操作性的一项制度,在大气污染防治中应居于重要的地位,而在具体制度的执行中应居于核心地位。就我国大气污染防治中的环境标准制度而言,我们习惯于将其作为一种末端控制的手段予以应用,特别是在污染物排放的浓度控制方面更是体现了末端防控性。我国之所以会出现大面积的"雾/霾"与区域范围内的严重大气污染,与一定区域内行业准入中的环境门槛过低密切相关。其中,"外商直接投资(FDI)的流入可以通过产业结

构、技术进步、经济增长以及政府的环境监管力度四条基本途径影响当地的环境
状况,而其中政府环境监管力度的强弱又是决定 FDI 环境效应的关键"(张宇等,
2013)。而最能体现政府监管力度的,则是其准入门槛。对于大气污染物排放的
预防而言,我们不能将污染预防简单地定位为单一污染物排放标准的设立,而是
需要以区域大气环境容量为基础、污染物扩散程度与污染物累积排放影响为重要
参考点,对一些区域性污染物的排放拟定相应的综合排放标准范围,对一些复合
性污染要进行科学评测并在此基础确定相应的环境标准。就我国目前所实施的
大气污染物总量控制而言,我们并没有实行预防污染的目的,大多只是在现有状
况下对在建项目所产生的污染物排放限额进行限定,如何在产业规划与产业准入
门槛等方面将大气污染物总量控制纳入其中,是未来大气污染防治预防性制度准
入设计中需要重要考虑的问题。

　　4. 建立系统的大气污染物排放清单,科学定位污染物排放权

　　排放清单是大气污染模式的起始输入数据,是研究空气污染物在大气中物理
和化学过程的先决条件,对于模拟二次污染物、了解某一地区的空气污染状况、解
析污染来源、确立合适减排方案有重要作用,也成为国际上区域空气质量管理的
三大核心支撑技术之一。大气污染物排放清单、排放清单的方法与工具均未在国
家层面完整系统地建立起来,我国的污染物排放清单的研究与实践工作多以区域
性、某类污染物、某行业污染物排放清单的建立为主,这种现状很不利于大面积的
空气污染防治工作的展开。而相比而言,欧美国家的大气污染物排放清单则建立
相对较早也较完善(具体内容参见表 7.3)。

表 7.3　欧美空气污染物排放清单

名称	最新版本	时间尺度	空间尺度	网格精度	污染物种类
美国国家污染物排放清单(NEI[①])	最新版本是 2017 年	1999 年,2000 年,2005 年,2008 年,2011 年,2014 年,2017 年[②]	全美国	4 千米×4 千米	SO_2、NO_X、VOC、NH_3、CO、PM_{10}、$PM_{2.5}$ 和 188 种有毒大气污染物(HAPs)

----

　　①　其英文全称为 National emissions inventory,即国家排放清单,是指对各种来源的空气污染物排放源
所排放的污染物的量进行综合详细地估算而列出的明细单。具体内容详见美国国家环境保护局网站(ht-
tps://www.epa.gov/air-emissions-inventories/national-emissions-inventory-nei)。

　　②　依据美国环保局官网关于国家排放清单制度的介绍,一般是 3 年公布一次,由于此处前面的内容在
该网站没有查阅到,故 2008 年前的 3 个年份均是参考师定华等(2014)。

续表

名称	最新版本	时间尺度	空间尺度	网格精度	污染物种类
欧盟污染物排放清单(CORINAIR[①])	最新版本是 2016 年	1980—2016 年	欧洲 30 个国家	50 千米×50 千米,0.5°×0.5°	SO_2、NO_x、NMVOC、NH_3、CO、PM_{10}、$PM_{2.5}$ 和 TSP、9 种重金属、26 种 POPs

注:主要内容参考师定华等(2014);部分内容参考 United States Environmental Protection Agency—National Emissions Inventory(NEI)(https://www. epa. gov/air-emissions-inventories/national-emissions-inventory-nei);European Environment Agency—EMEP/CORINAIR Emission Inventory. (https://www. eea. europa. eu/publications/EMEPCORINAIR5/)。

美国的国家排放清单主要包括以下几方面内容:一是对于清单编制的时间有明确要求,一般每三年发布一次;二是数据来源非单一化,其主要数据来源于各州、当地政府及航空公司,此外,美国环保局也会辅之以相关的数据,这表明若要建立完整的清单排放体系,需要有系统全面的环境监测体系,而非单一的官方监测;三是其排放清单主要由五部分组成,这五部分分别是点源、非点源、道路源、非道路源、事件源。总体上,美国的排放清单制度的建立与完善主要依赖于国内法规,尤其是《清洁空气法》。

欧盟的国家排放清单相较于美国而言要复杂一些,其发展进程与受影响或制约因素也相对复杂一些。从法律体系上看,欧盟的污染物排放清单制度受区域性条约影响明显,1979 年的《远距离跨界空气污染公约》中对于酸雨污染控制在一定程度上促成了欧洲环境信息交流制度的确立,这也为污染物排放清单确立提供了支撑,该公约在排放清单制度中对于排放量预测、污染活动数据、大的点源排放情况以及 50 千米×50 千米大范围内空间排放数据等内容提供了基础。其次是欧盟的《国家排放限额指令》在小尺度范围内为污染物排放清单制度的确立提供了法律依据。目前,欧盟的大气污染物排放清单类别主要包括:能源与产业转型中的燃料、非产业类燃料、制造业燃料、产品制造过程、化石燃料与地热能的生产与排放、各类溶液及其他利用、道路交通运输、其他移动源与机械源、废弃物处置、农业及其他。

目前,我国尚未从国家层面上建立完整的大气污染物排放清单,各地区也缺乏

---

① 欧盟的 CORINAIR 此名称的来源说明,COR 即 CO-oRdination,IN 即 INformation,E 即 Environmental,CORINE 即 CO-oRdination d'INformation Environmental,环境信息协调或合作,CORINAIR 即空气环境信息协调或合作,包括组织并收集与酸雨沉降相关信息的项目。最初是基于《远距离跨界空气污染公约》对于酸雨污染控制问题。引自欧盟环保局 EMEP/CORINAIR Emission Inventory Guidebook-2007-INTRODUCTION(https://www. eea. europa. eu/publications/EMEPCORINAIR5/page002. html)。

一套建立大气污染物排放清单的方法和工具,这在一定程度上严重制约着我国空气质量管理工作。我们从欧美国家的排放清单制度中可以去探寻制度建设的基本内容与大概模板。

二、大气污染防治应以监管类制度的构建为基础

大气污染防治为何要以监管类制度的建构为基础,这种说法似乎与前面关于大气污染防治的经济法学原理相悖。要完整地回答此问题,须首先回答政府监管在大气污染防治中的角色与地位如何确定的问题,再回答如何构建问题。

(一)政府监管在大气污染防治中的重要性

由于大气环境或清洁空气等诸如此类的环境资源是典型的公共物品(汤姆,2011),具有显著的非竞争性和非排他性,所以其必须由政府提供(Michael,2012)。我们的政府为何有义务且有能力给公众提供清洁的空气呢?

一是大多数人在使用空气的过程中,没有显露出明显的偏好,使用空气的行为很难通过交易行为或市场方式来实现。作为典型的公共物品,空气(或大气)在消费与使用中的非排他性与非竞争性特征,导致理性的利己主义者在使用此类物品时,一直缺乏诚实地显露其对公共物品偏好的动机。这表明,对于空气质量的保护与大气污染物排放问题,我们很难明确其中具体所支付的成本,也难以明确具体清洁空气的享有者对于购买清洁空气所愿意支付的代价是多少,更难以明确大气污染物的排放都具体承担何种程度的责任是合理且被接纳与得到良好执行的。从这个意义上讲,政府的监管行为便显得十分必要了。

二是对于空气大多数人都乐于无偿使用,却不愿意独自保护空气免遭污染或破坏。这意味着,在保护成本的外溢性问题不能有效解决的前提下,大多数人都不愿意主动承担保护空气质量或减少空气污染物排放的责任。由于每个人都能在别人贡献的基础上成为免费搭车者,就出现了无效率的结果。由于这种现象降低了人们对公共物品做出贡献的动力,贡献就不会大到足以支持我们得到有效的公共物品的数量。因此,清洁的空气或大气环境的公共供给不足。虽然私人组织在行动上要比公共部门更为迅速,从理论上讲,清洁空气的私人供给不可能为零,但由于预算有限,私人供给只能是很少一部分,不能达到大气环境质量整体有效保护的水平(汤姆,2011)。所以,清洁空气的私人供给也存在明显不足,达不到应有的规模,对于大气污染防治而言,其无效性或低效性便凸现出来,清洁空气仅靠

私人是难以提供的。

三是政府作为最大的社会公共服务主体,其有足够的能力来提供此项服务。第一,在于政府能通过各种经济激励手段或命令强制手段来实现提供清洁空气的目的,如政府可以通过征收环境税费来解决公共物品供给过程中资金不足的问题;第二,在于政府作为公共监管主体,能调动各种社会资源更好地保护大气环境免遭污染或损害,而其他主体这种能力与资源都十分有限;第三,政府能够通过法律制度的完善来调控私人供给与公共供给中的不足,通过相关手段解决大气环境保护中的市场失灵与制度失灵问题。

因此,基于以上三点认知,政府监管在大气污染防治中的角色与地位便明确了,唯有政府才是承担提供清洁空气的最适格主体,也唯有政府才是最有能力提供清洁空气的主体。

(二)大气污染防治中的监管应注重综合监管

通过各种人类活动或在某些自然过程的参与进入原生生态系统的物质,一旦成为污染物即需要人类通过合适的途径或方式予以消除与控制,便需要相应的治理措施与管理手段予以监管或规制。关于政府环境监管或规制行为的合理性与正当性,已有许多学者对其核心内容做出了相关研究。一些研究政治的学者认为,规制机制只有三种基本的分类,即俗称为"胡萝卜、大棒、说教"的经济激励、法律工具和信息工具。世界银行将环境规制工具分为四类:利用市场、创建市场、直接的环境规制和公众参与(马士国,2009)。但这些可以进一步划分为物质的、组织的、法律的、经济的、信息的这五类。虽然任何单一的分类方法都不是完美的,但是在不同的条件下都是有用的(马士国,2007)。若要完善或构建大气污染防治制度,应该是兼顾上述五类才能满足制度的完备性。

事实上,我们目前所关注的重点依然停留在单纯的污染物排放与污染物的治理上,而对于污染物产生的其他相关环节并没有完善的制度要求。目前理论上,污染物产生的环境影响一般通过两种办法来补救:一是消除污染物,是指在污染物进入环境之前限制或消除污染物;二是增加控制或隐藏污染物,但都不能使环境获得真正的改善,例如,末端治理作为一种传统环保途径,是将污染物全部集中在尾部进行处理,只是把环境责任放在环保研究、终端管理等人员身上的一种事后处理方式。国家应倡导系统的、程序化的全面生态管理思想,力求实现污染控制从传统的"治理型"向"预防型"的转变,促进企业将环境因素贯穿渗透到企业基本活动中,改善企业环境行为,减少环境影响。污染预防(pollution prevention)

是一种为了减少排入环境的残留物数量或毒性的长期策略和途径。在实践上,污染预防是在源头减少或消除废弃物的手段,是"末端治理"方式向"前端预防"的转变。这意味着残留物的产生被当作一个策略性变量来控制,而不是在污染产生后进行处理(巩天雷等,2007)。这要求政府的监管更多是侧重于环境规划、环境标准的预防性标准的构建,而非简单地对生产过程中可能产生的污染物排放制定相关的应对标准。

因此,监管类制度的构建是保护大气环境的基础。从 20 世纪 70 年代开始,许多国家在污染控制中,大多都采用命令控制手段,取得了较好的治理效果,这表明其是有科学性的。我国自 1987 年《大气污染防治法》、1989 年《环境保护法》实施以来,监管类制度在我国重点大气污染物的防治进程中发挥了重要作用。同样在后续不断修订的《大气污染防治法》与 2014 年修订的《环境保护法》中均将监管制度的完善与构建作为其重点内容。由于我国现阶段环境规制仍处于半内涵式的发展阶段[①],因此加强地区环境规制强度,采取因地制宜的环境规制政策,推动环保措施从"末端治理"向"源头治理"转变,充分发挥环境规制对于产业结构调整的倒逼效应,对于实现环境保护与结构转型的双赢具有重要意义(钟茂初等,2015)。

(三)大气污染监管应注重区域合作

很显然,大气污染的影响并非只是简单的小范围的影响,其影响面会因空气流动性而使区域合作变得十分重要,而污染防治的系统性与生态系统的整体性亦为区域合作提供了强有力的科技支持。大气污染中的区域合作不仅仅是一个国家内部不同行政区域之间的合作,它需要不同国家乃至全球范围的合作,这种合作应是建立在平等兼顾各种不同主体的客观需求与实施状况基础上的合作。

一是相邻区域间的空气跨界污染问题亟待建立相关的区域性空气污染防治合作机制。虽然早在 1979 年,欧洲国家为了应对本地区的雾/霾污染问题就签订了《远距离跨界空气污染公约》,但其他区域并没有如欧洲这样签订具有可执行的区域性条约来防治相邻或不相邻区域的大气污染问题。印度尼西亚森林火灾造成的污染对邻国造成了严重破坏,东盟各国也因此于 2002 年在马来西亚首都吉隆坡签订了《东盟跨界霾污染协议(ASEAN Agreement on Transboundary Haze Pollution)》,该协议是世界第一个将相邻国家因土地和森林火灾所造成的跨界雾/

---

① 半内涵式发展阶段即环境规制可以推动产业转移但不可以促进结构升级。

霾污染防治做出区域性安排的协议①。但作者对该协议的实践情况还不是十分明晰，后续仍需要进一步了解和研究。而关于中国与相邻区域特别是国家间的跨界空气污染问题，是必须好好重视的问题，例如，有国外媒体认为"中国东部被指已经成为韩国和日本，甚至美国加利福尼亚空气污染的源头"。而近年来，中国科学家发现了更多确凿的证据，表明喜马拉雅山并不能阻挡污染物从南亚国家进入青藏高原中部地区。基于 2009 年以来喜马拉雅山北坡多个观测站的观测结果，科学家发现珠穆朗玛峰南北两侧的污染物浓度和种类十分相似。这表明印度等南亚国家的空气污染也可能会影响我国的环境与生态，如何就此类问题做出恰当的认知，并在科学认知的基础上选择出适当的制度来予以应对，仍需要进一步研究。这些均表明，区域合作预防大气污染，在当前我国十分必要，其不仅是有效化解纠纷的重要途径，更是有效解决环境问题的有益尝试。

二是非相邻区域间的大气污染合作机制的建立亦十分关键。当论及非相邻区域间大气污染防治合作机制时，更多的人可能会想到气候变化的应对，特别是碳减排问题。若能将温室气体作为一类污染物的话，那么碳排放量的减少的确就是一种污染减排。但由于目前关于温室气体是否是污染物依然存疑，本书对此不再予以论述。当污染物排放到大气中时，会受到大气中发生的各种物理过程的影响，使污染物在不同地区散布，并且使污染物浓度随时间发生变化（蒋维楣，2004），使污染物的分布区域也发生变化。如风使污染物的散布源不仅限于污染物排放地，再如天气状况对污染物的输送、扩散、清除等过程产生影响亦不仅仅局限于局部范围。这些因素表明，对于大气污染物的排放监管我们需要更多的非相邻区域间的合作。这种合作包括但不限于污染物排放数据信息的共享与交流、污染物影响因子的变化情况分析、污染监测数据与污染监测方法的适用等。

（四）大气污染防治中的监管应保持长效监管的效力

从我国目前大气污染防治监管举措来看，无论是对重污染天气的应对与处理，还是对各类污染物的排放监管，都体现了监管的事后性与应急性，这一点在我国的大气污染防治问题上比较突出。就我国的大气污染防治而言，美国加州大气资源局前局长凯瑟琳·威瑟斯彭（Catherine Witherspoon）把我国当前的大气污染

---

① 详见 Environment Division of the ASEAN—COP to AATHP（Conference of the Parties to the ASEAN Agreement on Transboundary Haze Pollution）（http://environment. asean. org/media-release-5th-meeting-of-the-sub-regional-ministerial-steering-committee-on-transboundary-haze-pollution-in-the-mekong-sub-region/）.

治理手段和美国加州数十年的长期规划相比较,认为中国 2013 年 9 月发布的《大气污染防治行动计划》(简称《大气十条》)一定程度上还属于"应急"措施。这种应急性尤为体现在强制性行政手段的频繁使用。为了保证年度空气质量不下降,有个别省份在上一年 11 月中旬就下令省内重污染工业全部停产(张春,2017)。虽然这种停产命令背后必然会带来短期内空气质量的改善或提升,但我们却忽视了另一重要问题,为何如此多的重污染工业会在此区域内大量出现? 是否与我们的环境规划与产业规划不科学相关? 如何面对这种因政策或规划决策失误带来的环境问题,是我们在制定相应的法律措施中必须考虑的重要问题。此外,在制定相关法律法规时,我们还必须考虑到应有的社会公平性与社会的长远发展,只有社会公平、责任合理、环境质量、经济利益等诸要素达至平衡的发展才是真正的可持续发展。有学者的研究表明:京津冀地区污染密集型产业的空间分布受当地污染物排放控制标准、地区出口贸易额、在岗职工平均工资及产业分布滞后等的影响显著,政府科技支出增加有利于该类产业的转型升级,而外商投资并未在京津冀地区呈现明显的国际"污染避难所"效应(温孝卿,2015)。而京津冀地区"政府在确保经济增长的同时,所采取的环境规制强度有所不同,而据此实施的产业规划应是导致污染密集型产业空间转移或集聚的重要推动力"(温孝卿,2015)。这表明政府的规划与环境规制强度是导致污染产业密集的重要原因。因此,要保障长效监管的效力,首先必须从政府行为入手。国内外许多学者在研究此问题时,均认为应急措施造成的工厂效率低下、工人收入降低甚至失业等问题,是全社会为空气污染付出的另一种成本。这种成本负担的整体转移从本质上讲是不合理的。

美国加州南海岸空气资源管理局前局长 Elaine Chang 曾在"创蓝"国际清洁空气大会上说:"空气污染治理成功的核心,是不能求快、不能急,要把社会成本算进去。让企业继续运转、继续赚钱的同时,最大程度减少社会成本。中国的空气污染治理,因为整合了社会经济转型和能源转型,而且把西方发达国家经历过的燃煤、城市污染、空气质量以及碳减排问题都压缩在了一起,难度很大"(张春,2017)。我们在监管过程中过多地关注了公众"短平快"的心理需求,而较少切实考虑空气监管过程中利益受损的一些企业或群体,虽然空气污染治理效果较好地达到了减排效果最优的目的,但这种短期的治理方式还造成了另一个弊端,就是不能将减排的效益最大化。例如,短期手段往往简单地用天然气替代煤炭供暖,短期内的确较为容易实现,但采用可再生能源替代煤炭,碳减排效果要好很多。如何全面评估不同能源所产生的社会影响、经济效果、环境效益是我们在区域战略规划、区域产业发展规划等进程中必须考虑的问题。在现代社会的环境保护中,要减少"决策失误""规划失误"所带来的深远环境影响,必须用相应的法律责任去予以规范,唯有如此才能减少"拍脑袋"的决策。

　　在大气污染物的排放监管中,移动源污染是我们遇到的又一大难题。在针对移动源污染问题时,我们的法律制度与相关对策的修订频率都较大。推行诸如以气代煤、加快地铁建设、严格排放标准以及车辆限号出行、试行重型柴油车跨区联合执法等措施可以起到控制空气污染的积极作用。但是由于类似北京机动车的数量增长过快这样的问题(图 7.5),在很大程度上制约了上述措施的效用(Frank et al.,2016)。就机动车污染物减排而言,《北京市 2013—2017 年清洁空气行动计划》中要求"严格控制机动车保有量,确保 2017 年年底全市机动车保有量控制在 600 万辆以内"。而至 2016 年年末北京市机动车保有量 571.8 万辆,比上年末增加 9.9 万辆。民用汽车 548.4 万辆,增加 13.4 万辆。其中,私人汽车 452.8 万辆,增加 12.5 万辆;私人汽车中轿车 316.2 万辆,减少 0.3 万辆(北京市统计局等,2017)。这种通过控制数量来控制移动源污染虽然有一定效果,但其长效性与合理性值得推敲,为有效减少道路移动源污染物排放,理论上减少使用比减少机动车保有量更有效,但减少使用则可能会涉及对于公众合法权益的限制与剥夺的合理性论证问题。

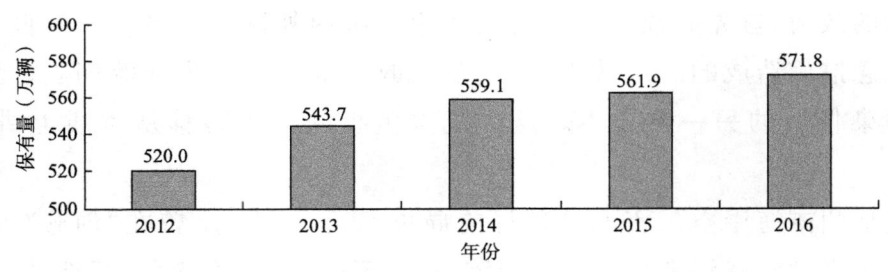

图 7.5　北京市 2012—2016 年机动车保有量变化情况

(五)大气污染防治中的监管应尽量保持区域间的平衡性与同一性

　　监管适度一直是环境规制的重要议题。就大气污染防治而言,如何能保障适度监管与均衡规制,最终达到环境、经济、社会的最优是我们的制度选择中必须全面衡量与系统考量的问题。

　　首先,要综合衡量各种直接投资过程中的环境规制宽严程度及其对区域空气质量的影响。这种衡量并非单一经济分析或环境效果分析,需要对经济社会环境等各方面进行综合评价分析。从我国各地区大气污染排放强度及其影响因素分解结果来看,"在全国 31 个省(自治区、直辖市)中,共有 14 个地区的产业结构有了改善,有 17 个地区[①]的产业结构出现了恶化。出现产业结构恶化的地区主要集中在我国东部和西部地区,这表明我国的污染性产业有从中部向东西部地区转移的倾向……从总体上来看,外资的流入在强化本地的环境监管同时也弱化了其他地区的环境监管力度,并对这些地区的环境状况产生了间接的负面影响"(张宇等,2013)。这一研究表明,FDI 虽然带来了经济增长与产业发展,但总体对区域性空气环境质量的影响依然较大。而伴随东部沿海地区或一些重要区域(如京津冀、长三角、珠三角)区域城市群的发展,日益严峻的大气污染防治形势使这些区域的环境规制越来越严格,污染密集型产业向中西部转移的可能性也越来越大。若不通过有效的环境规制手段对此类因产业转移所导致的污染进行有效控制,未来"雾/霾"锁城、"雾/霾"锁国的现象将会更频繁。虽然《环境保护法》与《大气污染防治法》均明确:各级人民政府在污染防治方面应尽量增加财政投入,提高财政资金的使用效益;未达到国家环境质量标准的重点区域的有关地方人民政府,应当制定限期达标规划,并采取措施按期达标;在制定经济、技术政策时应当充分考虑对环境的影响;建立跨行政区域的重点区域联合防治协调机制,实行统一规划、统一标准、统一监测、统一防治措施。从理论上看,这些制度至少能保障重点区域环境规制的同一性,但事实上并非如此。虽然制度内容或手段方法是相同的,但不同地方政府对环境监管的尺度、环境监管的结果、环境监管的影响面等处理状况并不相同,这必然会导致不同的选择与不同的执行后果。特别是针对大气污染防治中的"重点城市达标规划"这一措施的履行情况更难达成一致。

其次,要明确不同条件下环境规制对技术创新、市场化程度等多方面的影响。很明显环境规制对技术创新的作用具有明显的地区差异。改革开放以来,相对于中西部地区而言,东部地区市场化水平较高,激烈的市场竞争激励东部的企业不断创新。东部地区凭借良好的区位优势及人才发展环境,吸引着优秀人才源源不断地流入,从而提高了东部的人力资本水平,为技术创新提供了人力资本保障。中西部地区仍然受制于软硬件条件的制约,基础设施、人力资本、资本投入、技术水平等要素都比较匮乏,导致对国内外先进技术的吸收能力不足,创新能力薄弱,同时环境规制的技术创新效应也很难实现(沈能等,2012)。这表明在进行环境规制时,要充分考虑不同区域软硬件条件的制约及各种制约因素的影响,尽量保持

①　张宇等(2013)指出,山西、内蒙古、辽宁、黑龙江、安徽、福建、河南、湖南、四川、贵州、西藏、甘肃、青海、新疆这 14 个省(自治区)的产业结构出现了改善,其他 17 个省(自治区、直辖市)的产业结构恶化。总体而言,产业结构得到改善的大多是经济不太发达的省份。

制度履行的一致性与同质性。提高环境规制强度促进科技创新,政府应根据不同地区的实际情况,环境规制体现差异化的特征,不能走入盲目提高环境规制强度的误区。从实证结果来看,经济发展水平仍然是影响各地技术创新的主要因素,从门槛效应检验来看,一个国家或地区只有达到一定的经济规模,严厉的环境规制才是有效的,这也是"波特假说"成立的必要条件(沈能等,2012)。

再次,要充分考虑环境监管中的"逐底竞争"与"逐高竞争"对社会经济所产生的不良影响,尽量保持不同区域间环境监管的同步性与同质性。环境规制对高耗能产业的迁移与区位选择有显著负影响,高耗能产业由环境规制水平较高的地区向环境规制门槛较低的地区流入,证实了"污染避难所"假说,说明地方政府有放松环境规制以吸引高耗能企业迁入的动机。环境规制在地理邻近和经济接近地区间均具有很强的空间溢出效应,相邻地区环境规制水平的提高会抑制本地区高耗能产业的发展(王艳丽等,2016)。政府应针对不同的区域禀赋特征,在环境规制政策中体现出差异化特征,只有提高环境规制政策的科学性和合理性,才能改善技术创新的非对称性,实现经济绩效提升与生态环境改善的"双赢"局面(沈能等,2012)。

最后,要不断完善政府官员的晋升考核体系,避免地方政府的"重经济增长、轻环境保护"行为,稳步推进环保指标与政绩考核挂钩的绿色考核机制,且逐步提高环境保护相关指标在地方政府政绩考核中的比重。努力建立区域引资与环境治理间的协调机制,严格制定地方政府在引资过程中的环境评价标准,以实现本地区经济的可持续发展,形成互利共赢的引资格局。同时,优化现行环境规制结构,建立合理的环境规制体制,使得政府、环保部门、高耗能企业和公众等各方协调合作走出"囚徒困境",实现环境保护与高耗能产业空间合理分布的双赢。政府要大力支持高耗能企业的环保研发投入,鼓励企业通过技术创新增加产品的利润空间,以抵消政府环境规制所引发的成本提高,使企业脱离以低成本为核心竞争力参与竞争的困境,只有加速高耗能产业转型升级,彻底改变其"高投入、高污染"的发展模式,才能实现建设"资源节约型""环境友好型"的社会目标(王艳丽等,2016)。

三、大气污染防治应以具体责任制度的完善与构建为突破口

由于大气污染具有即时性、累积性、跨界性、流动性等,不同排放条件下的大气污染物扩散、大气污染物的清除进程等均可能不同。对于大气污染物的输送过

程而言,不仅风会把污染物向下风向输送,使污染物散布的范围不仅仅局限于排放源附近;大气中发生的天气过程也会对污染物的输送、扩散、清除等过程产生影响,如雨、雪等降水会将一部分污染物输送到地面,起到清除大气的作用[①]。另外,雷电发生时释放的能量足以让一些空气分子分解,发生光化学反应,生成一些新的污染物,或者消耗一些已经存在的污染物(蒋维楣,2004)。虽然大气污染物的空气污染物被最终从大气中清除的基本机制是干湿沉降,但大气与地面发生物质和能量交换过程也会影响污染物输送、扩散、清除(蒋维楣,2004)。另外,大气污染物的滞留、迁移、回流等问题十分复杂,很难通过某一排污口的直接监测数据就能直接决定相应的责任。因此,对于大气污染防治责任的设计与承担中,我们必须要充分结合大气污染物的排放、输送、扩散、清除等不同阶段的特征,设计出合理有效的制度应对。上述大气污染物在空气中的物理、化学与生物变化过程,也决定了很难实现绝对意义上的污染者负担,因此对于具体环境责任的确立与承担必须要综合考虑不同大气环境条件下的不同污染物或不同污染源,设计出既可得到履行,又能保障基本实效的责任制度。

[①]　虽然降水能清除大气污染物在大气中的存在,但也会将污染转移到地面,可能会造成土壤或水污染问题。

参考文献

安德鲁·维特,2008.探寻环境法的均衡[C].姬兆芬译,周艳芳校.国际环境法与比较环境法
　　评论(2008).上海:上海交通大学出版社.

北京市统计局,国家统计局北京调查总队,2017.北京市 2016 年国民经济和社会发展统计公报
　　[EB/OL].(2017-02-27)[2017-10-10].http://www.bjstats.gov.cn/tjsj/tjgb/ndgb/
　　201702/t20170227_369467.html.

伯尔曼,2003.法律与宗教[M].梁治平,译.北京:中国政法大学出版社.

薄晓波,2014.可持续发展的法律定位再思考——法律原则识别标准探析[J].甘肃政法学院学
　　报,(3):27.

蔡岚,2013.空气污染治理中的政府间关系——以美国加利福尼亚为例[J].中国行政管理,
　　(10):96-99.

蔡守秋,2004.环境资源法教程[M].北京:高等教育出版社.

蔡守秋,2005a.环境公平与环境民主——三论环境资源法学的基本概念[J].河海大学学报(哲
　　学社会科学版),7(3):12-17.

蔡守秋,2005b.环境资源法学基本理念的含义、来源和发展——论环境资源法学的基本理念
　　[J].河海大学学报(哲学社会科学版),7(1):1-7,45.

蔡守秋,2010.论环境法的正当性依据[J].政法论丛,(6):38.

蔡守秋,2013.论我国法律体系生态化的正当性[J].法学论坛,(2):11.

蔡守秋,2017.公众共用物的治理模式[J].现代法学,(3):3-12.

曹明德,2012.论气候资源的属性及其法律保护[J].中国政法大学学报,(6):31.

常纪文,2003.环境法原论[M].北京:人民出版社.

陈海嵩,2011.风险预防原则理论与实践反思——兼论风险预防原则的核心问题[J].北方法
　　学,(4):11-18.

陈海嵩,2017.环保督察制度法治化:定位、困境及其出路[J].法学评论,(3):176-187.

陈康嘉,2015.对《环境保护法》第 44 条第二款区域限批适用的几点思考[J].黑龙江政法管理
　　干部学院,(2):131-135.

陈优良,陶天慧,丁鹏,2017.长江三角洲城市群空气质量时空分布特征[J].长江流域资源与环
　　境,(5):688-698.

道格拉斯·C.诺斯,1994.经济史中的结构与变迁[M].陈郁,罗华平,译.上海:上海三联书店.

邓力,2014.国际大气污染环境立法的研究[D].上海:华东政法大学.

邓尤福,2017."散乱污"企业集群的"群主"都是谁[EB/OL]?（2017-06-04）[2017-10-10].ht-tp://media.china.com.cn/cmsp/2017-06-04/1061405.html.

杜辉,2015.挫折与修正:风险预防之下环境规制改革的进路选择[J].现代法学,(1):90-101.

杜群,2002.日本环境基本法的发展及我国对其的借鉴[J].比较法研究,(4):55-64.

杜焱强,包存宽,2016.推动规划环评从源头预防环境问题[N].中国环境报,2016-03-22(3).

范进学,2012."法律信仰":一个被过度误解的神话———重读伯尔曼《法律与宗教》[J].政法论坛,(2):164.

冯贵霞,2014.大气污染防治政策变迁与解释框架构建——基于政策网络的视角[J].中国行政管理,(9):16-22.

冯建红,2013.论 SO_2 危害及钢渣在烟气脱硫中的应用[J].北方环境,(7):74-75.

冯务中,2005.制度有效性理论论纲[J].理论与改革,(5):16.

冯玉军,2013.法经济学[M].北京:中国人民大学出版社:34-51.

傅喆,寺西俊一,2010.日本大气污染问题的演变及其教训——对固定污染发生源治理的历史省察[J].傅喆,译.学术研究,(6):105-114.

高桂林,陈云俊,2015.评析新《大气污染防治法》中的联防联控制度[J].环境保护,(18):42-46.

高桂林,刘向宁,李珊珊,2012.环境法:原理与案例[M].北京:知识产权出版社.

高桂林,于钧泓,罗晨煜,2014.大气污染防治法理论与实务[M].北京:中国政法大学出版社.

高娜,2015.环境污染的社会讲述——以日本四日市市大气污染为例[J].南京工业大学学报(社会科学版),(3):64-73.

高永周,2016.回到科斯:法律经济学理论探源[M].北京:法律出版社.

郜会青,2015.关于城市大气污染现状与综合防治对策研究[J].环境科学与管理,(7):98-101.

郜若素,2009.气候变化[M].张征,译.北京:社会科学文献出版社.

戈华清,2016.海洋陆源污染防治法律制度研究[M].北京:科学出版社.

龚微,2008.论各自的能力与国际环境法的共同但有区别责任原则[C].2008 年全国博士生学术论坛(国际法)论文集——国际经济法、国际环境法分册:452-458.

巩天雷,张勇,赵领娣,2007.污染预防理论的界定及应用[J].管理现代化,(4):6-8.

辜胜阻,郑超,方浪,2014.城镇化与工业化高速发展条件下的大气污染治理[J].理论学刊,(6):44.

韩广,杨兴,等,2007.中国环境保护法的基本制度研究[M].北京:中国法制出版社.

韩良,2009.国际温室气体排放权交易法律问题研究[M].北京:中国法制出版社.

何芳芳,2011.分析国际环境法基本原则之预防原则[J].当代法学论坛,(3):245-247.

何家弘,2000.法苑杂谈[M].北京:人民检察出版社.

何俊志,任军锋,朱德米,2007.新制度主义政治学译文精选[M].天津:天津人民出版社.

何显明,2007.信用政府的逻辑——转型期地方政府信用缺失现象的制度分析[M].上海:学林出版社.

Holland D S,Sanchirico J N,Johnston R J,et al,2015.基于生态系统管理的经济分析——以海洋与海岸带环境为例[M].路文海,刘捷,许艳,等,译.北京:海洋出版社.

胡艳慧,2010.基于外部性理论的我国环境污染问题研究[J].现代商贸工业,(8):57-58.

胡苑,郑少华,2010.从威权管制到社会治理——关于修订《大气污染防治法》的几点思考[J].现代法学,(6):150-156.

环境保护部,2014.关于发布国家污染物排放标准《陶瓷工业污染物排放标准》(GB 25464—2010)修改单的公告[EB/OL].(2014-12-18)[2017-10-10].http://www.mep.gov.cn/gkml/hbb/bgg/201412/t20141218_293181.htm.

环境保护部,2016.《大气污染防治行动计划》实施情况中期评估报告[R/OL].(2016-07-06)[2017-10-10].http://www.zhb.gov.cn/xxgk/hjyw/201607/t20160706_357205.shtml.

环境保护部,2016.中国环境状况公报 2015[EB/OL].(2016-06-02)[2017-10-10].p15 http://www.zhb.gov.cn/hjzl/zghjzkgb/lnzghjzkgb/201606/P020160602333160471955.pdf.

环境保护部,2017.环境保护部通报京津冀及周边地区大气污染防治强化督查情况[EB/OL].(2017-05-29)[2017-10-10].http://www.zhb.gov.cn/gkml/hbb/qt/201705/t20170529_415036.htm.

环境保护部大气污染防治欧洲考察团,2013a.欧盟大气环境标准体系和环境监测主要做法及空气质量管理经验——环境保护部大气污染防治欧洲考察报告之三[J].环境与可持续发展,(5):11-13.

环境保护部大气污染防治欧洲考察团,2013b.欧盟污染物总量控制历程和排污许可证管理框架——环境保护部大气污染防治欧洲考察报告之二[J].环境与可持续发展,(5):8-10.

环境保护部环境工程评估中心,2011.建设项目环境影响评价培训教材[M].北京:中国环境科学出版社.

黄锡生,2011.环境与资源保护法[M].重庆:重庆大学出版社.

黄锡生,韩英夫,2016.环评区域限批制度的双阶构造及其立法完善[J].西北政法大学学报(法律科学),(6):138-149.

黄锡生,曾文革,2005.国际环境法新论[M].重庆:重庆大学出版社.

黄小喜,2012.国际碳交易法律问题研究[M].北京:知识产权出版社.

黄懿,陈凌嘉,2016.排污权交易需完善六大体系[EB/OL].(2016-03-11)[2017-10-20].http://zfs.mep.gov.cn/hjjj/hjjjzcywxz/201603/t20160311_332698.htm.

霍春龙,2008.新制度主义视域下制度有效性研究[D].长春:吉林大学.

江莉,2013.《大气污染防治法》法律制度的研究[D].长春:吉林大学.

江伟钰,陈方林,2005.资源环境法词典[M].北京:中国法制出版社.

蒋维楣,2003.空气污染气象学[M].南京:南京大学出版社.

杰弗里·希尔,2006.自然与市场——捕获生态服务链的价值[M].胡颖廉,译.北京:中信出版社.

金慧华,2005.预防原则在国际法中的演进和地位[J].华东政法学院学报,(6):48-52.

金煜,2013.三成公务车停驶渣土车禁止上路[N].新京报,2013-01-30(A06).

柯坚,2014.生态实践理性:话语创设、法学旨趣与法治意蕴[J].法学评论,(1):75-81.

柯武刚,史漫飞,2008.制度经济学——社会秩序与公共政策[M].韩朝华,译.北京:商务印书馆.

孔芳,2017.大气污染控制技术综述[J].当代化工研究,(1):57-58.

孔令钰,齐林,2015.环境指挥棒为何失灵——总量考核五尴尬[J].财新周刊,(36):46-52.

雷宇,段雷,杨金田,等,2016.面向质量的大气污染物总量控制:框架与方法[M].北京:中国环境出版社.

李步云,2000.法理学[M].北京:经济科学出版社.

李富贵,熊兵,2005.环境信息公开及在中国的实践[J].中国人口·资源与环境,(4):22.

李健,李莹莹,王秋圆,2014.区域机动车污染物总量排放特征与削减量分配[J].中国人口·资源与环境,(8):141-148.

李玲,2007.日本公害防止协定制度研究及其借鉴[D].北京:中国政法大学.

李明勋,2009.解析京都议定书的作用与局限性[D].北京:中国政法大学.

李启家,2015.环境法领域利益冲突的识别与衡平[J].法学评论,(6):134-140.

李青,2011.对国际大气污染防治主要法律文件的研究——完善我国大气污染防治法律制度[D].重庆:重庆大学.

李玉平,2010.高架污染源的最大地面浓度与位置[J].安全与环境学报,(6):91.

李振,2016.美国酸雨治理政策的演变探析(1970—1990)[J].美与时代(城市版),(6):127-128.

理查德·B.斯图尔特,霍华德·拉丁,2016.美国环境法的改革——规制效率与有效执行[M].王慧,等,译.北京:法律出版社.

理查德·波斯纳,2003.法律理论的前沿[M].北京:中国政法大学出版社.

梁睿,2010.美国清洁空气法研究[D].青岛:中国海洋大学.

廖建凯,2010.德国的气候保护立法及其借鉴[J].环境保护,(15):64-66.

刘炳江,郝吉明,贺克斌,等,1998.中国酸雨和二氧化硫污染控制区区划及实施政策研究[J].中国环境科学,(1):1-7.

刘超,2013.环境风险行政规制的断裂与整合[J].法学评论,(3):75-82.

刘超,林亚真,2008.试论环境法律责任制度体系的重构[J].广东行政学院学报,(2):58-61.

刘鸿雁,2014.我国大气污染防治法律与制度研究[D].上海:华东政法大学.

刘立忠,2015.大气污染控制工程[M].北京:中国建材工业出版社.

刘宁,2001.关于《大气污染防治法》修订案的五大变化[J].黑龙江环境通报,(1):98-99.

刘伟明,2014.环境污染的治理路径与可持续增长:"末端治理"还是"源头控制"[J]?经济评论,(6):41-55.

刘雅倩,2013.后京都国际气候变化法律方案研究——基于国际法现实主义的视角[D].青岛:中国海洋大学.

柳炳华[韩],1997.国际法[M].北京:中国政法大学出版社.

罗宏,王金南,杨金田,2000.《大气污染防治法》的修订:环境管理思想的变革[J].环境保护,(10):7-9.

罗丽,2009.日本公害健康被害行政救济制度的启示[J].环境保护,(20):71-73.

马士国,2007.环境规制工具的设计与实施效应[D].上海:复旦大学.

马士国,2009.环境规制工具的设计与实施效应[M].上海:上海三联出版社.

马维辉,2016.治霾企业3年亏损4亿工业污染第三方治理市场未打开[N/OL].(2016-12-09)[2017-10-10].华夏时报,http://www.chinatimes.cc/article/63035/html.

毛应淮,刘定慧,王仲旭,2016.大气污染源监督管理与风险防范[M].北京:中国环境出版社.

Michael Common Sigrid Stdgl,2012.生态经济引论[M].金志农,余发新,吴伟萍等,译.北京:高等教育出版社.

闵红,2006.我国排污许可证制度的缺陷[J].经营与管理,(12):24-25.

彭定一,林少宁,1991.大气污染及其控制[M].北京:中国环境科学出版社.

戚道孟,2004.国际环境法[M].北京:中国方正出版社.

钱易,2003.当今世界面临的十大环境问题[EB/OL].(2003-07-10)[2016-06-06].http://www.gmw.cn/02sz/2003-07/10/09966832654EDCC53B48256DD60021D289.htm.

屈茂辉,章小兵,2014.完善我国大气污染防治强制减排措施的法律思考[J].中州学刊,(12):62-64.

商寿岩,陈冰,1988.浅析《大气污染防治法》的特点[J].西北政法学院学报,(3),29-30.

沈能,刘凤朝,2012.高强度的环境规制真能促进技术创新吗?——基于"波特假说"的再检验[J].中国软科学,(4):49-59.

沈昕一,2012.美国大气污染治理的"杀手锏"[J].世界环境,(1):24-25.

师定华,等,2014.空气污染对气候变化的影响及反馈研究[M].北京:中国环境科学出版社.

石坚,车冠琼,董继红,2017.我国生态文明建设中空间规划体系构建的几点建议[J].生态经济,(3):193-196.

石淑华,2007.日本的环境管制体系及其解释[J].江苏师范大学学报(哲学社会科学版),33(5):101-105.

史学瀛,2010.环境法学[M].北京:清华大学出版社.

孙承咏,周景博,2007.制度创新与循环经济[M].北京:经济日报出版社.

孙佑海,2000.大气污染防治法再次修订[J].中国人大,(10):15-17.

同春芬,左弦,2009.试论我国环境保护政策执行中的有效性不足及其解决途径[J].网络财富,(2):31.

童志权,等,2006.大气污染控制工程[M].北京:机械工业出版社.

Tom Tietenberg,Lynme Lewis,2011.环境与自然资源经济学(第八版)[M].王晓霞,杨鹏,石

磊等,译.北京:中国人民大学出版社.

汪建,2016.区域大气环境容量及其区域配置研究[J].环境科学与管理,(5):55-58.

汪劲,2006.中外环境影响评价制度比较研究[M].北京:北京大学出版社.

汪劲,2014.环境法学[M].北京:北京大学出版社.

王保树,1999.经济法原理[M].北京:社会科学文献出版社.

王灿发,1992.论环境法律责任的特点[J].中国环境科学,(5):380-383.

王灿发,1997.环境法教程[M].北京:中国政法大学出版社.

王海芹,苏立阳,2014.环境空气质量监测体制改革的对策选择[J].改革,(10):136-142.

王洪杰,宋晓东,王恩实,2009.全球变暖原因探讨[J].吉林建筑工程学院学报,(4):65-67.

王慧,2008.论私人在环境危机应对策略中的地位——基于私权视角的考察[J].法制与社会发展,(5):118-127.

王慧,曹明德,2011.气候变化的应对:排污权交易抑或碳税[J].法学论坛,(1):110-116.

王清军,2016.自我规制与环境法的实现[J].西南政法大学学报,(1):46-62.

王蓉,2003.污染预防的内在动因及制度创新的经济分析[J].环境保护,(2):15-17.

王绍武,罗勇,赵宗慈,等,2011.全球气候变暖原因的争议[J].气候变化研究进展,(2):79-84.

王社坤,2010.环评区域限批的行政法解读[J].环境保护,(21):28-30.

王铁崖,2002.国际法[M].北京:法律出版社.

王伟平,苏高利,杨海鹏,2002.城北高架点源对西湖风景区影响的研究[J].气象,(1):15.

王文革,2009.环境资源法[M].北京:北京大学出版社.

王文革,等,2015.环境经济政策和法律[M].北京:中国法制出版社.

王曦,1999.国际环境法[M].北京:法律出版社:57.

王曦,2008.国际环境法与比较环境法评论[M].上海:上海交通大学出版社.

王曦,2012.环保主体互动法制保障论[J].上海交通大学学报(哲学社会科学版),(1):5-22.

王曦,2013.论规范和制约有关环境的政府决策之必要性[J].上海交通大学学报(哲学社会科学版),(2):94-102.

王曦,章楚加,2015.新《大气污染防治法》与环境治理新格局[J].环境保护,(18):38-40.

王艳丽,钟奥,2016.地方政府竞争、环境规制与高耗能产业转移——基于"逐底竞争"和"污染避难所"假说的联合检验[J].山西财经大学学报,(8):46-53.

王子灿,2015.由《大气污染防治法(修订草案)》论环境法中风险预防原则的确立[J].环境与可持续发展,(3):142-145.

温孝卿,苏睿先,2015.环境规制对京津冀污染型产业空间分布的影响[J].天津师范大学学报(社会科学版),(6):58-62.

WHO,2014.每年有700万例过早死亡与空气污染有关[EB/OL].http://www.who.int/mediacentre/news/releases/2014/air-pollution/zh/.

WHO,2016.许多世界最贫困城市的空气污染水平上升[EB/OL].http://www.who.int/mediacentre/news/releases/2016/air-pollution-rising/zh/.

吴丹,张世秋,2011.中国大气污染控制策略与改进方向评析[J].北京大学学报(自然科学版),(6):1146.

吴建南,秦朝,张攀,2016.雾/霾污染的影响因素:基于中国监测城市$PM_{2.5}$深度的实证研究[J].行政论坛,133(1):62-66.

吴世彬,2012.大气资源产权制度的理论构建[J].学术交流,(10):67-70.

武颀鹏,2010.我国大气污染防治法律制度研究[D].哈尔滨:黑龙江大学.

肖巍,钱箭星,2008.环境风险中的科技缺陷[J].复旦学报社会科学版,(1):40-47.

信春鹰,2015.中华人民共和国大气污染防治法释义[M].北京:法律出版社.

熊振湖,费学宁,池勇志,2003.大气污染防治技术及工程应用[M].四川:成都科技大学出版社.

徐玢,2008.全球变暖可能引发恶果[N].科技日报,2008-02-20(14).

徐继林,1973.日本的二氧化硫环境标准及排放标准[J].环境保护,(2):34-38.

薛勇民,张建辉,2015.环境正义的局限与生态正义的超越及其实现[J].自然辩证法研究,(12):98-103.

亚洲清洁空气中心,2016.大气中国 2016:中国大气污染防治进程[EB/OL].p11,http://www.cecol.com.cn/news/20160823/0816310023.html.

杨朝霞,2008.论环境标准的法律地位——对主流观点的反思与补充[J].行政与法,(1):107-112.

杨芳,2005.关于我国大气污染物排放总量控制问题的研究[D].杭州:浙江大学.

杨立华,常多粉,2016.我国大气污染治理制度变迁的过程、特点、问题及建议[J].新视野,(1):94-100.

袁杰,王凤春,2015.中华人民共和国大气污染防治法解读[M].北京:中国法制出版社.

原田尚彦,1999.环境法[M].于敏,译.北京:法律出版社.

岳欣,2012.多措推进机动车污染减排[J].环境保护,(12):17-21.

曾传瑞,2012.公民环境权的法律配置研究[M].桂林:广西师范大学出版社.

翟勇,1995.谈谈《大气污染防治法》的修改[J].人大工作通讯,(20):18-20.

詹姆斯.萨尔兹曼,巴顿.汤普森,2016.美国环境法(第四版)[M].徐卓然,胡慕云,译.北京:北京大学出版社.

詹镇荣,2005.德国法中社会自我管制机制初探[M].台北:元照出版有限公司:148-149.

张春,2017.中国 2017 年空气质量目标能否实现?[EB/OL].(2017-01-25)[2017-10-10].https://www.chinadialogue.org.cn/article/show/single/ch/9574-Can-China-meet-its-2-17-air-quality-goals-.

张帆,夏凡,2016.环境与自然资源经济(第三版)[M].上海:上海人民出版社.

张佳昱,苏彦捷,2008.主题还是分类学?——对事物分类倾向的发展研究[J].心理科学,(6):1322-1325.

张康之,2001.论强制力的社会秩序功能的有限性[J].广东社会科学,(2):111-117.

张平华,2002.欧盟环境政策实施体系研究[J].环境保护,(1):44-45.

张荣森,2012.法律的国家强制性理论评析[D].南京:南京师范大学.

张维迎,2003.信息、信任与法律[M].北京:生活·读书·新知三联书店.

张文显,1999.法理学[M].北京:高等教育出版社,北京大学出版社.

张宇,蒋殿春,2013.FDI、环境监管与工业大气污染——基于产业结构与技术进步分解指标的实证检验[J].国际贸易问题,(7):102-118.

张志勋,郑小波,2010.论风险预防原则在我国环境法中的适用及完善[J].江西社会科学,(10):32-35.

张梓太,王岚,2012.论风险社会语境下的环境法预防原则[J].社会科学,(6):103-107.

赵德山,1991.城市大气污染总量控制方法手册[M].北京:中国环境科学出版社.

赵绘宇,2008.美国国内气候变化法律与政策进展性研究[J].东方法学,(6):112.

郑文兵,2011.关于财富的再认识与概念辨析[J].湛江师范学院学报,32(5):121-126.

中国科学院可持续发展战略研究组,2008.中国可持续发展战略报告—政策回顾与展望[M].北京:科学出版社.

中国人大,1999.九届全国人大常委会十次会议听取《大气污染防治法》执法检查报告和《关于防治北京大气污染的防治工作报告》[J].中国人大,(5):7-8.

钟茂初,2007.可持续发展经济学[M].北京:经济科学出版社.

钟茂初,李梦洁,杜威剑,2015.环境规制能否倒逼产业结构调整——基于中国省际面板数据的实证检验[J].中国人口·资源与环境,(8):107.

周超喆,2010.美国防止船舶造成大气污染规则实施对我国的启示[J].知识经济,(12):55-56.

周辉,陈泉生,2004.环境法理念初探[J].时代法学,(2):6.

周珂,2001.生态环境法论[M].北京:法律出版社.

周珂,2014.应对气候变化环境法律思考[M].北京:知识产权出版社.

周珂,李博,2010."我国低碳经济的法治保障"[N].法治日报,2010-03-31(12).

周珂,于鲁平,2015.解析新《大气污染防治法》[J].环境保护,(6):31-33.

周卫,2008.美国环境规制中的风险衡量[J].中国地质大学学报(社会科学版),(5):45-48.

周衍冰,2015.德国持之以恒治理大气污染[J].政策瞭望,(6):51-52.

朱春玉,2011.论环境法律规范的有效性[J].社会科学,(2):91-97.

朱建庚,2006.风险预防原则与海洋环境保护[M].北京:人民法院出版社.

朱联锡,邹四维,蒋文举,1990.空气污染控制原理[M].四川:成都科技大学出版社.

朱留财,2007.应对气候变化:环境善治与和谐治理[J].环境保护,(6a):62-66.

朱彤,尚静,赵德峰,2010.大气复合污染及灰霾形成中非均相化学过程的作用[J].中国科学(化学),(12):1731-1740.

朱锡平,陈英,2007.浓度控制、总量控制与排污权交易[J].财经政法资讯,(6):15-26.

Bryner G C, 1995. Blue Skies, Green Politics——The Clean Air Act of 1990 and Its Imple-mentation(Second Edition)[M]. A Division of Congressional Quarterly Inc. Washington D. C.

Cinnamon Carlame, 2006. "Climate Change Policies an Ocean Apart：EU & US Climate Change Policies compared[R/OL]. Penn State Environ-mental Law Review.

Dockery, Schwartz, John D Spengler, 1992. Air pollution and daily mortality：Associations with particulates and acid aerosols[J]. Environmental Research, (59)：363-373.

Drayton W, 1980. Economic law enforcement[J]. Harvard Environ. Law Rev. , (4)：1.

EPA, 1990. EPA History：Clean Air Act Amendments of 1990[EB/OL]. (1990-01-01)[2017-10-10]. https：//www. epa. gov/history/epa-history-clean-air-act-amendments-1990.

EPA, 2004. National Enforcement Initiative：Cutting Hazardous Air Pollutants[EB/OL]. (2004-01-01)[2017-10-10]. http：//www2. epa. gov/enforcement/national-enforcement-initiative-cutting-hazardous-air-pollutants.

Frank J, Kelly, Zhu Tong, 2016. Perspective transport solutions for cleaner air[J]. Science, (5)：352：934-936.

Hsu A, Esty D C, Lery M A, et al, 2016. 2016 Environmental Performance Index. [R/OL]. http：//epi. yale. edu/sites/default/files/2016EPI_Full_Report_opt. pdf.

Peter Menell, 1991. The limitations of legal institutions for addressing environmental risks [J]. Journal of Economic Perspectives, 5(3)：94.

Richard B Steward, Jonathan B Wiener, 2013. Reconstructing Climate Policy：Beyond Kyoto [M]. Washington, D. C. The AEI Press, 2003：193.

Stephen M, Johnson, 1999. Economics v. equity：Do market-based environmental reforms ex-acerbate environmental lnjustice[J]. Wash. & Lee L. Rev. (56)：111.

UNECE, 1979. Convention on Long-range Transboundary Air Pollution-Article 2：Funda-mental Principles[EB/OL]. (1979-11-13)[2017-10-10]. http：//www. unece. org/filead-min/DAM/env/lrtap/full%20text/1979. CLRTAP. e. pdf.

Watzold F Frank, 2004. SO₂ Emissions in Germany, Regulations to Fight Waldsterben[M]. W. Harrington, R. D. Morgenstern, and T. Sterner, eds.